Dr. John Coleman

LA DIPLOMACIA DEL ENGAÑO
UN RELATO DE LA TRAICIÓN DE LOS GOBIERNOS DE INGLATERRA Y LOS ESTADOS UNIDOS

ⓄMNIAVERITAS®

John Coleman

John Coleman es un autor británico y antiguo miembro del Servicio Secreto
de Inteligencia. Coleman ha realizado varios análisis del Club de Roma, la
Fundación Giorgio Cini, el Forbes Global 2000, el Coloquio Interreligioso por
la Paz, el Instituto Tavistock, la Nobleza Negra y otras organizaciones afines
al tema del Nuevo Orden Mundial.

LA DIPLOMACIA DEL ENGAÑO

*UN RELATO DE LA TRAICIÓN DE LOS GOBIERNOS
DE INGLATERRA Y ESTADOS UNIDOS*

DIPLOMACY BY DECEPTION
*An account of the treasonous conduct by the governments
of Britain and the United States*

Traducido del inglés y publicado por Omnia Veritas Limited

Omnia Veritas Ltd - 2022

⊘MNIA VERITAS.

www.omnia-veritas.com

PRÓLOGO

M e decidí a escribir este libro porque muchas personas que habían leído *La jerarquía de los conspiradores*[1] me pidieron que diera ejemplos específicos y casos concretos de cómo el Comité ejerce el control a tan gran escala. Este libro es una forma de responder a esas peticiones.

Después de leer *La diplomacia por la mentira, quedan* pocas dudas de que los gobiernos británico y estadounidense son los más corruptos del mundo y que, sin su plena colaboración para llevar a cabo los planes del Comité de los 300, este organismo supranacional no podría seguir adelante con sus planes de creación de un gobierno mundial único, que el ex presidente Bush, uno de sus más hábiles servidores, denominó "el Nuevo Orden Mundial".

Espero sinceramente que este libro permita comprender mejor cómo funcionan las sociedades secretas y cómo cumplen sus órdenes las mismas personas que se supone que sirven a los intereses nacionales y garantizan la seguridad nacional de sus respectivos países y poblaciones.

Dr. John Coleman

---

[1] Véase *The Hierarchy of Conspirators, A History of the Committee of 300*, Omnia Veritas Limited, www.omnia-veritas.com

I. La amenaza de las Naciones Unidas

L a historia de la creación de las Naciones Unidas es un caso clásico de diplomacia del engaño. Las Naciones Unidas sucedieron a la extinta Sociedad de Naciones, el primer intento de establecer un gobierno mundial único tras la Conferencia de Paz de París que dio lugar al Tratado de Versalles.

La conferencia de paz se inauguró en Versalles, Francia, el 18 de enero de 1919, con 70 delegados que representaban a los banqueros internacionales de las 27 potencias aliadas "victoriosas". Es un hecho que los delegados estuvieron bajo la dirección de los banqueros internacionales desde que fueron seleccionados hasta que regresaron a sus países, e incluso mucho después.

Seamos claros, la conferencia de paz pretendía desangrar a Alemania; se trataba de conseguir enormes sumas de dinero para los banqueros-brigantes internacionales que ya habían cosechado obscenos beneficios además de las terribles pérdidas de los cinco años de guerra (1914-1919). Sólo Gran Bretaña sufrió 1.000.000 de muertos y más de 2.000.000 de heridos. El historiador de la guerra Alan Brugar estima que los banqueros internacionales obtuvieron un beneficio de 10.000 dólares por cada soldado caído. La vida es barata cuando se trata del Comité de 300 banqueros Iluminati-Rothschild-Warburg, los amos de la Reserva Federal, que financiaron ambos bandos de la guerra.

También conviene recordar que H.G. Wells y Lord Bertrand Russell previeron esta terrible guerra en la que millones de personas -las flores de las naciones predominantemente cristianas- murieron innecesariamente. Los miembros del Comité de los 300 planearon la guerra para que los banqueros internacionales obtuvieran grandes beneficios. H.G. Wells era conocido como el "profeta" del Comité de los 300. Es cierto que Wells se limitó a actualizar las ideas de la Compañía Británica de las Indias Orientales (BEIC) que pusieron en práctica Jeremy Bentham y Adam Smith, por nombrar sólo a dos de los demoledores utilizados por el rey Jorge III para socavar y hundir el futuro económico de los colonos norteamericanos que pretendían escapar de las penurias económicas provocadas por la toma de posesión de su país por parte de la casta de banqueros venecianos a finales del siglo XVIII.

En un artículo escrito por Wells y publicado en el *Banker* (cuyo ejemplar encontré en el Museo Británico de Londres), Wells esboza el futuro papel del Fondo Monetario Internacional (FMI) y del banco de bancos, el Banco de Pagos Internacionales (BPI). Cuando nosotros, los pueblos soberanos, comprendamos el papel de los bancos internacionales en el fomento de las guerras y la posterior financiación de ambos bandos, las guerras podrán ser cosa del pasado. Hasta entonces, las guerras seguirán siendo la herramienta favorita de los bancos internacionales para aumentar sus ingresos y deshacerse de las poblaciones no deseadas, como bien dijo Bertrand Russell.

En su libro *"After Democracy"*, Wells sostiene que una vez establecido el orden económico (energía social) de un gobierno mundial único y dictatorial, se impondrá un orden político y social. Esto es precisamente lo que pretendían las Conversaciones de Paz de París, iniciadas en 1919, basadas principalmente en un memorando redactado por el Real Instituto de Asuntos Internacionales (RIIA).

La RIIA redactó una propuesta de 23 puntos y la envió a Woodrow Wilson, quien se la entregó a Mandel Huis, (también conocido como el Coronel House), el controlador judío-holandés de Wilson. El coronel House partió inmediatamente hacia Magnolia, su residencia privada en Massachusetts, donde redujo el número de propuestas a 14, creando así la base de los "14 puntos" presentados a la Conferencia de Paz de París por el presidente Wilson en diciembre de 1918.

La llegada de Wilson a París fue recibida con un entusiasmo desenfrenado por la pobre e ilusa población que se había cansado de la guerra y veía a Wilson como el precursor de la paz eterna. Wilson vistió sus discursos con un lenguaje veraz, con un nuevo espíritu de idealismo, mientras pretendía asegurar el control del mundo por parte de los banqueros internacionales a través de la Sociedad de Naciones.

El lector no debe perder de vista la similitud entre la forma de presentar el tratado de la Sociedad de Naciones y su sucesor, las Naciones Unidas. Los delegados alemanes se mantuvieron al margen de las discusiones hasta que los términos estuvieron listos para ser presentados en la conferencia. Rusia no estaba representada, ya que la opinión pública se oponía violentamente al bolchevismo. El primer ministro británico Lloyd George y el presidente Wilson eran muy conscientes de que la revolución bolchevique estaba a punto de triunfar, con terribles consecuencias para el pueblo ruso.

Desde el principio, el Consejo Supremo de los Diez Grandes (precursores del Consejo de Seguridad de la ONU) tuvo la sartén por el mango. El consejo estaba formado por Wilson, Lansing, Lloyd George, Balfour, Pichon, Orlando, Sonnino (ambos en representación de los nobles banqueros negros de Venecia), Clemenceau, Saionji y Makino.

El 25 de enero de 1919, la agenda de la RIIA se impuso, y los delegados de la conferencia adoptaron por unanimidad una resolución para la creación de una Sociedad de Naciones. Se eligió un comité (cuyos miembros fueron de hecho nombrados por el RIIA) para tratar las reparaciones alemanas. El 15 de febrero de 1919, Wilson regresó a Estados Unidos y Lloyd George a Londres. En marzo, sin embargo, ambos hombres estaban de vuelta en París, trabajando en la mejor manera de sangrar financieramente a Alemania, y el Consejo de los Diez, habiendo demostrado ser demasiado grande, se redujo al Consejo de los Cuatro.

Los británicos invitaron al general Jan Christian Smuts, veterano de la Guerra de los Bóers, a participar en las discusiones, para añadir un aura de buena fe a este deplorable complot. Smuts fue un traidor a su propio pueblo. Como Primer Ministro, había arrastrado a Sudáfrica a la Primera Guerra Mundial, a pesar de las objeciones del 78% de su pueblo, que consideraba que no tenía nada en contra de Alemania. Smuts formaba parte del comité compuesto por Wilson, House, Lord Cecil Controlador de la Familia Real Británica (véase mi monografía *King Makers/King Breakers*[2]), Bourgeois y Venizelos.

La Sociedad de Naciones se creó en enero de 1920. Con sede en Ginebra, estaba formada por un Secretario General, un Consejo (elegido entre las cinco grandes potencias) y una Asamblea General. La nación alemana fue vendida, con unas condiciones de paz muy superiores a las acordadas cuando se convenció a Alemania de que depusiera las armas. El ejército alemán no fue derrotado en el campo de batalla. Fue derrotado por una diplomacia engañosa.

Los banqueros internacionales se convirtieron en los grandes ganadores, despojando finalmente a Alemania de todos sus principales activos y recibiendo enormes pagos en concepto de "reparaciones". La RIIA pensaba ahora que lo tenía "todo en el bolsillo", en palabras de Wilson. Pero la RIIA no había tenido en cuenta el gran número de senadores estadounidenses que conocían la Constitución de los Estados Unidos. Por el contrario, el número de senadores y congresistas que realmente conocen la Constitución de los Estados Unidos hoy en día es sólo de unos 20.

Por ejemplo, el senador Robert Byrd, un declarado protegido de Rockefeller, declaró recientemente que un tratado es la ley suprema del país. Aparentemente, el senador Byrd no sabe que para que un tratado sea válido, debe hacerse con un país soberano, y las Naciones Unidas, como veremos, no tienen soberanía. En cualquier caso, un tratado es sólo una ley y no puede anular la Constitución de EE.UU., ni se puede mantener cuando amenaza la soberanía y la seguridad de Estados Unidos.

---

[2] *Kingmakers y Kingbreakers*, NDT.

Si el senador Byrd piensa así, nos preguntamos por qué votó a favor de regalar el Canal de Panamá. Cuando Estados Unidos adquirió la tierra de Colombia para el Canal de Panamá, esa tierra se convirtió en territorio soberano de Estados Unidos. Por tanto, la cesión del Canal de Panamá fue inconstitucional e ilegal, como veremos en el capítulo dedicado al Tratado Carter-Torrijos del Canal de Panamá.

Cuando el tratado de la Sociedad de Naciones fue presentado al Senado de Estados Unidos en marzo de 1920, 49 senadores comprendieron las inmensas implicaciones y se negaron a ratificarlo. Hubo mucha discusión, en comparación con lo que se debatió cuando se presentó la Carta de la ONU al Senado en 1945. La RIIA presentó varias enmiendas al tratado de la Sociedad. Eran aceptables para el presidente Wilson, pero fueron rechazadas por el Senado. El 19 de noviembre de 1920, el Senado rechazó el tratado con y sin reservas por una votación de 49-35.

Los banqueros internacionales pidieron entonces a Wilson que vetara una resolución conjunta del Congreso que declaraba el fin de la guerra con Alemania, para poder seguir masacrando a la nación alemana durante todo un año. No fue hasta el 18 de abril de 1945 cuando la Sociedad de Naciones se disolvió, transfiriendo todos sus activos (principalmente el dinero arrebatado al pueblo alemán tras la Primera Guerra Mundial y los préstamos de guerra pendientes de los Aliados a los Estados Unidos) a las Naciones Unidas. En otras palabras, el Comité de los 300 nunca renunció a su proyecto de gobierno mundial único y esperó a que existieran las Naciones Unidas para disolver la desacreditada Sociedad de Naciones.

El dinero que la Sociedad de Naciones transfirió a las Naciones Unidas pertenece por derecho al pueblo soberano de los Estados Unidos. Estados Unidos había adelantado miles de millones de dólares a los llamados aliados para que se llevaran el botín después de haber luchado con Alemania en 1914 y arriesgarse a perder la batalla...

En 1923, un observador estadounidense fue enviado a la Conferencia de las Potencias Aliadas en Lausana para discutir el reembolso de los 10.400 millones de dólares que se debían a Estados Unidos y el reparto de los países productores de petróleo de Oriente Medio entre ellos. Los banqueros internacionales se opusieron a la intervención estadounidense en Lausana basándose en las instrucciones recibidas de Chatham House, sede de la RIIA. El primer acuerdo de reembolso fue con Gran Bretaña, que debía devolver los préstamos de guerra en un periodo de 62 años, a un tipo de interés del 3,3%.

En noviembre de 1925 y abril de 1926, Estados Unidos llegó a acuerdos con Italia y Francia para devolver su parte de los préstamos de guerra durante el mismo periodo. En mayo de 1930, 17 naciones a las que Estados Unidos había prestado dinero habían firmado acuerdos para devolver todos sus préstamos de guerra, casi 11.000 millones de dólares.

En noviembre de 1932 fue elegido el primer presidente abiertamente socialista de Estados Unidos, Franklin D. Roosevelt. Su llegada a la Casa Blanca comenzó con el asesinato del presidente William McKinley, seguido de la elección del "patriota" Teddy Roosevelt, cuya misión era abrir las puertas al socialismo que inauguraría Franklin D. Roosevelt. Siguiendo instrucciones de Chatham House, Roosevelt no perdió tiempo en validar el incumplimiento de los acuerdos de préstamo firmados por los aliados. El 15 de diciembre de 1932, todas las naciones que debían miles de millones de dólares a Estados Unidos por deudas de guerra estaban en mora. Gran Bretaña era el mayor deudor y el mayor moroso.

Gran parte de este dinero, así como gran parte de lo que se extorsionó a Alemania tras la Primera Guerra Mundial, fue a parar a las arcas de la Sociedad de Naciones y, finalmente, a la cuenta de las Naciones Unidas. Así, no sólo Estados Unidos sacrificó innecesariamente a sus soldados en los campos de batalla de Europa, sino que las naciones que iniciaron la Primera Guerra Mundial también se metieron en su bolsillo. Peor aún, los bonos de reparaciones de guerra sin valor se volcaron en el mercado financiero estadounidense, costando a los contribuyentes miles de millones más.

Si algo hemos aprendido del Comité de los 300 es que nunca se rinde. Hay un dicho que dice que la historia se repite; esto es ciertamente cierto en el caso de la intención del Comité de los 300 de imponer un organismo de gobierno mundial en los Estados Unidos. H. G. Wells, en su libro *The Shape of Things to Come* (*La forma de las cosas que vendrán*)[3] describió esta organización como "una especie de conspiración abierta, un culto al estado mundial" (es decir, un gobierno mundial).

El Estado Mundial (OWG), dijo Wells, "debe ser el único propietario de la tierra. Todos los caminos deben llevar al socialismo". En su libro *After Democracy*, Wells deja claro que una vez establecido el orden económico mundial (a través del Fondo Monetario Internacional y el Banco de Pagos Internacionales), el orden político y social se impondrá de forma totalitaria. En el capítulo sobre el Instituto Tavistock de Relaciones Humanas se explicará cómo la "investigación operativa" de Tavistock iba a ser el motor de drásticas reformas en la economía y la política.

En el caso de EE.UU., el plan no es derrocar el gobierno de EE.UU. o su Constitución, sino "hacerlo insignificante". Esto se consiguió en gran medida aplicando lenta y cuidadosamente el manifiesto socialista redactado en 1920 por la Sociedad Fabiana, que se basaba en el Manifiesto Comunista de 1848.

¿No es esto hacer que la Constitución sea "irrelevante" exactamente lo que está sucediendo? De hecho, cuando el gobierno estadounidense viola la Constitución casi a diario y con impunidad, hace que la Constitución sea "irrelevante". Las órdenes ejecutivas, como ir a la guerra sin una declaración formal de guerra, como en la Guerra del Golfo, han contribuido a que la Constitución sea totalmente "irrelevante". La Constitución no prevé en absoluto la promulgación de órdenes ejecutivas. Las órdenes ejecutivas son meras proclamaciones que el Presidente no tiene poder ni autoridad para hacer. Sólo un rey puede hacer

---

[3] "La forma de las cosas por venir", NDT.

proclamaciones.

La refundación de la Sociedad de Naciones fue aprobada por el Senado de Estados Unidos en 1945, bajo una nueva etiqueta: el Tratado de las Naciones Unidas. Los senadores sólo tuvieron tres días para debatir las implicaciones del tratado, que no pudieron ser consideradas en su totalidad en al menos 18 meses de discusión. Si los senadores hubieran entendido bien lo que estaban discutiendo, cosa que, con algunas excepciones, no hicieron, habrían exigido un período de discusión adecuado. El hecho es que el Senado no entendió el documento y, por tanto, no debería haberlo votado.

Si los senadores que debatieron el tratado de la ONU hubieran entendido correctamente el documento, seguramente lo habrían rechazado. Al margen de cualquier otra consideración, el documento estaba tan mal redactado y, en muchos casos, era tan vago, engañoso y contradictorio que podría haber sido rechazado sólo por estos motivos.

Una ley, la definición misma de un tratado, debe estar claramente escrita y no ser ambigua. El tratado de la ONU estaba muy lejos de esto. En cualquier caso, Estados Unidos, obligado por su Constitución, no podía ratificar el tratado de la ONU, por las siguientes razones:

(1) Nuestra Constitución se basa en los cimientos de la soberanía, sin la cual no puede haber Constitución. La política exterior de Estados Unidos se basa en el "derecho de gentes" de Vattel, que hace de la soberanía la cuestión. Aunque la Constitución no dice nada sobre el gobierno mundial y las agencias extranjeras, cuando la Constitución no dice nada sobre un poder, y no es incidental a otro poder en la Constitución, entonces es una inhibición de ese poder, o una PROHIBICIÓN de ese poder.

(2) Las Naciones Unidas no son un organismo soberano, no tienen un poder medible circunscrito a un territorio propio. Se encuentra en suelo estadounidense, en Nueva York, en un edificio cedido por los Rockefeller. Según la Constitución de

EE.UU., no podemos firmar un tratado con una nación u organismo no soberano. Estados Unidos no podría (ni puede) firmar un tratado con una organización o país que no tiene soberanía. Estados Unidos puede celebrar un acuerdo con una nación o agencia no soberana, pero nunca puede celebrar un tratado con una agencia no soberana.

(3)   Que el Senado intente ratificar un tratado con un organismo, un estado o un país sin soberanía, fronteras definidas, demografía, un sistema monetario, un conjunto de leyes o una constitución, es decir, las Naciones Unidas, es traicionar el juramento de defender la Constitución que los senadores han jurado hacer. Esto se conoce comúnmente como traición.

(4)   Para que Estados Unidos se convierta en miembro de las Naciones Unidas, habría que aprobar dos enmiendas a la Constitución. La primera enmienda tendría que reconocer la existencia de un organismo mundial. En su forma actual, la Constitución no puede reconocer a las Naciones Unidas como organismo mundial. Una segunda enmienda debería establecer que Estados Unidos puede tener una relación de tratado con un organismo mundial no soberano. Ninguna de estas enmiendas ha sido propuesta, y mucho menos aceptada por el Senado y ratificada por todos los estados.

Por lo tanto, el "tratado" de la ONU, que es muy sospechoso, nunca ha tenido fuerza de ley en los Estados Unidos. Tal y como estaban las cosas en 1945 y 1993, aunque el Presidente tiene la facultad de opinar sobre los asuntos exteriores, no tiene la facultad, y nunca la ha tenido, de firmar un acuerdo -y mucho menos un tratado- con un organismo mundial. Esto significa absolutamente que ningún otro organismo mundial, especialmente las Naciones Unidas, tiene autoridad para desplegar el ejército estadounidense u ordenar a los Estados Unidos que actúen al margen de las restricciones constitucionales impuestas por nuestros Padres Fundadores.

El senador David I. Walsh, uno de los pocos políticos que comprendió los peligros constitucionales que planteaba la Carta de la ONU, gravemente viciada, dijo a sus colegas:

"Los únicos actos de agresión o de ruptura de la paz a los que la Carta puede hacer frente con seguridad son los cometidos por las naciones pequeñas, es decir, por las naciones menos capaces y menos propensas a iniciar otro conflicto mundial. Incluso en estos casos, Sr. Presidente, la investigación y la acción preventiva pueden ser paralizadas arbitrariamente por cualquiera de las cinco grandes potencias, que son miembros permanentes del Consejo de Seguridad..."

"Así, cualquier nación pequeña que goce del patrocinio de una de las grandes potencias, o que sirva de instrumento o marioneta para ella, está tan a salvo de la injerencia como los propios Cinco Grandes. Reconozcámoslo: la Carta nos da un instrumento para detener los actos de guerra de países que no tienen el poder de hacer la guerra. La amenaza de un conflicto a gran escala no reside en las disputas entre países. Estos conflictos pueden limitarse y mitigarse.

"La amenaza consiste más bien en que las pequeñas potencias actúan en interés de un gran vecino y son provocadas a actuar por éste. Pero en este caso, el privilegio de veto que hace que la gran potencia sea inmune a la acción de la ONU puede funcionar para hacer que la pequeña nación satélite sea inmune. La maquinaria preventiva funciona sin problemas hasta que se alcanza el punto de peligro real, el punto en el que surge una nación lo suficientemente fuerte como para precipitar una guerra mundial, y entonces se puede detener."

"Podemos suponer, de hecho, que cualquier país pequeño puede verse tentado e impulsado a buscar el patrocinio de una gran potencia. Sólo así puede obtener una parte indirecta del monopolio de control que tienen los Cinco Grandes. Uno de los defectos de la Carta, Sr. Presidente, es que su influencia punitiva y coercitiva sólo podría aplicarse contra una nación verdaderamente pequeña e independiente". (Irak es un ejemplo perfecto de la podredumbre de la Carta de la ONU).

"A costa de su independencia, una de estas naciones podría liberarse de la autoridad coercitiva de la carta, simplemente firmando un acuerdo con una nación con derecho a veto..."

El senador Hiram W. Johnson, uno de los pocos, aparte del

senador Walsh, que ha visto la Carta de las Naciones Unidas, dijo

> "En algunos aspectos es una caña bastante débil. No hace nada para detener una guerra iniciada por cualquiera de las cinco grandes potencias; da a cada nación total libertad para ir a la guerra. Nuestra única esperanza, por tanto, de mantener la paz mundial es que ninguna de las cinco grandes naciones decida entrar en guerra..."

El hecho de que el pueblo estadounidense no tiene ninguna protección ni recurso contra el potencial bélico de las Naciones Unidas se confirmó con la Guerra del Golfo, cuando el presidente Bush se lanzó a la carrera, pisoteando las disposiciones de la Constitución. Si el presidente Bush hubiera seguido los procedimientos adecuados y hubiera solicitado una declaración de guerra, la Guerra del Golfo nunca se habría producido, porque se le habría denegado. Millones de iraquíes y más de 300 militares estadounidenses no habrían perdido la vida innecesariamente.

El presidente no es el comandante en jefe de nuestras fuerzas armadas hasta que el Congreso haya emitido una declaración legal de guerra y la nación esté oficialmente en guerra. Si el presidente fuera comandante en jefe en todo momento, el cargo tendría los mismos poderes que un rey, lo que está expresamente prohibido por la Constitución. Antes de la Guerra del Golfo, la CNN aceptó la falsa premisa de que Bush, como comandante en jefe de nuestras fuerzas armadas, tenía derecho a comprometer al ejército en la guerra. Esta peligrosa interpretación fue rápidamente recogida por los medios de comunicación y ahora se acepta como un hecho cuando no es constitucionalmente cierto.

Un burdo engaño practicado al pueblo estadounidense es que el Presidente es el Comandante en Jefe de las fuerzas armadas en todo momento. Los miembros del Senado y de la Cámara de Representantes están tan mal informados sobre la Constitución que permitieron que el presidente George Bush se saliera con la suya enviando casi 500.000 soldados al Golfo para librar una guerra para British Petroleum y para satisfacer un odio personal hacia Saddam Hussein. A estas alturas, Bush ha perdido la relación de confianza que debía tener con el pueblo estadounidense. El presidente Bill Clinton utilizó recientemente esta falsa idea de "comandante en jefe" para intentar obligar a los militares a aceptar a los homosexuales en los servicios, algo para lo que no tiene autoridad. Esto es menos una cuestión de moralidad que de que el presidente se extralimite en sus funciones.

La trágica verdad sobre los militares estadounidenses desplegados para luchar -como lo hicieron las Naciones Unidas en las guerras de Corea y del Golfo- es que los que murieron en esas guerras no murieron por su país, porque morir por nuestro país bajo nuestra bandera constituye un acto de soberanía, que estuvo totalmente ausente en las guerras de Corea y del Golfo. Dado que ni el Consejo de Seguridad ni ningún consejo de la ONU tiene soberanía, la bandera de la ONU no tiene sentido.

Ni una sola resolución del Consejo de Seguridad de la ONU, que afecte directa o indirectamente a Estados Unidos, tiene validez alguna, ya que estas resoluciones son elaboradas por un órgano que en sí mismo no tiene soberanía. La Constitución de los Estados Unidos está por encima de cualquier organismo llamado mundial, y eso incluye en particular a las Naciones Unidas, la Constitución de los Estados Unidos está por encima y es superior a cualquier acuerdo o tratado con cualquier nación o grupo de naciones, ya sea relacionado con la ONU o no. Pero las Naciones Unidas otorgan al Presidente de los Estados Unidos poderes dictatoriales ilimitados de facto y de jure que no le otorga la Constitución de los Estados Unidos.

Lo que hizo el presidente Bush en la Guerra del Golfo eludió la Constitución al emitir una proclamación (una orden ejecutiva) directamente en nombre del Consejo de Seguridad de la ONU. La Cámara y el Senado, por su parte, no cumplieron con su deber constitucional de impedir la emisión ilegal de dicha orden. Podrían haberlo hecho negándose a financiar la guerra. Ni la Cámara de Representantes ni el Senado tenían el derecho, ni lo tienen hoy, de financiar un acuerdo (o tratado) con un organismo mundial que se erige por encima de la Constitución de Estados

Unidos, especialmente cuando ese organismo mundial no tiene soberanía, y especialmente cuando ese organismo amenaza la seguridad de Estados Unidos.

La Ley Pública[4] 85766, sección 1602, establece:

> "...Ninguna parte de los fondos consignados en esta o en cualquier otra ley se utilizará para pagar... a ninguna persona, firma o corporación, o combinación de personas, firmas o corporaciones para realizar un estudio o plan sobre cuándo o cómo o bajo qué circunstancias el gobierno de los Estados Unidos debe ceder este país y su pueblo a cualquier potencia extranjera."

La Ley Pública 471, Sección 109, establece además:

> "Es ilegal utilizar fondos para cualquier proyecto que promueva el gobierno mundial o la ciudadanía dentro de un mundo unificado".

¿Cómo han abordado las Naciones Unidas este derecho fundamental? Las guerras de Corea, Vietnam y el Golfo también violaron la Constitución de EE.UU., ya que infringieron el artículo 1, sección 8, cláusula 11:

> "El Congreso tendrá el poder de declarar la guerra".

No se dice que el Departamento de Estado, el Presidente o las Naciones Unidas tengan ese derecho...

Las Naciones Unidas quieren que comprometamos a nuestro país en una guerra en territorios extranjeros, pero el Artículo 1, Sección 10, Cláusula 1, establece que no se debe prever que los Estados Unidos, como nación, se comprometan en una guerra en países extranjeros. Además, el artículo 1, sección 8, cláusula 1, permite que los ingresos fiscales se destinen únicamente a los siguientes fines:

> (1) "...pagar las deudas, proveer la defensa común y el bienestar general de los Estados Unidos".

No dice nada sobre el pago de cuotas (tributos) a las Naciones

---

[4] Derecho público, NDT.

Unidas o a cualquier otro organismo mundial, y no se da ninguna autoridad para permitirlo. Además, existe la prohibición contenida en el artículo 1, sección 10, cláusula 1, que establece:

> (2) "Ningún Estado podrá, sin el consentimiento del Congreso... mantener tropas o buques de guerra en tiempo de paz... ni participar en la guerra, a menos que esté realmente invadido o en peligro inminente".

Dado que no ha habido una declaración constitucional válida de guerra por parte del Congreso desde la Segunda Guerra Mundial, Estados Unidos está en paz y, por lo tanto, nuestras tropas estacionadas en Arabia Saudí, o en cualquier lugar de la región del Golfo Pérsico, Botsuana y Somalia están allí en violación de la Constitución y no deben ser financiadas, sino traídas a casa inmediatamente.

La pregunta candente para Estados Unidos debería ser: "¿Cómo autorizó la ONU el uso de la fuerza contra Irak (es decir, declarar la guerra), cuando no tiene soberanía, y por qué nuestros representantes aceptaron semejante parodia y violación de nuestra Constitución que juraron defender? "Además, la ONU no tiene la soberanía necesaria para celebrar un tratado con Estados Unidos, según nuestra propia Constitución.

¿Qué es la soberanía? Se basa en un territorio adecuado, una forma de moneda constitucional, una población considerable, dentro de unas fronteras claramente delimitadas y definitivamente medibles. Las Naciones Unidas no cumplen estas condiciones en absoluto y, digan lo que digan nuestros políticos, la ONU nunca podrá ser considerada un organismo soberano en el sentido de la definición de soberanía de la Constitución estadounidense. Por lo tanto, se deduce que nunca podremos tener un tratado con la ONU, ni ahora ni nunca. La respuesta podría ser que, ya sea por pura ignorancia de la Constitución o como servidores del Comité de los 300, los senadores de 1945 aprobaron la Carta de la ONU violando su juramento de defender y mantener la Constitución de los Estados Unidos.

Las Naciones Unidas son una sanguijuela sin rumbo y sin raíces, un parásito que se alimenta de su huésped estadounidense. Si hay tropas de la ONU en este país, deberían ser expulsadas inmediatamente, ya que su presencia en nuestro país es una profanación de nuestra Constitución, y no debería ser tolerada por quienes han jurado defender la Constitución. Las Naciones Unidas son una extensión continua de la plataforma socialista fabiana establecida en 1920, cada elemento de la cual fue implementado exactamente de acuerdo con el proyecto socialista fabiano para América. La presencia de la ONU en Camboya, su inacción en Bosnia-Herzegovina no necesitan ser amplificadas.

Algunos legisladores vieron el acuerdo de la ONU. Uno de ellos fue el representante Jessie Sumner de Illinois:

> "Señor Presidente, usted sabe por supuesto que la agenda de paz de nuestro gobierno no es la paz. Está dirigida por los mismos belicistas de siempre, que siguen haciéndose pasar por príncipes de la paz, que nos involucraron en la guerra mientras afirmaban que su objetivo era mantenernos fuera de ella (una descripción muy acertada de la diplomacia por la mentira). Al igual que el Lend-Lease y otros proyectos de ley que nos involucraron en la guerra, mientras prometían mantenernos fuera de ella, esta medida (el tratado de la ONU) nos involucrará en todas las guerras futuras.

Al representante Sumner se le unió otro legislador experto, el representante Lawrence H. Smith:

> "Votar a favor de esta propuesta es dar la aprobación al comunismo mundial. ¿Por qué, si no, tendría el pleno apoyo de todas las formas de comunismo en otros lugares? Esta medida (de la ONU) golpea el corazón mismo de la Constitución. Establece que la facultad de declarar la guerra se retira del Congreso y se otorga al Presidente. Esta es la esencia de la dictadura y del control dictatorial al que todo lo demás debe tender inevitablemente."

Smith también declaró:

> "Se le otorgan al Presidente poderes absolutos (que la Constitución de los Estados Unidos no otorga), para, en cualquier momento que él decida, y bajo cualquier pretexto,

sacar a nuestros hijos e hijas de sus hogares para que luchen y mueran en la batalla, no sólo por el tiempo que le plazca, sino por el tiempo que convenga a los miembros mayoritarios de la organización internacional. Hay que tener en cuenta que Estados Unidos estará en minoría, por lo que las políticas relativas a la duración de la estancia de nuestros soldados en países extranjeros en cualquier guerra futura serán más un asunto de las naciones extranjeras que de las nuestras...".

Los temores de Smith resultaron ser correctos, pues eso es precisamente lo que hizo el presidente Bush cuando sacó a nuestros hijos e hijas de sus hogares y los envió a luchar en la Guerra del Golfo al amparo de las Naciones Unidas, un organismo mundial que no tiene soberanía. La diferencia entre un tratado (que es lo que se suponía que eran los documentos aprobados por el Senado en 1945) y un acuerdo es que un tratado requiere soberanía, mientras que un acuerdo no.

En 1945, el Senado de los Estados Unidos debatió durante sólo tres días, si es que se puede llamar debate a los tratados. Como todos sabemos, los tratados tienen una historia de miles de años, y el Senado no pudo, y no lo hizo, examinar la Carta de la ONU en toda su extensión. El Departamento de Estado de EE.UU. envió a sus personajes más taimados para mentir y confundir a los senadores. Un buen ejemplo de esto fue el testimonio del difunto John Foster Dulles, uno de los 13 principales Illuminati americanos, miembro del Comité de los 300 y de un gobierno mundial a su entera disposición.

Dulles y su equipo, elegidos a dedo por el Comité de los 300, recibieron instrucciones para subvertir el Senado y confundirlo totalmente, la mayoría de los cuales no estaban familiarizados con la Constitución, como el testimonio del Registro del Congreso deja suficientemente claro. Dulles fue un hombre deshonesto, que mintió descaradamente y se acobardó cuando pensó que podían pillarle en una mentira. Una actuación totalmente traicionera y pérfida.

Dulles tenía el apoyo del senador W. Lucas, el agente de los banqueros plantado en el Senado. Esto es lo que dijo el senador

Lucas en nombre de sus amos, los banqueros de Wall Street:

> "...Me siento muy seguro de ello (la Carta de la ONU), porque ahora es el momento de que los senadores determinen lo que significa la Carta. No debemos esperar un año, o un año y medio, cuando las condiciones son diferentes (de la inmediata posguerra). No quiero que un senador retire su juicio hasta dentro de un año y medio..."

Evidentemente, esta admisión tácita del senador Lucas implicaba que para que el Senado considerara adecuadamente la Carta de la ONU, habría necesitado al menos dieciocho meses para hacerlo. También fue una admisión de que si los documentos eran considerados, el tratado sería rechazado.

¿Por qué esta prisa indecorosa? Si el sentido común hubiera prevalecido, si los senadores hubieran hecho sus deberes, habrían visto que se necesitaría al menos un año, y probablemente dos, para estudiar adecuadamente la carta que se les presentó y votarla. Si los senadores de 1945 lo hubieran hecho, miles de militares seguirían vivos hoy en lugar de haber sacrificado sus vidas por este organismo no soberano llamado Naciones Unidas.

Por chocante que pueda parecer la verdad, la cruda realidad es que la Guerra de Corea fue una guerra inconstitucional librada en nombre de un organismo no soberano. Así que nuestros valientes soldados no murieron por su país. Lo mismo ocurre con la Guerra del Golfo. Habrá muchas más "Guerras de Corea"; la Guerra del Golfo y Somalia son repulsiones del fracaso del Senado de EE.UU. al rechazar el tratado de la ONU en 1945. Los Estados Unidos se han visto envueltos en muchas guerras inconstitucionales debido a esto.

En su obra seminal sobre derecho constitucional, el juez Thomas M. Cooley escribió:

> "La propia Constitución nunca cede ante un tratado o una ley. No cambia con los tiempos, ni se pliega, en teoría, a la fuerza de las circunstancias... El Congreso deriva sus poderes para legislar de la Constitución, que es la medida de su autoridad. La Constitución no impone ninguna restricción a la facultad, pero está sujeta a restricciones implícitas de que no se puede

hacer nada en virtud de la Constitución del país ni privar a ningún departamento del gobierno ni a ninguno de los estados de su autoridad constitucional: el Congreso y el Senado, en un tratado, no pueden dar contenido a un tratado superior a ellos mismos, ni a la facultad delegada del Senado y la Cámara de Representantes. "

El profesor Hermann von Hoist, en su monumental obra, *Constitutional Law of the United States,* escribió

"En cuanto al alcance del poder de los tratados, la Constitución no dice nada (es decir, está reservado - prohibido), pero está claro que no puede ser ilimitado. El poder sólo existe en virtud de la Constitución, y cualquier tratado que sea incompatible con una disposición de la Constitución es, por tanto, inadmisible y, según el derecho constitucional, ipso facto nulo".

El tratado de la ONU viola al menos una docena de disposiciones de la Constitución, y como un "tratado" no puede anular la Constitución, cada una de sus resoluciones del Consejo de Seguridad es nula en lo que respecta a Estados Unidos. Esto incluye nuestra supuesta pertenencia a esta organización parasitaria. Estados Unidos nunca ha sido miembro de las Naciones Unidas, no lo es hoy, y nunca podrá serlo a menos que nosotros, el pueblo, estemos de acuerdo en que la Constitución sea enmendada por el Senado y ratificada por todos los estados, para permitir la pertenencia a las Naciones Unidas.

Hay un gran número de casos en los que la jurisprudencia apoya esta afirmación. Como no es posible incluirlos todos aquí, mencionaré los tres casos en los que se ha establecido este principio: Cherokee Tobacco contra los Estados Unidos, Whitney contra Robertson y Godfrey contra Riggs (133 U.S., 256).

Para resumir nuestra posición sobre la pertenencia a la ONU, nosotros, el pueblo soberano de los Estados Unidos, no estamos obligados a obedecer las resoluciones de la ONU, porque la promulgación de la Carta de la ONU por parte del Senado, que pretendía adaptar la Constitución a la legislación de la ONU, entra en conflicto con las disposiciones de la Constitución y es, por tanto, ipso facto, nula.

En 1945, los senadores fueron engañados al creer que un tratado tiene poderes que exceden la Constitución. Claramente, los senadores no habían leído lo que Thomas Jefferson tenía que decir;

> "Considerar que el poder de elaboración de tratados es ilimitado es hacer de la Constitución un papel en blanco por construcción. "

Si los senadores de 1945 se hubieran molestado en leer la amplia información que figura en el Registro del Congreso sobre la elaboración de tratados y acuerdos, no habrían actuado por ignorancia al aprobar la Carta de la ONU.

Las Naciones Unidas son, de hecho, un organismo de gobierno mundial creado con el propósito de aplastar la Constitución de los Estados Unidos, lo cual es claramente la intención de sus autores originales, los fabianistas Sydney y Beatrice Webb, el Dr. Leo Posvolsky y Leonard Woolf. Una buena fuente de confirmación de lo anterior se puede encontrar en *Fabian Freeway, High Road to Socialism in the U.S.* por Rose Martin.

Los fundamentos del complot socialista para subvertir a los Estados Unidos se encuentran en periódicos como el *New Statesman* y el *New Republic*. Ambos trabajos se publicaron alrededor de 1915, y había copias en el Museo Británico de Londres cuando yo estudiaba allí. En 1916, *Brentanos*, de Nueva York, publicó el mismo material bajo el título: "Gobierno Internacional", acompañado de elogios de socialistas estadounidenses de todas las tendencias.

¿Fue la Carta de la ONU realmente escrita por los traidores Alger Hiss, Molotov y Posvolsky? Abundan las pruebas de lo contrario, pero básicamente lo que ocurrió fue que la RIIA tomó el documento socialista fabiano de Beatrice Webb y lo envió al presidente Wilson para que sus disposiciones se incluyeran en la legislación estadounidense. El documento no fue leído por el Presidente Wilson, sino que fue entregado al Coronel House para que tomara medidas inmediatas. Wilson, y de hecho todos los presidentes después de él, siempre actuaron con presteza cuando se dirigieron a nuestros maestros británicos en Chatham House. El coronel House se retiró a su residencia de verano, "Magnolia", en Massachusetts, los días 13 y 14 de julio de 1918, ayudado por el profesor David H. Miller, del Grupo de Investigación. Miller, del Harvard Survey, para elaborar las propuestas británicas de un órgano de gobierno mundial unificado.

House volvió a Washington con una propuesta de 23 artículos, que el Ministerio de Asuntos Exteriores británico aceptó como base de la Sociedad de Naciones. Esto no fue más que un intento de subvertir la Constitución estadounidense. El proyecto de la "Casa" se remitió al gobierno británico para su aprobación, y luego se redujo a 14 artículos.

De ahí surgieron los "14 puntos" de Wilson -que en realidad no son de Wilson, sino del gobierno británico, ayudado por el socialista Walter Lippman-, que más tarde se convirtieron en la base de un documento presentado a la Conferencia de Paz de París. (Al hablar de sociedades secretas subversivas, hay que tener en cuenta que la palabra "paz" se utiliza estrictamente en un sentido comunista-socialista).

Si los senadores hubieran hecho sus deberes en 1945, habrían descubierto rápidamente que el tratado de la ONU no era más que una versión calentada del documento socialista ideado por los fabianos británicos y apoyado por sus primos estadounidenses. Esto habría hecho saltar las alarmas. Si los senadores hubieran descubierto quiénes eran realmente los traidores redactores de la Sociedad de Naciones, sin duda habrían rechazado el documento sin dudarlo.

Está claro que los senadores no sabían lo que estaban viendo, a juzgar por las declaraciones del senador Harold A. Burton: "Los senadores no eran conscientes de lo que estaban viendo. Burton:

> "Tenemos de nuevo la posibilidad de recuperar y establecer, no una Sociedad de Naciones, sino la actual Carta de las Naciones Unidas, aunque el 80% de sus disposiciones (en la Carta de las Naciones Unidas) son, en esencia, las mismas

que las de la Sociedad de Naciones en 1919..."

Si los senadores hubieran leído el *Registro del Congreso* sobre la Sociedad de Naciones, especialmente las páginas 8175-8191, habrían encontrado la confirmación de la afirmación del senador Burton de que la Carta de la ONU no era más que una Carta de la Sociedad de Naciones renovada. Sus sospechas debían haber sido despertadas por el hecho de que la Sociedad de Naciones transfiriera sus activos a la propuesta de Naciones Unidas. También se habrían dado cuenta de que la tarea de remodelar la versión moderna de la Sociedad de Naciones fue llevada a cabo por un grupo de disolutos sin ningún interés en el bienestar de los Estados Unidos: Alger Hiss, cuyo mentor fue el demoledor de la Constitución, Felix Frankfurter, Leo Posvolsky, y detrás de ellos los banqueros internacionales personificados por los Rothschild, los Warburg y los Rockefeller.

El ex congresista John Rarick lo expresó muy bien cuando calificó a las Naciones Unidas de "criatura del gobierno invisible". Si los senadores hubieran consultado la historia de la renovada Sociedad de Naciones, habrían descubierto que fue resucitada en Chatham House y que en 1941 fue enviada con instrucciones de la RIIA a Cordell Hull, Secretario de Estado (elegido por el Consejo de Relaciones Exteriores, como todos los Secretarios de Estado desde 1919), quien ordenó su activación.

El momento era perfecto, 14 días después de Pearl Harbor, cuando nuestros amos británicos pensaron que no recibiría mucha atención pública, y en todo caso, después del horror de Pearl Harbor, la opinión pública sería favorable. Así, el 22 de diciembre de 1941, a petición de los banqueros internacionales del Comité de los 300, se pidió a Cordell Hull que informara al presidente Roosevelt de su papel en la presentación de la versión "nueva y mejorada" de la Sociedad de Naciones.

La organización hermana de la RIIA, el Consejo de Relaciones Exteriores (CFR), recomendó que Roosevelt ordenara inmediatamente la creación de un comité asesor presidencial sobre la política exterior de posguerra. Así es como el CFR recomendó la acción a tomar:

"Que la Carta de las Naciones Unidas se convierta en la ley suprema del país, y que los jueces de todos los Estados estén obligados por ella, no obstante cualquier disposición en contrario de la constitución de cualquier Estado".

Lo que los senadores habrían descubierto en 1945, si se hubieran molestado en mirar, era que la directiva del CFR equivalía a una traición, que no podrían haber respaldado sin violar su juramento de defender la Constitución. Habrían descubierto que en 1905 un grupo de banqueros internacionales creyó que podía subvertir la Constitución utilizando un organismo mundial como vehículo, y que la directiva del CFR era simplemente parte de ese proceso en curso.

Un tratado no puede ser jurídicamente superior a la Constitución, y sin embargo el tratado de la ONU tuvo prioridad sobre la Constitución. La Constitución, o parte de ella, no puede ser simplemente derogada por el Congreso, pero un tratado puede ser anulado o desechado. Según la Constitución, un tratado no es más que una ley que puede ser derogada por el Congreso de dos maneras:

(1) Aprobar una ley que derogue el tratado.

(2) Cortar la financiación del tratado.

Para evitar estos abusos de poder, nosotros, el pueblo soberano, debemos exigir a nuestro gobierno que corte la financiación a las Naciones Unidas, que se suele expresar como "cuotas". El Congreso debe aprobar una legislación habilitante para financiar todas las obligaciones de Estados Unidos, pero es claramente ilegal que el Congreso apruebe una financiación habilitante para un propósito ilegal, como nuestra supuesta pertenencia a las Naciones Unidas, que se ha colocado por encima de la Constitución. Si los senadores de 1945 hubieran investigado adecuadamente y no hubieran permitido que Dulles los embaucara, mintiera, encubriera, engañara y confundiera, habrían encontrado el siguiente intercambio entre el senador Henry M. Teller y el senador James B. Allen y lo aprovechó. He aquí un intercambio elocuente entre dos senadores:

Senador Teller: "No puede haber ningún tratado que vincule al gobierno de los Estados Unidos en cuanto a la recaudación de ingresos.

Senador Allen: "Muy bien. Eso, por su propia naturaleza, es totalmente nacional, y no puede ser objeto de un tratado".

Senador Teller: "No es porque sea un asunto doméstico; es porque la Constitución ha puesto este asunto en manos del Congreso exclusivamente".

Senador Allen: "No, señor presidente, no necesariamente, porque la recaudación de ingresos es un asunto puramente nacional. Es la base de la vida de la nación, y debe ser ejercida sólo por el gobierno, sin el consentimiento ni la participación de ninguna potencia extranjera (u organismo mundial)..."

Un tratado no es la ley suprema del país. Es sólo una ley, y ni siquiera es segura. Cualquier tratado que ponga en peligro la Constitución es ipso facto inmediatamente nulo. Además, un tratado puede romperse. Así lo establece el "Droit des gens" de Vattel, página 194:

> "En el año 1506, los Estados Generales del Reino de Francia reunidos en Tores comprometieron a Luis XII a romper un tratado que había concluido con el emperador Maximiliano y el archiduque Felipe, su hijo, porque este tratado era pernicioso para el reino. También decidieron que ni el tratado ni el juramento que lo acompañaba podían vincular al reino, que no tenía derecho a enajenar los bienes de la corona."

Ciertamente, el tratado de la ONU es destructivo para la seguridad nacional y el bienestar de los Estados Unidos. En la medida en que una enmienda constitucional, necesaria para que Estados Unidos sea miembro de las Naciones Unidas, no ha sido adoptada y aceptada por los 50 estados, no somos miembros de las Naciones Unidas. Dicha enmienda habría subyugado el derecho del Congreso a declarar la guerra, y habría puesto la declaración de guerra en manos de las Naciones Unidas a un nivel superior al de la Constitución, colocando al ejército estadounidense bajo el control y el mando de las Naciones

Unidas.

Además, haría falta una enmienda a la Constitución para incluir una declaración de guerra de la ONU y de EE.UU. en el mismo documento, o incluso para asociarla, directamente o por implicación. Sólo por este punto, las Naciones Unidas amenazan la seguridad de la Constitución y, por tanto, sólo por este punto, nuestra pertenencia a las Naciones Unidas es definitivamente nula y no debería permitirse. El senador Langer, uno de los dos senadores que votaron en contra de la Carta de la ONU, advirtió a sus colegas en julio de 1945 que el tratado estaba plagado de peligros para Estados Unidos.

El difunto representante estadounidense Larry McDonald expuso completamente la sedición y traición masiva del tratado de la ONU, como se informó en el Registro del Congreso, Extensión de Observaciones, 27 de enero de 1982, bajo el título "Get Us Out":

> "Las Naciones Unidas, durante las últimas tres décadas y media, han estado comprometidas en una gigantesca conspiración sin límites, en su mayoría a expensas de los contribuyentes estadounidenses, para esclavizar a nuestra república en un gobierno mundial dominado por la Unión Soviética y su Tercer Mundo. Hartos de esta conspiración sin límites, cada vez más funcionarios públicos responsables y ciudadanos reflexivos están dispuestos a dimitir..."

McDonald tenía razón, pero en los últimos dos años hemos visto un marcado cambio en la forma en que la ONU es dirigida por Gran Bretaña y Estados Unidos principalmente, y volveremos a ello en su momento. Con el Presidente Bush, existía un claro deseo de permanecer en la ONU, ya que se adaptaba a su estilo de política y a sus aspiraciones reales.

En 1945, hartos de la guerra, los senadores pensaron que las Naciones Unidas serían una forma de acabar con las guerras. No sabían que el propósito de las Naciones Unidas era todo lo contrario. Hoy sabemos que sólo cinco senadores leyeron realmente la carta redactada por Alger Hiss antes de votar por el tratado.

El objetivo de las Naciones Unidas, o mejor dicho, el objetivo de los hombres que están detrás de las Naciones Unidas no es la paz, ni siquiera en el sentido comunista de la palabra.

Se trata, de hecho, de una revolución mundial, del derrocamiento del buen gobierno y del buen orden y de la destrucción de la religión establecida. El socialismo y el comunismo no son necesariamente el fin en sí mismos; son simplemente los medios para alcanzar un fin. El caos económico que ahora se está perpetrando contra Estados Unidos es un medio mucho más poderoso para ese fin.

La revolución mundial, de la que las Naciones Unidas son parte integrante, es un asunto totalmente diferente; su objetivo es derrocar por completo los valores morales y espirituales de los que las naciones occidentales han disfrutado durante siglos. Como parte de este objetivo, el liderazgo cristiano debe ser necesariamente destruido, y esto ya se ha logrado en gran medida mediante la colocación de falsos líderes en lugares donde ejercen una influencia considerable. Billy Graham y Robert S. Schuler son dos buenos ejemplos de supuestos líderes cristianos que no lo son. Gran parte de este programa revolucionario fue confirmado por Franklin D. Roosevelt en su libro *Our Way*.

Si uno lee entre las líneas de la traicionera y sediciosa Carta de la ONU, encontrará que muchos de los objetivos descritos en los párrafos anteriores están implícitos y, en algunos casos, incluso explícitos en el pernicioso "tratado" que, si los ciudadanos no lo derrocamos, pisoteará nuestra Constitución y nos convertirá en esclavos de una dictadura de lo más salvaje y represiva bajo un gobierno monomundial

En resumen, los objetivos de la revolución espiritual y moral global que está haciendo estragos -y en ningún lugar más que en los Estados Unidos- son los siguientes:

(1) La destrucción de la civilización occidental.

(2) Disolución del gobierno legal

(3) Destrucción del nacionalismo, y con él, del ideal de patriotismo.

(4) Llevar al pueblo de Estados Unidos a la escasez mediante impuestos progresivos sobre la renta, impuestos sobre la propiedad, impuestos sobre el patrimonio, impuestos sobre las ventas, etc., hasta la saciedad.

(5) La abolición del derecho divino a la propiedad privada mediante la eliminación de los impuestos sobre la propiedad y el aumento de los impuestos sobre las herencias. (El Presidente Clinton ya ha dado un paso de gigante en esta dirección).

(6) Destrucción de la unidad familiar mediante el "amor libre", el aborto, el lesbianismo y la homosexualidad. (Una vez más, el presidente Clinton se ha colocado firmemente detrás de estos objetivos revolucionarios, destruyendo cualquier duda persistente sobre su posición en relación con las fuerzas de la revolución mundial).

El Comité de los 300 emplea a un gran número de expertos que nos quieren hacer creer que se están produciendo cambios gravemente peligrosos y a menudo perturbadores debido a los "tiempos cambiantes", como si su dirección pudiera cambiar sin que alguna fuerza los imponga. El Comité cuenta con un gran número de "maestros" y "líderes" cuyo único trabajo en la vida es engañar al mayor número posible de personas haciéndoles creer que los grandes cambios "simplemente ocurren" y por lo tanto, por supuesto, deben ser aceptados.

Para ello, estos "líderes", que están a la vanguardia de la realización de los "programas sociales" del Manifiesto Comunista, han empleado hábilmente los métodos del Instituto Tavistock de Relaciones Humanas, como el "condicionamiento direccional interno" y la "Investigación Operativa", para hacernos aceptar los cambios como si fueran nuestras propias ideas en primer lugar.

Un examen crítico de la Carta de la ONU muestra que sólo difiere ligeramente del Manifiesto Comunista de 1848, del que existe una copia íntegra e inalterada en el Museo Británico de Londres. Contiene un extracto del manifiesto, supuestamente obra de Karl Marx (el judío Mordechai Levy) y Friedrich Engels, pero en realidad escrito por miembros de los Illuminati, que siguen muy activos hoy en día a través de sus 13 miembros principales del consejo en los Estados Unidos.

En 1945, ninguna de estas informaciones vitales fue vista por los senadores, que se apresuraron a firmar este peligroso documento. Si nuestros legisladores conocieran la Constitución, si nuestro Tribunal Supremo la aplicara, entonces podríamos hacernos eco de las palabras del difunto senador Sam Ervin, un gran erudito constitucional, tan admirado por los liberales por su trabajo en el Watergate: "No hay manera de que nos unamos a las Naciones Unidas" y obligar a nuestros legisladores a reconocer el hecho de que la Constitución de Estados Unidos es suprema sobre cualquier tratado.

Las Naciones Unidas son un órgano de guerra. Se esfuerza por poner el poder en manos del ejecutivo en lugar de donde debe estar: en el legislativo. Tomemos como ejemplo la Guerra de Corea y la Guerra del Golfo. En la Guerra del Golfo, las Naciones Unidas, y no el Senado y la Cámara de Representantes, otorgaron al presidente Bush la autoridad para entrar en guerra con Irak, lo que le permitió utilizar la declaración de guerra prevista en la Constitución como medio para eludirla. El presidente Harry Truman invocó el mismo poder no autorizado para iniciar la Guerra de Corea.

Si nosotros, el pueblo soberano, seguimos creyendo que Estados Unidos es un miembro legal de las Naciones Unidas, debemos estar preparados para más acciones ilegales de nuestros presidentes, como vimos en la invasión de Panamá y en la Guerra del Golfo. Actuando al amparo de las resoluciones del Consejo de Seguridad, el Presidente de los Estados Unidos puede asumir los poderes de un rey o un dictador. Tales poderes están expresamente prohibidos por la Constitución.

En virtud de los poderes que le confieren las resoluciones del Consejo de Seguridad de la ONU, el Presidente podrá arrastrarnos a cualquier guerra futura que decida que debemos librar. La base de este método para sabotear los procedimientos constitucionalmente establecidos para declarar la guerra se probó y se puso en práctica en los días previos a la Guerra del Golfo, que sin duda se utilizará para siempre como precedente para futuras guerras no declaradas, como parte de la estrategia de las guerras. Las guerras provocan cambios profundos que no pueden lograrse mediante la diplomacia.

Para tener absolutamente claros los procedimientos establecidos en la Constitución que deben seguirse ANTES de que Estados Unidos pueda entrar en guerra, examinémoslos:

(1)   El Senado y la Cámara de Representantes deben aprobar resoluciones separadas declarando que existe un estado de beligerancia entre Estados Unidos y la otra nación. A este respecto, debemos estudiar la palabra "beligerante", ya que sin "beligerancia" no puede haber intención de ir a la guerra...

(2)   A continuación, la Cámara y el Senado deben aprobar, por separado e individualmente, resoluciones que declaren la existencia de un estado de guerra entre los beligerantes, una o varias naciones, y los Estados Unidos. De esta manera, Estados Unidos es advertido oficialmente de que está a punto de entrar en guerra.

(3)   A continuación, la Cámara de Representantes y el Senado deben aprobar resoluciones individuales y separadas en las que se informe a los militares de que Estados Unidos está ahora en guerra con la nación o naciones beligerantes.

(4)   A continuación, la Cámara y el Senado deben decidir si la guerra debe ser una guerra "imperfecta" o "perfecta". Una guerra imperfecta significa que sólo una rama del ejército puede estar involucrada, mientras que una guerra perfecta significa que cada hombre, mujer y niño de los Estados Unidos está en guerra pública con cada hombre, mujer y niño de la otra nación o naciones. En este último caso, participan todas las ramas de las fuerzas armadas.

Si el Presidente no obtiene una declaración constitucional de guerra del Congreso, todo el personal militar estadounidense enviado a luchar en la guerra no declarada debe regresar a Estados Unidos en un plazo de 60 días a partir de la fecha en que fue enviado (esta disposición vital ha quedado anulada en su mayor parte). Es fácil ver cómo la Constitución ha sido secuestrada por el presidente Bush; nuestro ejército sigue en guerra con Irak y sigue siendo utilizado para imponer un bloqueo ilegal de la ONU. Si tuviéramos un gobierno que realmente respetara la Constitución, la Guerra del Golfo nunca habría ocurrido, y nuestras tropas no estarían ahora en Oriente Medio, ni siquiera en Somalia.

Estas medidas de declaración de guerra fueron diseñadas específicamente para evitar que Estados Unidos se precipitara a la guerra, razón por la cual el presidente Bush burló la Constitución para meternos en la Guerra del Golfo. Las Naciones Unidas tampoco tienen autoridad para imponer una norma a los Estados Unidos que nos diga que debemos obedecer un bloqueo económico a Irak o a cualquier otra nación, porque las Naciones Unidas no tienen soberanía. Nos ocuparemos de la Guerra del Golfo en capítulos posteriores.

Estos poderes, que no recaen en el presidente sino en el poder legislativo de facto, convierten a las Naciones Unidas en el organismo más poderoso del mundo a través de las resoluciones del Consejo de Seguridad. Desde que abandonamos la forma de neutralidad de Jefferson, hemos sido gobernados por una serie de vagabundos tras otra que han saqueado América a su antojo y siguen haciéndolo. Fue Thomas Jefferson quien lanzó una severa advertencia, que nuestros agentes en el Congreso han ignorado alegremente, de que Estados Unidos sería destruido por acuerdos secretos con gobiernos extranjeros con el deseo de dividir y gobernar al pueblo estadounidense, de modo que los intereses de los gobiernos extranjeros serían atendidos antes que las necesidades de nuestro propio pueblo.

La ayuda exterior no es más que un programa para robar y saquear los recursos naturales de los países, y entregar el dinero de los contribuyentes estadounidenses a los dictadores de esos países, para que el Comité de los 300 pueda cosechar obscenos beneficios de este saqueo ilegal, mientras el pueblo estadounidense, que no es mejor que los esclavos de los faraones egipcios, gime bajo la enorme carga de contribuir a la "ayuda exterior". En el capítulo dedicado a los asesinatos, ponemos el Congo belga como un buen ejemplo de lo que queremos decir. Es evidente que el Congo Belga fue dirigido en beneficio del Comité de los 300, no del pueblo congoleño.

Las Naciones Unidas utilizan la ayuda exterior como medio para saquear los recursos de las naciones soberanas. Ningún pirata o ladrón lo ha tenido nunca tan bien. Ni siquiera Kubla Kahn tuvo tanta suerte como los Rothschild, los Rockefeller, los Warburg y los de su calaña. Si una nación es tímida a la hora de entregar sus recursos naturales, como fue el caso del Congo, que trató de protegerse de la depredación extranjera, las tropas de la ONU entran para "obligarla a cumplir", incluso si eso significa asesinar a civiles, que es lo que las tropas de la ONU hicieron con el Congo al derrocar y asesinar a su líder, como fue el caso de Patrice Lumumba. El actual intento de asesinar al presidente Hussein de Irak es otro ejemplo de cómo la ONU subvierte la ley estadounidense y las leyes de las naciones independientes.

La cuestión es cuánto tiempo nosotros, el pueblo soberano, seguiremos tolerando nuestra pertenencia ilegal a esta organización gubernamental mundial. Sólo nosotros, el pueblo soberano, podemos ordenar a nuestros agentes, a nuestros servidores, la Cámara y el Senado, que rescindan inmediatamente nuestra pertenencia a un organismo mundial, que es perjudicial para el bienestar de los Estados Unidos de América.

II. La brutal e ilegal Guerra del Golfo

La más reciente de las guerras libradas bajo el disfraz de la Guerra del Golfo se distingue de las demás por el hecho de que el Comité de los 300, el Consejo de Relaciones Exteriores, los Illuminati y los Bilderbergers no cubrieron adecuadamente sus huellas en el camino hacia la guerra. La Guerra del Golfo es, por tanto, una de las guerras más fáciles de rastrear hasta Chatham House y Harold Pratt House y, afortunadamente para nosotros, una de las más fáciles de probar nuestro caso.

La Guerra del Golfo debe considerarse como un elemento único de la estrategia global del Comité de los 300 hacia los Estados islámicos productores de petróleo de Oriente Medio. Aquí sólo se puede hacer un breve repaso histórico. Es esencial conocer la verdad y liberarse de la propaganda de los creadores de opinión de Madison Avenue, también conocidos como "agencias de publicidad".

Los imperialistas británicos, ayudados por sus primos estadounidenses, comenzaron a poner en práctica sus planes para hacerse con el control de todo el petróleo de Oriente^e Medio a mediados del siglo XX. La guerra ilegal del Golfo fue una parte integral de este plan. Digo ilegal porque, como se explica en los capítulos dedicados a las Naciones Unidas, sólo el Congreso puede declarar la guerra, como se estipula en el artículo I, sección 8, cláusulas 1, 11, 12, 13, 14, 15 y 18 de la Constitución de los Estados Unidos. Henry Clay, una reconocida autoridad en la Constitución, lo ha dicho en varias ocasiones.

Ningún funcionario electo puede anular las disposiciones de la Constitución, y tanto el ex secretario de Estado James Baker III como el presidente George Bush deberían haber sido destituidos por violar la Constitución. Una fuente de la inteligencia británica me dijo que cuando Baker se reunió con la Reina Isabel II en el Palacio de Buckingham, se jactó de cómo había burlado la Constitución y luego, en presencia de la Reina, reprendió a Edward Heath por oponerse a la guerra. Edward Heath, ex Primer Ministro británico, fue destituido por el Comité de los 300 por no apoyar la política de unidad europea y por su fuerte oposición a la Guerra del Golfo.

Baker señaló a la reunión de jefes de Estado y diplomáticos que había rechazado los intentos de hacerle discutir cuestiones constitucionales. Baker también se jactó de cómo se habían cumplido sus amenazas contra la nación iraquí, y la reina Isabel II asintió con la cabeza. Está claro que Baker y el presidente Bush, que también estaba presente en la reunión, antepusieron su lealtad al gobierno mundial único al juramento que hicieron de defender la Constitución estadounidense.

La tierra de Arabia existe desde hace miles de años y siempre se ha conocido como Arabia. Esta tierra estaba vinculada a los acontecimientos de Turquía, Persia (actual Irán) e Irak a través de las familias Wahabi y Abdul Aziz. En el siglo 15, los británicos, bajo el liderazgo de los banqueros ladrones venecianos de los güelfos de la nobleza negra, vieron la oportunidad de establecerse en Arabia, donde se enfrentaron a la tribu de los coreístas, la tribu del profeta Mahoma, hijo póstumo del hachemita Abdullah, de la que proceden las dinastías fatimí y abasí.

La Guerra del Golfo fue una prolongación de los intentos del Comité de los 300 de destruir a los herederos de Mahoma y al pueblo hachemita en Iraq. Los gobernantes de Arabia Saudí son odiados y despreciados por todos los verdaderos seguidores del Islam, especialmente desde que han permitido que los "infieles" (las tropas estadounidenses) estén estacionados en la tierra del profeta Mahoma.

Los artículos esenciales de la religión musulmana consisten en la creencia en un solo Dios (Alá), sus ángeles y su profeta Mahoma, el último de los profetas, y la creencia en su obra revelada, el

Corán; la creencia en el Día de la Resurrección y la predestinación de los hombres por parte de Dios. Los seis deberes básicos de los creyentes son la recitación de la profesión de fe, que atestigua la unicidad de Dios, y la firme aceptación de la misión de Mahoma; cinco oraciones diarias; el ayuno total durante el mes de Ramadán; y la peregrinación a La Meca al menos una vez en la vida del creyente.

La adhesión estricta a los principios fundamentales de la religión musulmana lo convierte a uno en fundamentalista, cosa que las familias Wahabi y Abdul Aziz (la familia real saudí) no son. La familia real saudí se ha ido alejando poco a poco del fundamentalismo, lo que no les ha hecho populares entre los países fundamentalistas islámicos como Irak e Irán, que ahora les culpan de haber hecho posible la Guerra del Golfo. Saltando siglos de historia, llegamos a 1463, cuando una gran guerra, instigada y planificada por los banqueros venecianos del Golfo Negro, estalla en el Imperio Otomano. Los güelfos venecianos (emparentados directamente con la reina Isabel II de Inglaterra) habían engañado a los turcos haciéndoles creer que eran amigos y aliados, pero los otomanos iban a aprender una amarga lección.

Para entender este periodo, es necesario saber que la nobleza negra británica es sinónimo de la nobleza negra veneciana. Bajo el liderazgo de Mahoma el Conquistador, los venecianos fueron expulsados de la actual Turquía. El papel de Venecia en la historia del mundo ha sido deliberada y groseramente subestimado. Y ahora se subestima su influencia, al igual que el papel que desempeñó en la revolución bolchevique, las dos guerras mundiales y la Guerra del Golfo. Los otomanos fueron traicionados por los británicos y los venecianos, que "vinieron como amigos, pero tenían un puñal escondido a sus espaldas", como dice la historia. Esta es una de las primeras incursiones en el mundo de la guerra. George Bush lo reprodujo con gran éxito haciéndose pasar por amigo del pueblo árabe.

Gracias a la intervención británica, los turcos fueron expulsados de las puertas de Venecia y la presencia árabe se estableció firmemente en la península. Los británicos utilizaron a los árabes bajo la dirección del coronel Thomas E. Lawrence para derribar el Imperio Otomano, antes de traicionarlos y crear el Estado sionista de Israel mediante la Declaración Balfour. Este es un buen ejemplo de duplicidad diplomática. De 1909 a 1915, el gobierno británico utilizó a Lawrence para dirigir las fuerzas árabes que luchaban contra los turcos y los expulsaban de Palestina. El vacío dejado por los turcos fue llenado por los inmigrantes judíos que inundaron Palestina bajo los términos de la Declaración Balfour.

El gobierno británico continuó con su engaño trasladando las tropas británicas al Sinaí y a Palestina. Sir Archibald Murray aseguró a Lawrence que se trataba de evitar la inmigración judía en virtud de la Declaración Balfour firmada por Lord Rothschild, miembro destacado de los Illuminati.

Los términos en los que los árabes aceptaron intervenir en el conflicto con los otomanos (a los que la nobleza negra británica había jurado lealtad incuestionable), fueron negociados por el sheriff Hussein del Hiyaz, e incluían específicamente una disposición por la que Gran Bretaña no permitiría más inmigración judía a Palestina, Transjordania y Arabia. Hussein hizo de esta demanda el núcleo del acuerdo firmado con el gobierno británico.

Por supuesto, el gobierno británico nunca tuvo la intención de cumplir los términos de su acuerdo con Hussein, añadiendo los nombres de otros países a Palestina para poder decir: "Bueno, los mantuvimos fuera de esos países". Esto fue la gota que colmó el vaso, porque los sionistas no tenían interés en enviar a los judíos a ningún país de Oriente Medio que no fuera Palestina.

El gobierno británico siempre enfrentó a los Abdul-Aziz y a los wahabíes (la familia real saudí) con el sheriff Hussein, pactando en secreto con las dos familias que pretendían reconocer "oficialmente" a Hussein como rey del Hiyaz (cosa que el gobierno británico hizo el 15 de diciembre de 1916). El gobierno británico acordó apoyar en secreto a las dos familias proporcionándoles armas y dinero suficientes para conquistar las ciudades-estado independientes de Arabia.

Por supuesto, Hussein desconocía el acuerdo lateral y aceptó lanzar un ataque a gran escala contra los turcos. Esto hizo que las familias Wahabi y Abdul Aziz formaran un ejército y lanzaran una guerra para poner a Arabia bajo su control. Las compañías petroleras británicas consiguieron así que Hussein luchara contra los turcos en su nombre, sin pretenderlo.

Financiados por Gran Bretaña en 1913 y 1927, los ejércitos de Abdul Aziz-Wahabi llevaron a cabo una sangrienta campaña contra las ciudades-estado independientes de Arabia, apoderándose del Hiyaz, Jauf y Taif. La ciudad santa hachemita de La Meca fue atacada el 13 de octubre de 1924, lo que obligó a Hussein y a su hijo, Alí, a huir. El 5 de diciembre de 1925, Medina se rindió tras una batalla especialmente sangrienta. El gobierno británico, demostrando una vez más su comprensión de la realidad, no les dice a los wahabitas y a los sauditas que su verdadero objetivo es la destrucción de la santidad de La Meca y el debilitamiento general de la religión musulmana, lo cual es profundamente deseado por los oligarcas británicos y sus primos venecianos de la nobleza negra.

El gobierno británico tampoco dijo a las familias saudíes y wahabíes que eran meros peones en el juego de asegurar el petróleo árabe para Gran Bretaña frente a las reclamaciones de Italia, Francia, Rusia, Turquía y Alemania. El 22 de septiembre de 1932, los ejércitos saudíes y wahabíes aplastaron una rebelión en el territorio predominantemente hachemita de Transjordania. A partir de entonces, Arabia pasó a llamarse Arabia Saudí y debía ser gobernada por un rey de ambas familias. Así, mediante el engaño de la diplomacia a través de la mentira, las compañías petroleras británicas se hicieron con el control de Arabia. Esta sangrienta campaña se describe con detalle en mi monografía titulada "¿Quiénes son los verdaderos reyes saudíes y jeques kuwaitíes? ".

Una vez liberado de la amenaza otomana y del nacionalismo árabe bajo el gobierno del sheriff Hussein, el gobierno británico, actuando en nombre de sus compañías petroleras, entró en un nuevo periodo de prosperidad. Redactaron y consiguieron un tratado entre Arabia Saudí, como se llamaba ahora, e Irak, que se convirtió en la base de toda una serie de pactos interárabes y musulmanes, que el gobierno británico declaró que aplicaría contra la inmigración judía a Palestina.

En contra de lo que los dirigentes británicos decían a los partidos árabes-musulmanes, la Declaración Balfour, ya negociada, permitía a los judíos no sólo inmigrar a Palestina, sino convertirla en una patria. Este acuerdo, establecido en los términos de un acuerdo anglo-francés, puso a Palestina bajo administración internacional. Esto es lo que hacen hoy las Naciones Unidas con la misma facilidad, con Cyrus Vance, que está dividiendo Bosnia-Herzegovina, un país reconocido por la comunidad internacional, en pequeños enclaves para que Serbia pueda tomarlos en su momento.

Luego, el 2 de noviembre de 1917, el anuncio público de la Declaración Balfour, según la cual el gobierno británico -no los árabes ni los palestinos, de quienes era la tierra- estaba a favor del establecimiento de Palestina como patria nacional para el pueblo judío. Gran Bretaña se comprometió a hacer todo lo posible para facilitar la consecución de este objetivo, "en el claro entendimiento de que no se hará nada que perjudique los derechos civiles y religiosos de las comunidades no judías existentes en Palestina".

Una pieza más atrevida es difícil de encontrar en otro lugar. Nótese que los habitantes reales de Palestina fueron rebajados a "comunidades no judías". Nótese también que la declaración, que en realidad era una proclamación, fue firmada por Lord Rothschild, líder de los sionistas británicos, que no era miembro de la Familia Real Británica, ni del gabinete de Balfour, y por lo tanto tenía aún menos derecho que Balfour a firmar tal documento.

La flagrante traición de los árabes enfureció tanto al coronel Lawrence que amenazó con exponer la duplicidad del gobierno británico, una amenaza que le costaría la vida. Lawrence había prometido solemnemente a Hussein y a sus hombres que la inmigración judía a Palestina no continuaría. Los documentos del

Museo Británico muestran claramente que la promesa transmitida al sheriff Hussein por Lawrence fue hecha por Sir Archibald Murray y el general Edmund Allenby en nombre del gobierno británico.

En 1917, las tropas británicas marcharon sobre Bagdad, marcando el principio del fin del Imperio Otomano. A lo largo de este periodo, las familias wahabíes y saudíes fueron continuamente tranquilizadas por Murray en el sentido de que no se permitiría la entrada de judíos en Arabia, y que los pocos judíos a los que se les permitiría inmigrar sólo se establecerían en Palestina. El 10 de enero de 1919, los británicos se otorgaron un "mandato" para gobernar Irak, que se convirtió en ley el 5 de mayo de 1920. Ni un solo gobierno del mundo protestó contra la acción ilegal de Gran Bretaña. Sir Percy Cox fue nombrado Alto Comisionado. Por supuesto, el pueblo iraquí no fue consultado en absoluto.

En 1922, la Sociedad de Naciones había aprobado los términos de la Declaración Balfour (Rothschild), que otorgaba al gobierno británico un mandato para gobernar Palestina y el país hachemita llamado Transjordania. Sólo cabe preguntarse por la audacia del gobierno británico y de la Sociedad de Naciones.

En 1880, el gobierno británico se hizo amigo de un manso jeque árabe llamado Emir Abdullah al Salem Al Sabah. Al Sabah se convirtió en su representante en la zona de la frontera sur de Irak, donde se descubrieron los yacimientos petrolíferos de Rumaila dentro del territorio iraquí. La familia Al Sabah vigiló este rico yacimiento mientras el gobierno iraquí se ocupaba de él.

Los británicos fueron a por otro botín en 1899, los enormes yacimientos de oro de las minúsculas repúblicas bóer del Transvaal y el Estado Libre de Orange, de los que hablaremos en capítulos posteriores. Lo mencionamos aquí para ilustrar el afán del Comité de los 300 por apoderarse de los recursos naturales de las naciones cuando y donde pudiera.

En nombre del Comité de los 300, el 25 de noviembre de 1899 - el mismo año en que los británicos entraron en guerra con las repúblicas bóer- el gobierno británico firmó un acuerdo con el emir Al Sabah por el que se cedían al gobierno británico las tierras que invadían los yacimientos petrolíferos de Rumaila, en Irak, a pesar de que esas tierras eran parte integrante de Irak o de que el emir Al Sabah no tenía derechos sobre ellas.

El acuerdo lo firma el jeque Mubarak Al Sabah, que viaja a Londres a bombo y platillo con su séquito, con todos los gastos pagados por los contribuyentes británicos y no por las compañías petroleras británicas, que son las beneficiarias del acuerdo. Kuwait se convirtió en un protectorado británico no declarado de facto. La población local no tuvo nada que decir en el establecimiento de los Al Sabah, dictadores absolutos que rápidamente demostraron su crueldad.

En 1915, los británicos invadieron Irak y ocuparon Bagdad en un acto que el presidente George Bush habría calificado de "agresión injusta", término que utilizó para describir la acción de Irak contra Kuwait para reclamar sus tierras robadas por Gran Bretaña. El gobierno británico estableció un autoproclamado "mandato", como ya hemos visto, y el 23 de agosto de 1921, dos meses después de llegar a Bagdad, el autoproclamado Alto Comisionado Cox nombró al antiguo rey Faisal de Siria para dirigir un régimen títere en Basora. Gran Bretaña tenía ahora un títere en el norte de Irak y otro en el sur.

Para reforzar su posición, descontentos con el plebiscito evidentemente amañado que dio el mandato a los británicos, se urdió un elaborado y sangriento complot. Agentes de los servicios secretos británicos del MI6 fueron enviados para provocar una revuelta entre los kurdos de Mosul. Animados por su líder, el jeque Mahmud, organizaron una gran insurrección el 18 de junio de 1922. Durante meses, los agentes de la inteligencia británica del MI6 le dijeron al jeque Mahmud que sus posibilidades de obtener un estado autónomo para los kurdos nunca serían mayores.

¿Por qué el MI6 actuó ostensiblemente en contra de los intereses del gobierno británico? La respuesta está en la diplomacia a través de la mentira. Sin embargo, mientras se les decía a los kurdos que su ancestral búsqueda de un estado autónomo estaba a punto de hacerse realidad, Cox les decía a los líderes iraquíes en Bagdad que los kurdos estaban a punto de rebelarse. Esto, dijo Cox, era una de las muchas razones por las que los iraquíes necesitaban una presencia británica continuada en el país. Tras dos años de lucha, los kurdos fueron derrotados y sus líderes ejecutados.

Sin embargo, en 1923, Gran Bretaña se vio obligada por Italia, Francia y Rusia a reconocer un protocolo que concedía la independencia a Irak una vez que se incorporara a la Sociedad de Naciones, o al menos en 1926. Esto enfureció a la Royal Dutch Shell Co. y a British Petroleum, que pidieron nuevas medidas, temiendo perder sus concesiones petrolíferas que expiraban en 1996. Otro golpe para los imperialistas británicos y sus compañías petroleras fue la adjudicación por parte de la Sociedad de Naciones de Mosul, rica en petróleo, a Irak.

El MI6 organizó otra revuelta kurda entre febrero y abril de 1925. Se hicieron falsas promesas al gobierno iraquí, con relatos de lo que ocurriría si los británicos retiraban su protección de Irak. Los kurdos fueron empujados a la insurrección. El objetivo era demostrar a la Sociedad de Naciones que entregar Mosul a Irak era un error y que era malo para el mundo tener un gobierno "inestable" a cargo de una importante reserva de petróleo. La otra ventaja era que los kurdos probablemente perderían y sus líderes serían de nuevo ejecutados. Esta vez, sin embargo, el complot no funcionó; la Liga se mantuvo firme en su decisión sobre Mosul. Pero la rebelión se saldó de nuevo con una derrota de los kurdos y la ejecución de sus líderes.

Los kurdos nunca se dieron cuenta de que su enemigo no era Irak, sino los intereses petroleros británicos y estadounidenses. Fue Winston Churchill, y no los iraquíes, quien en 1929 ordenó a la Royal Air Force bombardear pueblos kurdos porque los kurdos se oponían a los intereses petroleros británicos en los campos petrolíferos de Mosul, cuyo valor comprendían perfectamente.

En abril, mayo y junio de 1932, los kurdos se embarcaron en una nueva insurgencia inspirada y dirigida por el M16, que pretendía persuadir a la Sociedad de Naciones para que adoptara una política de compromiso respecto al petróleo de Mosul, pero el intento no tuvo éxito y el 3 de octubre de 1932, Irak se convirtió en una nación independiente con pleno control sobre Mosul. Las compañías petroleras británicas aguantaron otros 12 años, hasta que finalmente se vieron obligadas a abandonar Irak en 1948.

E incluso después de abandonar Irak, los británicos no retiraron su presencia de Kuwait con el espurio argumento de que no formaba parte de Irak, sino que era un país independiente. Tras el asesinato del presidente Kassem, el gobierno iraquí temía un nuevo levantamiento de los kurdos, que seguían bajo el control del servicio secreto británico. El 10 de junio de 1963, los kurdos de Mustafá al-Barzani amenazaron con hacer la guerra a Bagdad, que ya estaba en apuros para aplastar la amenaza comunista. El gobierno iraquí concluyó un acuerdo por el que se concedía cierta autonomía a los kurdos y emitió una proclamación al respecto.

Alentados por la inteligencia británica, los kurdos reanudaron la lucha en abril de 1965, ya que Irak no había avanzado en la aplicación de las disposiciones de la proclamación de 1963. El gobierno de Bagdad acusó a Gran Bretaña de interferir en sus asuntos internos, y los disturbios kurdos continuaron durante otros cuatro años. El 11 de marzo de 1970, los kurdos obtuvieron finalmente la autonomía. Pero, al igual que antes, sólo se aplicó un número muy reducido de las disposiciones contenidas en el acuerdo. El acuerdo se interrumpió en 1923 cuando, ante la insistencia de Turquía, Alemania y Francia, se celebró una conferencia en Lausana, Suiza, bajo los auspicios de la Sociedad de Naciones.

La verdadera razón de la conferencia de Lausana de 1923 fue el descubrimiento de los campos petrolíferos de Mosul, en el norte de Irak. De repente, Turquía decidió que tenía derechos sobre los vastos yacimientos de petróleo que hay bajo el territorio ocupado por los kurdos. En este punto, Estados Unidos también está interesado y John D. Rockefeller pide al presidente Warren Harding que envíe un observador. El observador estadounidense aceptó la situación ilegal en Kuwait. Rockefeller no tenía intención de socavar el barco británico, siempre que pudiera obtener su parte del nuevo descubrimiento de petróleo.

Irak perdió sus derechos en virtud del antiguo acuerdo con la Compañía Turca de Petróleo, y el estatus de Kuwait permaneció inalterado. La cuestión del petróleo de Mosul se dejó deliberadamente sin aclarar por insistencia del delegado británico. Estas cuestiones se resolverán "mediante futuras negociaciones", dijo la delegación británica. Se seguirá derramando la sangre de los militares estadounidenses para asegurar el petróleo de Mosul para las compañías petroleras británicas y estadounidenses, al igual que se derramó para el petróleo de Kuwait.

El 25 de junio de 1961, el primer ministro iraquí Hassan Abdul Kassem atacó ferozmente a Gran Bretaña por la cuestión de Kuwait, señalando que las negociaciones prometidas en la Conferencia de Lausana no habían tenido lugar. Kassem dijo que el territorio llamado Kuwait era parte integral de Irak y había sido reconocido como tal durante más de 400 años por el Imperio Otomano. En cambio, los británicos concedieron la independencia a Kuwait.

Pero estaba claro que la estratagema británica para posponer el estatus de Kuwait y los campos petrolíferos de Mosul estaba casi frustrada por Kassem. De ahí la repentina necesidad de conceder la independencia a Kuwait, antes de que el resto del mundo descubriera las tácticas británicas y estadounidenses. Kuwait nunca podrá ser independiente porque, como bien saben los británicos, es un trozo de Irak que se extrajo de los campos petrolíferos de Rumaila y se entregó a British Petroleum.

Si Kassem hubiera logrado recuperar Kuwait, los gobernantes británicos habrían perdido miles de millones de dólares en ingresos petroleros. Pero cuando Kassem desapareció tras la independencia de Kuwait, el movimiento de protesta británico perdió su impulso. Al conceder la independencia a Kuwait en 1961, e ignorar que la tierra no les pertenecía, Gran Bretaña pudo rechazar las justas reclamaciones de Irak. Como sabemos, Gran Bretaña hizo lo mismo en Palestina, India y, más tarde, en

Sudáfrica.

Durante los siguientes 30 años, Kuwait siguió siendo un estado vasallo de Gran Bretaña, y las compañías petroleras canalizaron miles de millones de dólares a los bancos británicos, mientras que Irak no recibió nada. Los bancos británicos florecieron en Kuwait, administrados desde Whitehall y la City de Londres. Esta situación se mantuvo hasta 1965. Aparte de la crueldad de los Al Sabah, no existía el sistema "un hombre, un voto". De hecho, no hubo ninguna votación para el pueblo. A los gobiernos británico y estadounidense no les importó.

El gobierno británico llegó a este acuerdo con la familia Al Sabah, que ahora seguiría siendo la gobernante de Kuwait (nombre que recibe esta parte del territorio iraquí), bajo la plena protección del gobierno británico. Así es como se robó Kuwait a Irak. El hecho de que Kuwait no solicitara el ingreso en las Naciones Unidas cuando lo hizo Arabia Saudí demuestra que nunca fue un país en el verdadero sentido de la palabra.

La creación de Kuwait fue muy contestada por los sucesivos gobiernos iraquíes, que poco pudieron hacer para reclamar el territorio al poderío militar británico. erEl 1 de julio de 1961, tras años de protestas por la anexión de su territorio a Kuwait, el gobierno iraquí finalmente tomó cartas en el asunto. El Emir Al Sabah pidió a Gran Bretaña que cumpliera el acuerdo de 1899, y el gobierno británico envió fuerzas militares a Kuwait. Bagdad retrocedió, pero nunca renunció a su justa reivindicación del territorio.

La toma por parte de Gran Bretaña del territorio iraquí, al que llamó Kuwait y al que concedió la independencia, debe considerarse como uno de los actos de piratería más audaces de los tiempos modernos, y contribuyó directamente a la Guerra del Golfo. Me he esforzado en explicar los antecedentes de los acontecimientos que condujeron a la Guerra del Golfo, en mostrar la injusticia con la que actuó Estados Unidos con respecto a Iraq y el poder del Comité de los 300.

A continuación se presenta un resumen de los acontecimientos que condujeron a la Guerra del Golfo:

1811-1818. Los wahabíes de Arabia atacaron y ocuparon La Meca, pero fueron obligados a retirarse por el sultán de Egipto.

1899, 25 de noviembre. El jeque Mubarak al-Sabah cede parte de los campos petrolíferos de Rumaila a Gran Bretaña. Las tierras cedidas fueron reconocidas durante 400 años como territorio iraquí. Muy poco poblada hasta 1914. Kuwait se convierte en un protectorado británico.

1909-1915. Los británicos utilizan al Coronel Thomas Lawrence del Servicio Secreto Británico para hacerse amigo de los árabes. Lawrence asegura a los árabes que el general Edmund Allenby impedirá que los judíos entren en Palestina. Lawrence no está informado de las verdaderas intenciones de Gran Bretaña. El sheriff Hussein, gobernante de La Meca, levanta un ejército árabe para atacar a los turcos. Se destruye la presencia del Imperio Otomano en Palestina y Egipto.

1913. Los británicos acordaron en secreto armar, entrenar y abastecer a Abdul Aziz y a las familias wahabíes para preparar la conquista de las ciudades-estado árabes.

1916. Las tropas británicas entran en el Sinaí y Palestina. Sir Archibald Murray explica a Lawrence que se trata de una medida para impedir la inmigración judía, que el sheriff Hussein acepta. Hussein declaró un estado árabe el 27 de junio; se convirtió en rey el 29 de octubre. El 6 de noviembre de 1916, Gran Bretaña, Francia y Rusia reconocieron a Hussein como líder del pueblo árabe; el gobierno británico lo confirmó el 15 de diciembre.

1916. En un extraño movimiento, los británicos consiguen que la India reconozca las ciudades-estado árabes de Nejd, Qaif y Jubail como posesiones de la familia Ibn Saud de Abdul Aziz.

1917. Las tropas británicas capturan Bagdad. La Declaración Balfour es firmada por Lord Rothschild que traiciona a los árabes y concede una patria a los judíos en Palestina. El general Allenby ocupa Jerusalén.

1920. Conferencia de San Remo. Independencia de Turquía;

solución de los conflictos sobre el petróleo. Comienza el control británico de los países ricos en petróleo de Oriente Medio. El gobierno británico establece un régimen títere en Basora, encabezado por el rey Faisal de Siria. Ibn Saud Abdul Aziz ataca Taif en el Hiyaz y sólo consigue capturarla tras cuatro años de lucha.

1922. Aziz destituye a Jauf y asesina a la dinastía de los Shalan. La Declaración Balfour es aprobada por la Sociedad de Naciones.

1923. Turquía, Alemania y Francia se oponen a la ocupación británica de Irak y convocan una cumbre en Lausana. Gran Bretaña acepta liberar Irak, pero se queda con los campos petrolíferos de Mosul para crear una entidad separada en el norte de Irak. En mayo, los británicos debilitan el poder del emir Abdullah Ibn Hussein, hijo del sheriff Hussein de La Meca, y llaman al nuevo país "Transjordania".

1924. El 13 de octubre, los wahabíes y Adbul Aziz atacaron y capturaron la ciudad santa de La Meca, lugar de enterramiento del profeta Mahoma. Hussein y sus dos hijos se vieron obligados a huir.

1925. Medina se rinde a las fuerzas de Ibn Saud.

1926. Ibn Saud se proclama rey del Hiyaz y sultán del Nejd.

1927. Los británicos firmaron un tratado con Ibn Saud y los wahabíes, concediéndoles total libertad de acción y reconociendo las ciudades-estado capturadas como sus posesiones. Este es el comienzo de la lucha entre British Petroleum y las compañías petroleras estadounidenses por las concesiones petroleras.

1929. Gran Bretaña firma un nuevo tratado de amistad con Irak, reconociendo su independencia, pero dejando en suspenso el estatus de Kuwait. Primeros ataques a gran escala contra inmigrantes judíos desafiados por los árabes en el "Muro de las Lamentaciones".

1930. El gobierno británico publica el Libro Blanco de la Comisión Passfield, que recomienda el cese inmediato de la inmigración judía a Palestina y la prohibición de asignar nuevas tierras a los colonos judíos debido al "excesivo número de árabes sin tierra". La recomendación fue modificada por el Parlamento británico y las medidas adoptadas fueron simbólicas.

1932. Arabia pasa a llamarse Arabia Saudí.

1935. British Petroleum construye un oleoducto desde los disputados campos petrolíferos de Mosul hasta el puerto de Haifa. La Comisión Peel informa al Parlamento británico de que los judíos y los árabes nunca podrán trabajar juntos; recomienda la partición de Palestina.

1936. Los saudíes firman un pacto de no agresión con Irak, pero lo rompen durante la Guerra del Golfo. Los saudíes deciden apoyar a Estados Unidos y, al hacerlo, deshacen el acuerdo anterior con Irak.

1937. La Conferencia Panárabe de Siria rechaza el plan de la Comisión Peel para la inmigración judía a Palestina. Los británicos arrestan a los líderes árabes y los deportan a las Seychelles.

1941. Gran Bretaña invade Irán para "salvar" al país de Alemania. Churchill establece un gobierno títere que recibe órdenes de Londres.

1946. Gran Bretaña concede la independencia a Transjordania, que pasa a llamarse Reino Hachemita de Jordania en 1949. Sigue una oposición sionista generalizada y violenta.

1952. Graves disturbios en Irak contra el mantenimiento de la presencia británica, indignación contra la complicidad de Estados Unidos con las petroleras...

1953. El nuevo gobierno jordano ordena a las tropas británicas que abandonen el país.

1954. Gran Bretaña y Estados Unidos critican a Jordania por negarse a participar en las conversaciones de armisticio con Israel, lo que provoca la caída del gabinete jordano. La Sexta Flota estadounidense amenaza a los países árabes desembarcando marines en el Líbano (un acto de guerra). El rey Hussein no se deja intimidar y responde denunciando los estrechos vínculos de Estados Unidos con Israel.

1955. Disturbios palestinos en Cisjordania Israel declara que "los palestinos son un problema jordano".

1959. Irak protesta contra la inclusión de Kuwait en el CETAN. Acusa a los saudíes de "ayudar al imperialismo británico". Se refuerza el control británico sobre Kuwait. La salida al mar de Irak está cortada.

1961. El primer ministro iraquí Kassem advierte a Gran Bretaña: "Kuwait es tierra iraquí y lo ha sido durante 400 años". Kassem es entonces misteriosamente asesinado. El gobierno británico declara a Kuwait nación independiente. Las compañías petroleras británicas se hacen con el control de gran parte de los campos petrolíferos de Rumaila. Kuwait firma un tratado de amistad con Gran Bretaña. Las tropas británicas se desplazan para contrarrestar un posible ataque desde Irak.

1962. Gran Bretaña y Kuwait ponen fin al pacto de defensa.

1965. El príncipe heredero Sabah Al Salem Al Sabah se convierte en emir de Kuwait.

1967. Irak y Jordania entran en guerra contra Israel. Arabia Saudí evita tomar partido, pero envía 20.000 soldados a Jordania que tienen prohibido participar en los combates.

A estas alturas, el control del Comité de los 300 sobre la economía de Oriente Medio era casi total. El camino que habían tomado Gran Bretaña y Estados Unidos no era nuevo, sino una extensión iniciada por Lord Bertrand Russell:

> "Para que un gobierno mundial funcione sin problemas, deberán cumplirse ciertas condiciones económicas. Varias materias primas son esenciales para la industria. De ellos, uno de los más importantes en la actualidad es el petróleo. Es probable que el uranio, aunque ya no sea necesario para fines bélicos, sea esencial para el uso industrial de la energía nuclear. No hay ninguna justificación para la propiedad privada de estas materias primas esenciales, y creo que deberíamos incluir en la propiedad indeseable no sólo la de los individuos o las empresas, sino también la de los estados

por separado. La materia prima sin la cual la industria es imposible debe pertenecer a la autoridad internacional y ser concedida a las naciones por separado".

Esta fue una profunda declaración del "profeta" del Comité de los 300, hecha precisamente en el momento en que la injerencia británica y estadounidense en los asuntos árabes estaba en su apogeo. Nótese que Russell sabía ya entonces que no habría guerra nuclear. Russell estaba a favor de un gobierno mundial, o del nuevo orden mundial del que habla el presidente Bush. La Guerra del Golfo fue una continuación de los esfuerzos anteriores por arrebatar el control del petróleo iraquí a sus legítimos propietarios y proteger la posición atrincherada de British Petroleum y otros grandes cárteles del petróleo en nombre del Comité de los 300.

La Declaración Balfour es el tipo de documento por el que los británicos se han hecho famosos. En 1899 habían llevado el engaño contra las pequeñas repúblicas bóer de Sudáfrica a nuevas cotas. Mientras hablaba de paz, ya preocupada por los cientos de miles de vagabundos y traperos que acudían a las repúblicas bóer tras el mayor descubrimiento de oro de la historia del mundo, la reina Victoria se preparaba para la guerra.

La Guerra del Golfo se libró por dos razones principales: la primera fue el odio a todo lo musulmán por parte de la RIIA y sus primos estadounidenses del CFR, además de su fuerte deseo de proteger a su apoderado, Israel. La segunda fue la codicia desmedida y el deseo de controlar todos los países productores de petróleo de Oriente Medio.

En cuanto a la guerra en sí, la maniobra estadounidense comenzó al menos tres años antes de que Bush pasara oficialmente a la ofensiva. Estados Unidos primero armó a Irak y luego lo incitó a atacar a Irán en una guerra que diezmó a ambos países: la "guerra de la picadora de carne". Esta guerra fue diseñada para debilitar a Irak e Irán hasta el punto de que dejaran de ser una amenaza creíble para los intereses petroleros británicos y estadounidenses y, como fuerza militar, dejaran de ser una amenaza para Israel.

En 1981, Irak solicitó al Banco Nazionale de Lavoro (BNL) de

Brescia (Italia) una línea de crédito para comprar armas a una empresa italiana. Esta empresa vendió entonces minas terrestres a Irak. Luego, en 1982, el presidente estadounidense Ronald Reagan retiró a Irak de la lista de Estados patrocinadores del terrorismo en respuesta a una solicitud del Departamento de Estado.

En 1983, el Departamento de Agricultura de Estados Unidos concedió a Irak 365 millones de dólares en préstamos, aparentemente para comprar productos agrícolas, pero los acontecimientos posteriores revelaron que el dinero se había utilizado para comprar equipo militar. En 1985, Irak se puso en contacto con la sucursal del BNL en Atlanta, Georgia, para pedirle que tramitara sus préstamos de la Commodity Credit Corporation del Departamento de Agricultura de Estados Unidos.

En enero de 1986, se celebró en Washington una reunión de alto nivel entre la CIA y la Agencia de Seguridad Nacional (NSA). La discusión se centró en si Estados Unidos debería compartir sus datos de inteligencia sobre Irak con el gobierno de Teherán. El entonces director adjunto de la NSA, Robert Gates, se opuso a la idea, pero el Consejo de Seguridad Nacional le desautorizó.

No fue hasta 1987 cuando el presidente Bush hizo varias referencias públicas en apoyo de Irak, incluyendo una en la que dijo que "Estados Unidos debe construir una relación fuerte con Irak para el futuro." Poco después, la sucursal de Atlanta del BNL acordó en secreto conceder un préstamo comercial de 2.100 millones de dólares a Irak. En 1989 finalizaron las hostilidades entre Irak e Irán.

En 1989, un memorando secreto preparado por la agencia de inteligencia del Departamento de Estado advertía al Secretario James Baker:

> "Irak mantiene su enfoque autoritario en los asuntos exteriores... y está trabajando duro para (fabricar) armas químicas y biológicas y nuevos misiles".

Baker no hizo nada importante con respecto a este informe y, como veremos, posteriormente animó activamente al presidente Saddam Hussein a creer que Estados Unidos sería imparcial en su política hacia sus vecinos de Oriente Medio.

En abril de ese año, un informe sobre la proliferación nuclear elaborado por el Departamento de Energía indicaba que Irak se había embarcado en un proyecto para construir una bomba atómica. A esto le siguió en junio un informe elaborado conjuntamente por el Eximbank (una agencia bancaria estadounidense), la CIA y los Bancos de la Reserva Federal, según el cual un estudio conjunto revelaba que Irak estaba integrando tecnología estadounidense

> "directamente a las industrias de misiles, tanques y vehículos blindados de transporte de personal previstas por Irak".

El 4 de agosto de 1989, el FBI allanó las oficinas del BNL en Atlanta. Algunos sospechan que esto se hizo para evitar cualquier investigación real sobre si los préstamos a Irak se utilizaron para comprar tecnología militar sensible y otros conocimientos militares, en lugar de para los fines previstos por el Departamento de Agricultura.

En septiembre, en un esfuerzo que los conocedores ven como un movimiento preventivo para eximirse de responsabilidad, la CIA informó a Baker de que Irak estaba obteniendo la capacidad de construir armas nucleares a través de varias empresas de fachada que se sospecha que están vinculadas a Pakistán al más alto nivel. Desde hace tiempo se sospecha que Pakistán está construyendo armas nucleares, e incluso la Comisión de Energía Atómica de Estados Unidos le acusa de ello, lo que ha provocado una importante ruptura de las relaciones con Washington, que se describen como "en su punto más bajo".

En octubre de 1989, el Departamento de Estado envió a Baker un memorándum de "control de daños" en el que le recomendaba "retirar" el programa de créditos del Departamento de Agricultura a los investigadores del BNL. El memorándum estaba rubricado por Baker, lo que algunos interpretan como una aprobación de la recomendación. En general, se acepta que el acto de rubricar un documento significa la aprobación de su contenido y de cualquier acción prevista.

Poco después, en una medida sorprendente, el presidente Bush firmó la Directiva de Seguridad Nacional 26, que apoyaba el comercio de Estados Unidos con Irak. "El acceso al Golfo Pérsico y a los principales estados amigos de esa región es vital para la seguridad nacional de Estados Unidos", dijo Bush. Esto confirma que, ya en octubre de 1989, el presidente se permitió actuar como si Irak fuera un aliado de Estados Unidos, cuando en realidad los preparativos para la guerra contra él ya estaban en marcha.

Entonces, el 26 de octubre de 1989, poco más de tres semanas después de que Bush declarara a Irak Estado amigo, Baker llamó al secretario de Agricultura, Clayton Yeutter, y le pidió que aumentara los créditos comerciales agrícolas para Irak. En respuesta, Yeutter ordenó a su departamento que proporcionara 1.000 millones de dólares en créditos comerciales asegurados para el gobierno de Bagdad, aunque el Departamento del Tesoro expresó sus reservas.

El subsecretario de Estado Lawrence Eagleburger aseguró que el dinero era necesario por "razones geopolíticas":

> "Nuestra capacidad de influir en el comportamiento iraquí en ámbitos que van desde el Líbano hasta el proceso de paz en Oriente Medio (una referencia oblicua a Israel) se ve reforzada por la expansión del comercio", dijo Eagleburger.

Sin embargo, esto no fue suficiente para disipar la sospecha y la hostilidad de algunos demócratas del Congreso, que pueden haber reaccionado a la información recibida de Israel. En enero de 1990, el Congreso prohibió los préstamos a Irak y a otros ocho países que los investigadores del Congreso consideraban hostiles a Estados Unidos. Esto supuso un revés para el gran plan de guerra con Irak, que Bush no quería que el Congreso conociera. Así, el 17 de enero de 1990, eximió a Irak de la prohibición del Congreso.

Probablemente temiendo que la intervención del Congreso interrumpiera los planes de guerra, el especialista del

LA DIPLOMACIA A TRAVÉS DE LA MENTIRA

Departamento de Estado John Kelly envió un memorándum al Subsecretario de Estado para Políticas Robert Kimit en el que castigaba al Departamento de Agricultura por su retraso en la concesión de préstamos a Irak. Este incidente de febrero de 1990 es de gran importancia, ya que demuestra que el Presidente estaba ansioso por completar el suministro de armas y tecnología a Irak para evitar que el calendario de la guerra se viniera abajo.

El 6 de febrero, James Kelly, un abogado del Banco de la Reserva Federal de Nueva York responsable de regular las operaciones del BNL en Estados Unidos, redactó un memorando que debería haber causado una gran preocupación: se pospuso un viaje previsto a Italia por parte de los investigadores penales de la Reserva Federal. BNL había citado la preocupación por la prensa italiana. El viaje a Estambul se pospuso a petición del Fiscal General Richard Thornburgh.

El memorando de Kelly de febrero de 1990 decía en parte:

> "...Un elemento clave de la relación y no aprobar los préstamos alimentará la paranoia de Saddam y acelerará su giro contra nosotros".

Si no supiéramos ya lo de la guerra planeada contra Irak, esta última declaración parecería sorprendente. ¿Cómo podría Estados Unidos seguir armando al presidente Hussein si teme que "se vuelva contra nosotros"? Lógicamente, lo correcto habría sido retener los fondos en lugar de armar a una nación que el Departamento de Estado pensaba que podría volverse contra nosotros.

En marzo de 1990 se producen algunos acontecimientos sorprendentes. Los documentos presentados en el tribunal federal de Atlanta muestran que Reinaldo Petrignani, el embajador italiano en Washington, dijo a Thornburgh que incriminar a funcionarios italianos en la investigación del BNL sería "equivalente a una bofetada a los italianos". Petrignani y Thornburgh negaron posteriormente que esta conversación tuviera lugar. Esto demostró una cosa: la profunda implicación de la administración Bush en los préstamos del BNL a Irak.

En abril de 1990, el Comité Interinstitucional de Diputados del Consejo de Seguridad Nacional, encabezado por el Viceconsejero de Seguridad Nacional, Robert Gates, se reunió en la Casa Blanca para debatir un posible cambio de actitud de Estados Unidos hacia Irak, un nuevo giro en el ciclón de la diplomacia de la mentira.

Ese mismo mes, en otro giro inesperado de los acontecimientos aparentemente no previsto por Bush o la NSA, el Departamento del Tesoro denegó la asignación de 500 millones de dólares al USDA. En mayo de 1990, el Departamento del Tesoro informó de que había recibido un memorándum de la NSA objetando su acción. El memorándum afirmaba que el personal de la NSA quería impedir que se concedieran los créditos agrícolas

> "ya que exacerbaría la ya tensa relación de política exterior con Irak".

El 25 de julio de 1990, probablemente antes de lo que deseaba el Comité de los 300, saltó la trampa. Animado por el creciente número de fracasos, el presidente Bush permitió que la embajadora estadounidense April Glaspie se reuniera con el presidente Hussein. El propósito de la reunión era asegurar al presidente Saddam Hussein que Estados Unidos no tenía ninguna disputa con él y que no intervendría en las disputas fronterizas interárabes, según una serie de cables del Departamento de Estado aún no revelados y obtenidos por el congresista Henry González. Esta era una clara referencia al conflicto entre Irak y Kuwait por los campos petrolíferos de Rumaila.

Los iraquíes tomaron las palabras de Glaspie como una señal de Washington de que podían enviar su ejército a Kuwait, participando así en el complot. Como dijo Ross Perot en las elecciones de noviembre de 1992:

> "Sugiero que en una sociedad libre propiedad del pueblo, el pueblo estadounidense debería saber lo que le dijimos al embajador Glaspie que le dijera a Saddam Hussein, porque gastamos mucho dinero, arriesgamos vidas y perdimos vidas en este esfuerzo y no logramos la mayoría de nuestros objetivos".

Mientras tanto, Glaspie desapareció de la circulación y fue secuestrada en un lugar secreto poco después de que se conociera su papel en las prácticas de Irak. Finalmente, tras ser presionada por los medios de comunicación y flanqueada por dos senadores liberales, que actuaron como si Glaspie fuera una esposa trofeo necesitada de mucha galantería, compareció ante una comisión del Senado y lo negó todo. Poco después, Glaspie "dimitió" del Departamento de Estado, y sin duda ahora vive en una cómoda oscuridad de la que debería ser arrancada, puesta bajo juramento en un tribunal de justicia y obligada a testificar la verdad sobre cómo la administración Bush calculó para engañar no sólo a Irak, sino también a esta nación.

El 29 de julio de 1990, cuatro días después de la reunión de Glaspie con el presidente iraquí, Irak comenzó a mover su ejército hacia la frontera con Kuwait, continuando con el engaño, Bush envió un equipo al Capitolio para testificar contra la imposición de sanciones a Irak, reforzando la creencia del presidente Hussein de que Washington haría la vista gorda ante la inminente invasión de Irak.

Dos días después, el 2 de agosto de 1990, el ejército iraquí cruzó la frontera artificial hacia Kuwait. También en agosto, la CIA, en un informe de alto secreto, dijo a Bush que Irak no iba a invadir Arabia Saudí y que el ejército iraquí no había hecho ningún plan de contingencia para hacerlo.

En septiembre de 1990, el embajador italiano Rinaldo Petrignani, acompañado por varios funcionarios del BNL, se reunió con fiscales e investigadores del Ministerio de Justicia. En la reunión, Petrignani dijo que el BNL era "víctima de un terrible fraude; la buena reputación del banco es de gran importancia, ya que el Estado italiano es el propietario mayoritario". Estos hechos fueron revelados en documentos entregados al presidente de la comisión bancaria de la Cámara de Representantes, Henry González.

Para los observadores experimentados, esto sólo significaba una cosa: se estaba llevando a cabo una conspiración para dejar fuera de juego a los verdaderos culpables de Roma y Milán y culpar al culpable local. No es de extrañar que se adoptara la actitud de "no culpabilidad": más tarde salieron a la luz pruebas irrefutables de que los préstamos realizados por la sucursal de Atlanta del BNL contaban con la plena bendición de las sedes del BNL en Roma y Milán.

El 11 de septiembre de 1990, Bush convocó una sesión conjunta del Congreso y declaró falsamente que el 5 de agosto de 1990, Irak tenía 150.000 soldados y 1.500 tanques en Kuwait, listos para atacar a Arabia Saudí. Bush basó su declaración en información falsa transmitida por el Departamento de Defensa. El Departamento de Defensa debía saber que esta información era falsa, pues de lo contrario sus satélites KH11 y KH12 funcionaban mal, y sabemos que no es así. Al parecer, Bush necesitaba exagerar para convencer al Congreso de que Irak suponía una amenaza para Arabia Saudí.

Mientras tanto, el ejército ruso publicó sus propias imágenes de satélite que muestran el número exacto de tropas en Kuwait. Para encubrir a Bush, Washington afirmó que las imágenes del satélite procedían de un satélite comercial que había sido vendido a la cadena de televisión ABC, entre otras. Al confiar las imágenes del satélite a una empresa comercial, Rusia se involucró en un pequeño engaño propio. Está claro que el Departamento de Defensa y el Presidente han mentido al pueblo estadounidense y ahora están siendo atrapados en una mentira.

En ese momento, el presidente González estaba haciendo preguntas incómodas sobre la posible implicación de la administración Bush en el escándalo del BNL. En septiembre de 1990, el ayudante del fiscal general para asuntos legislativos escribió un memorando al fiscal general que decía

> "Nuestro mejor intento de frustrar cualquier otra investigación del Congreso por parte del Comité Bancario de la Cámara de Representantes sobre los préstamos (del BNL) es pedirle que se ponga en contacto directamente con el presidente González".

El 26 de septiembre, unos días después de recibir el memorándum, Thornburgh telefoneó a González y le dijo que no investigara el caso BNL por las cuestiones de seguridad nacional que implicaba. González decidió abruptamente cancelar la investigación del Comité Bancario de la Cámara de Representantes sobre el BNL. Thornburgh negó posteriormente haberle dicho a González que dejara en paz al BNL. González no tardó en hacerse con un memorándum del Departamento de Estado fechado el 18 de diciembre, en el que se exponía el alegato de "seguridad nacional" de Thornburgh. El memorándum también afirmaba que la investigación del Departamento de Justicia sobre el BNL no planteaba ningún problema de seguridad nacional.

Además, la Agencia de Inteligencia de Defensa anunció que sus equipos en Italia habían averiguado que la sucursal de BNL en Brescia había prestado 255 millones de dólares a Irak para comprar minas terrestres a un fabricante italiano. El día del anuncio de la "victoria aliada" en la Guerra del Golfo, el Departamento de Justicia acusó al chivo expiatorio del escándalo del BNL, tal como se esperaba. Christopher Drogoul está acusado de prestar ilegalmente más de 5.000 millones de dólares a Irak y de aceptar sobornos de hasta 2,5 millones de dólares. Poca gente creía que un oscuro agente de crédito de una pequeña sucursal de un banco estatal italiano hubiera tenido el poder de realizar por su cuenta operaciones de tal envergadura.

De enero a abril de 1990, a medida que aumentaba la presión sobre la administración Bush para que explicara las flagrantes anomalías del escándalo de la SNL, el Consejo de Seguridad Nacional tomó medidas para cerrar filas. El 8 de abril, Nicolas Rostow, consejero general del NSC, convocó una reunión de alto nivel para estudiar la forma de responder a las apremiantes peticiones de documentación de, entre otros, el presidente del Comité Bancario de la Cámara de Representantes, González.

La reunión contó con la presencia de C. Boyden Gray, asesor jurídico de Bush, Fred Green, asesor de la Agencia de Seguridad Nacional, Elizabeth Rindskopf, consejera general de la CIA, y una serie de abogados que representan a los Departamentos de Agricultura, Defensa, Justicia, Hacienda, Energía y Comercio.

Rostow abrió la reunión advirtiendo que el Congreso parecía estar decidido a investigar la relación de la administración Bush con Irak antes de la guerra.

Rostow dijo a los abogados que "el Consejo de Seguridad Nacional está coordinando la respuesta de la administración a las solicitudes del Congreso de documentos relacionados con Irak", y añadió que cualquier solicitud de documentos del Congreso debe ser examinada por "cuestiones de privilegio ejecutivo, seguridad nacional, etc.". Deben explorarse alternativas a la entrega de documentos. Esta información fue finalmente obtenida por González.

Empezaban a aparecer grietas en la, por otra parte, sólida política obstruccionista de la administración. El 4 de junio de 1990, funcionarios del Departamento de Comercio admitieron que habían suprimido información en los documentos de exportación para ocultar el hecho de que el departamento había concedido de hecho licencias de exportación para envíos de equipo y tecnología militar a Iraq.

En julio empezaron a aparecer grietas aún mayores, cuando el oficial de enlace de la CIA con el Congreso, Stanley Moskowitz, informó de que los funcionarios del banco BNL en Roma no sólo sabían perfectamente lo que había sucedido en la sucursal de Atlanta mucho antes de la acusación de Drogoul, sino que de hecho habían firmado y aprobado los préstamos para Iraq. Esto contradice directamente la declaración del embajador Petrignani al Departamento de Justicia de que la oficina del BNL en Roma no sabía nada de los préstamos a Irak realizados por su sucursal en Atlanta.

En otro giro sorprendente, en mayo de 1992, el fiscal general William Barr escribió una carta a Gonzales en la que le acusaba de perjudicar los "intereses de la seguridad nacional" al revelar la política de la administración hacia Iraq. A pesar de la gravedad de la acusación, Barr no aporta ninguna confirmación que la respalde. Está claro que el presidente está nervioso y que las elecciones de noviembre se acercan rápidamente. Este punto no pasó desapercibido para González, que calificó la acusación de

Barr de "motivada políticamente".

El 2 de junio de 1992, Drougal se declaró culpable de fraude bancario. Un juez descontento, Marvin Shoobas, pide al Departamento de Justicia que nombre un fiscal especial para investigar todo el caso BNL. Pero el 24 de julio de 1992, el ataque a González se reanudó con una carta del director de la CIA, Robert Gates. Criticó al Presidente por revelar el hecho de que la CIA y otras agencias de inteligencia estadounidenses conocían los tratos de la administración Bush con Irak antes de la Guerra del Golfo. Ese mismo mes. La carta de Gates fue hecha pública por el Comité Bancario de la Cámara de Representantes.

En agosto, el antiguo jefe de la oficina del FBI en Atlanta acusó abiertamente al Departamento de Justicia de dar largas y retrasar las acusaciones durante casi un año en el caso BNL. Y el 10 de agosto de 1992, Barr se negó a nombrar un fiscal especial para investigar los tratos de la administración Bush con Irak antes de la Guerra del Golfo, tal como lo había solicitado el Comité Judicial de la Cámara de Representantes.

Posteriormente, el 4 de septiembre, Barr escribió una carta al Comité Bancario de la Cámara de Representantes en la que afirmaba que no cumpliría con las citaciones del Comité para los documentos del BNL y la información relacionada. Pronto quedó claro que Barr debió dar instrucciones a todos los organismos gubernamentales para que se negaran a cooperar con la Comisión Bancaria de la Cámara de Representantes, porque cuatro días después de que se publicara la carta de Barr, la CIA, la Agencia de Inteligencia de Defensa, el Servicio de Aduanas, el Departamento de Comercio y la Agencia de Seguridad Nacional declararon que no tenían intención de responder a las solicitudes de información y documentos sobre el asunto del BNL.

González llevó la batalla al pleno de la Cámara y reveló que, basándose en el informe de la CIA de julio de 1991, estaba claro que la dirección del BNL en Roma conocía y aprobaba los préstamos a Irak desde la sucursal de Atlanta. Los fiscales federales de Atlanta se vieron sorprendidos por esta información tan perjudicial.

El 17 de septiembre de 1991, en un evidente esfuerzo por controlar los daños, la CIA y el Departamento de Justicia acordaron decir a los fiscales federales de Atlanta que la única información que tenían sobre el BNL ya se había hecho pública, lo cual era una mentira descarada e imprudente con ramificaciones escandalosas. La prisa por exculparse a sí mismos y a sus departamentos fue el origen de todas las acusaciones y luchas internas que se emitieron en todos los canales de noticias justo antes de las elecciones.

Sabiendo que había pasado la mayor parte de los últimos cien días de su mandato tratando desesperadamente de encubrir los escándalos que estallaban a su alrededor, Bush recibió un salvavidas: los medios de comunicación aceptaron no informar de los detalles de la trama. La cortina de humo de la "seguridad nacional" había hecho su trabajo.

En un esfuerzo continuo por distanciarse de las demás partes implicadas en el encubrimiento del BNL-Iraqgate, el Departamento de Justicia acordó que pronto publicaría documentos muy perjudiciales que mostraban el conocimiento previo de la CIA sobre la "luz verde" de la oficina de Roma del BNL para los préstamos a Irak. La información se transmitió al juez Shoob, cuyas dudas anteriores sobre la acusación de Drougal parecían estar justificadas.

Posteriormente, el 23 de septiembre de 1992, González anunció que había recibido documentos clasificados que demostraban claramente que, en enero de 1991, la CIA sabía que el BNL había aprobado los préstamos a Irak a un alto nivel. En su carta, González expresaba su preocupación por las mentiras de Gates a los fiscales federales de Atlanta en el sentido de que la oficina del BNL en Roma no estaba al tanto de lo que hacía su sucursal en Atlanta.

El Comité de Inteligencia del Senado también acusó a Gates de engañar al Departamento de Justicia, a los fiscales federales y al juez Shoob sobre el alcance del conocimiento de la CIA sobre los sucesos del BNL. El Departamento de Justicia permitió al Sr. Drogoul retirar su declaración de culpabilidad el 1 de octubre[er].

La única batalla, librada y ganada por el presidente del Comité Bancario de la Cámara de Representantes contra la administración Bush, fue ignorada por los medios de comunicación por respeto a los deseos de la bancada republicana y para proteger a Bush, uno de sus hijos predilectos.

El juez Shoob se retiró del caso BNL unos días después. Afirmó que había llegado a la conclusión de que

> "es probable que las agencias de inteligencia estadounidenses estuvieran al tanto de la relación de BNL-Atlanta con Irak... La CIA sigue sin cooperar en los intentos de descubrir información sobre su conocimiento o participación en la financiación de Irak por parte de BNL-Atlanta".

La fuente de esta información no pudo ser revelada en un primer momento, pero lo esencial apareció más tarde en un informe publicado por el *New York Times*.

Un acontecimiento importante se produjo cuando el senador David Boren acusó a la CIA de ocultar y mentir a los funcionarios del Departamento de Justicia. En su respuesta, la CIA admitió que había dado información falsa al Departamento de Justicia en su informe de septiembre, lo que no es una admisión importante, ya que González, entre otros, ya tenía pruebas de ello. La CIA dijo que fue un error honesto. No hubo "ningún intento de engañar a nadie ni de encubrir nada", dijo la agencia. La CIA también reconoció a regañadientes que no había hecho públicos todos los documentos que tenía sobre el BNL.

Al día siguiente, el abogado jefe de la CIA, el Sr. Rindskopf (que participó en la sesión informativa de 1991 organizada por Nicolas Rostow, de la Agencia de Seguridad Nacional, para limitar los daños), repitió el estribillo del "error honesto", calificando el caso de "error ciertamente lamentable" debido a un sistema de archivo defectuoso. ¿Fue esta la mejor excusa que pudo inventar el abogado jefe de la CIA? Ni el senador Boren ni el representante González estaban convencidos.

Hay que recordar que el verdadero objetivo de la reunión de 1991 convocada por Nicholas Rostow era controlar el acceso a todos los documentos e informaciones gubernamentales que pudieran revelar la verdadera relación entre la administración Bush y el gobierno de Bagdad. Por supuesto, los responsables de intentar derribar el muro que rodea a dicha información tenían derecho a ser muy escépticos con respecto a la excusa poco convincente de Rindskopf sobre un archivo defectuoso.

Los esfuerzos de control de daños de Rostow recibieron otro golpe el 8 de octubre de 1992, cuando los funcionarios de la CIA fueron llamados a declarar ante una sesión a puerta cerrada del Comité de Inteligencia del Senado. Según la información recibida de fuentes cercanas al Comité, los funcionarios de la CIA no lo tuvieron fácil y acabaron culpando al Departamento de Estado, alegando que éste había ocultado información y luego dado información engañosa sobre BNL-Atlanta por insistencia de un alto funcionario del Departamento de Justicia.

El 9 de octubre de 1992 se emitió un desmentido oficial, y el Departamento de Estado se negó a aceptar la responsabilidad de haber pedido a la CIA que no entregara los documentos pertinentes del BNL a los fiscales de Atlanta. El Departamento de Justicia lanzó entonces su propia acusación, acusando a la CIA de entregar desordenadamente algunos documentos clasificados y retener otros. El Comité Selecto de Inteligencia del Senado acordó iniciar su propia investigación sobre estas acusaciones y contraacusaciones.

Quedó claro que todas las partes presentes en la reunión del 8 de abril de 1991 intentaban distanciarse del caso. Luego, el 10 de octubre, el FBI anunció que también investigaría el asunto BNL-Atlanta. La CIA negó haber admitido nunca ante el Comité de Inteligencia del Senado que hubiera retenido información a petición especial del Departamento de Justicia.

Estos extraños acontecimientos se suceden con tanta rapidez que los anuncios diarios de acusaciones por parte de uno u otro organismo gubernamental continúan hasta el 14 de octubre de 1992. El 11 de octubre, el Departamento de Justicia anuncia que su Oficina de Responsabilidad Profesional se investigará a sí misma y a la CIA, con la ayuda del FBI. El Fiscal General

Adjunto Robert S. Meuller III, portavoz de la Sección de Integridad Pública del Departamento de Justicia, fue puesto al frente. La información de la oficina del senador David Boren sugiere que Meuller está directamente implicado en la ocultación de información a los fiscales federales de Atlanta.

El 12 de octubre de 1992, sólo dos días después de que el FBI anunciara que llevaría a cabo su propia investigación sobre el asunto BNL, ABC News afirmó haber recibido información de que el director del FBI William Sessions estaba siendo investigado por la Oficina de Responsabilidad Profesional del Departamento de Justicia. Los cargos incluyen el uso indebido de un avión del gobierno, la construcción de una valla alrededor de su casa a expensas del gobierno y el abuso de los privilegios telefónicos, ninguno de los cuales está relacionado de ninguna manera con el caso BNL.

El informe de ABC llegó después de que el FBI anunciara el 10 de octubre que investigaría el caso BNL. Fue un intento de presionar a Sessions para que cancelara la prometida investigación del FBI. El senador Boren dijo a los periodistas:

> "El momento de las acusaciones contra el juez Sessions me hace preguntarme si se está intentando presionar para que no realice una investigación independiente".

Otros señalaron una declaración de Sessions el 11 de octubre en la que afirmaba que su investigación no buscaría la ayuda de funcionarios del Departamento de Justicia, que podrían estar ellos mismos bajo investigación. "El Departamento de Justicia no participará en la investigación (del FBI) y el FBI no compartirá información", dijo Sessions. En los últimos días de su campaña de reelección, Bush siguió negando categóricamente que tuviera conocimiento o participación personal en los escándalos del Iraqgate o del Irán/Contra.

Las cosas se torcieron para el presidente cuando, el 12 de octubre de 1992, el senador Howard Metzenbaum, miembro del Comité Selecto de Inteligencia del Senado, escribió al fiscal general Barr y le solicitó el nombramiento de un fiscal especial:

"... Dado que funcionarios de muy alto nivel bien pueden haber conocido o participado en un esfuerzo por absolver a BNL-Roma de su complicidad en las actividades de BNL-Atlanta, ninguna rama del poder ejecutivo puede investigar la conducta del gobierno de Estados Unidos en este asunto sin al menos la apariencia de un conflicto de intereses."

La carta de Metzenbaum afirmaba que existían pruebas de la "implicación secreta del gobierno estadounidense en la venta de armas a Irak", que procedían de un proceso judicial en Atlanta. González envió una carta mordaz a Barr en la que pedía que se nombrara un fiscal especial para

"hacer frente a los repetidos y evidentes fallos y obstrucciones de los dirigentes del Departamento de Justicia... La mejor manera de hacerlo es hacer lo correcto y presentar su dimisión", dijo González.

Luego, el 14 de octubre, el senador Boren escribió a Barr pidiéndole que nombrara un fiscal especial independiente:

"Se necesita una investigación verdaderamente independiente para determinar si se cometieron delitos federales en el manejo del gobierno del caso BNL".

Boren continúa afirmando que el Departamento de Justicia y la CIA participaron en el encubrimiento del caso BNL. Al día siguiente, la CIA publicó un cable de su jefe de estación en Roma, en el que se citaba a una fuente no identificada que acusaba a altos funcionarios de Italia y Estados Unidos de haber sido sobornados, aparentemente para evitar que contaran lo que sabían sobre el caso BNL-Atlanta.

Siguió una pausa de cinco días en la tormenta que rodea a la administración Bush, hasta que el Comité Selecto del Senado comenzó su investigación sobre las acusaciones de que la CIA y la NSA utilizaron empresas de fachada para proporcionar a Irak equipo y tecnología militar en violación de la ley federal. Algunos demócratas del Comité Judicial del Senado también pidieron a Barr que nombrara un fiscal independiente, a lo que éste se negó de nuevo.

Bush luchaba por su vida política cuando el fiscal especial Lawrence Walsh emitió una acusación contra el ex secretario de Defensa Caspar Weinberger, acusándolo de mentir al Congreso. Según fuentes de Washington, "fue un pandemónium en la Casa Blanca". Weinberger, por su parte, indicó que no desempeñaría el papel de chivo expiatorio del Presidente. Según una fuente, C. Boyden Gray le dijo al Presidente que la única opción que tenía era la de indultar a Weinberger.

Así, en la víspera de Navidad de 1992, Bush indultó a Weinberger y a otros cinco actores clave en el escándalo Irán/Contra: El ex asesor de seguridad nacional Robert McFarlane, los agentes de la CIA Clair George, Duane Clarridge y Alan Fiers, y el ex subsecretario de Estado Elliott Abrams. La indulgencia de Bush lo protegió efectivamente de Walsh, matando la investigación de Irán/Contra. En cuanto a Clinton, hasta ahora no ha mostrado ningún interés prioritario en nombrar un fiscal especial.

Walsh no tardó en expresar su enfado a los medios de comunicación. Clemencia presidencial

> "demuestra que personas poderosas con aliados poderosos pueden cometer graves delitos mientras ocupan altos cargos, abusando deliberadamente de la confianza pública sin consecuencias... El encubrimiento de Irán/Contra, que ha continuado durante seis años, ha terminado... Esta oficina sólo fue informada en las últimas dos semanas, el 11 de diciembre de 1992, de que el Presidente Bush no había presentado a los investigadores sus notas contemporáneas de gran relevancia (el diario de Bush) a pesar de las repetidas peticiones de tales documentos... A la luz de la propia mala conducta del Presidente Bush al retener su diario, estamos gravemente preocupados por su decisión de perdonar a otros que mintieron al Congreso y obstruyeron las investigaciones oficiales."

Tal vez Walsh no sabía en qué se estaba metiendo, o que el encubrimiento llevaba mucho más tiempo del que sospechaba. El caso del agente israelí Ben-Menashe es un buen ejemplo. El Grupo de Trabajo de la Cámara de Representantes para la

Sorpresa de Octubre no consideró oportuno llamar a Ben-Menashe como testigo. Si la comisión lo hubiera hecho, se habría enterado de que Ben-Menashe había hablado al corresponsal de *Time*, Rajai Samghabadi, de un gran acuerdo de armas "extraoficial" entre Israel e Irán en 1980.

Durante el juicio de Ben-Menashe en 1989, en el que Samghabadi testificó a su favor, se supo que la historia de una enorme venta ilícita de armas por parte de Israel a Irán fue ofrecida en repetidas ocasiones a la revista *Time*, que se negó a publicarla, a pesar de que había sido corroborada por Bruce Van Voorst, un antiguo agente de la CIA que trabajaba para *Time*. Walsh no parecía saber que al establishment liberal de la Costa Este, liderado por el Comité de los 300, no le importa la ley, porque ella hace la ley.

Walsh se topó con el mismo muro que el senador Eugene McCarthy cuando intentó llevar a William Bundy ante su comité y sólo consiguió a John Foster Dulles. No es de extrañar que Walsh no tuviera éxito, sobre todo a la hora de enfrentarse a un Skull and Bonesman.[5] McCarthy había intentado que Dulles testificara sobre ciertas actividades de la CIA, pero Dulles se había negado a cooperar.

R. James Woolsey, el hombre nombrado por Clinton para dirigir la CIA, ¿hará algo para llevar a los culpables ante la justicia? Woolsey es miembro del Club de Seguridad Nacional, trabajó a las órdenes de Henry Kissinger como miembro del Consejo de Seguridad Nacional y fue subsecretario de la Marina en la administración Carter. También ha participado en numerosas comisiones y se ha convertido en un estrecho colaborador de Les Aspin y Albert Gore.

Woolsey tiene otro amigo cercano en Dave McMurdy, miembro del Comité de Inteligencia de la Cámara de Representantes y también asesor clave de Clinton. Abogado de profesión, Woolsey fue socio del bufete de abogados Shae and Gardner, durante el cual actuó como agente extranjero, sin registrarse como tal en el

---

[5] Miembro de la sociedad secreta Skull and Bones.

Senado. Woolsey también tenía una larga relación de abogado-cliente con un alto funcionario de la CIA.

Uno de los clientes más notables de Woolsey fue Charles Allen, un oficial de inteligencia nacional en la sede de la CIA en Langley, Virginia. Allen fue acusado por su jefe, William Webster, en un informe de investigación interna sobre el escándalo Irán/Contra, de ocultar pruebas. Parece que Allen nunca entregó todos sus archivos sobre la relación con Manucher Ghorbanifar, el intermediario en el asunto Irán/Contra. Webster amenazó a Allen, que acudió a Woolsey en busca de ayuda, diciendo que había cometido "un simple error". Cuando Sessions descubrió que Allen estaba representado por Woolsey, abandonó el caso. Quienes han estado cerca del asunto dicen que con Woolsey al frente de la CIA, otros que no han sido indultados por Bush encontrarán una "puerta abierta" en Woolsey.

III. Política petrolera estadounidense

L a política petrolera de Estados Unidos en el extranjero ofrece una historia consistente de diplomacia mediante el engaño. Al investigar los documentos del Departamento de Estado para este libro, descubrí numerosos documentos que proclaman abiertamente el apoyo a la Standard Oil en México y a las compañías petroleras estadounidenses en Oriente Medio. Entonces me quedó claro que el Departamento de Estado estaba involucrado en una gigantesca conspiración de diplomacia por engaño en el campo del petróleo extranjero.

Una directiva del Departamento de Estado fechada el 16 de agosto de 1919 y dirigida a todos los cónsules y embajadas en países extranjeros preconizaba el espionaje masivo y el redoblamiento del personal del servicio exterior para ayudar a las principales compañías petroleras estadounidenses:

"Señores: La importancia vital de asegurar un suministro adecuado de hidrocarburos para las necesidades presentes y futuras de los Estados Unidos ha sido señalada a la atención del Departamento. En muchas partes del mundo, los nacionales de varios países están desarrollando depósitos probados y explorando nuevas áreas, y se están buscando activamente concesiones de derechos mineros. Es conveniente disponer de la información más completa y actualizada sobre estas actividades de los ciudadanos estadounidenses o de otras personas.

"Por lo tanto, usted es responsable de obtener y transmitir con prontitud, de vez en cuando, la información relativa a los arrendamientos de petróleo, los cambios en la propiedad de las propiedades petroleras o los cambios significativos en la propiedad o el control de las empresas que participan en la producción o distribución de petróleo.

"También debe facilitarse información sobre el desarrollo de nuevos yacimientos o el aumento de la explotación de las regiones productoras. Se desea disponer de datos completos y los informes no deben limitarse a los puntos mencionados específicamente, sino que deben incluir información relativa a todas las cuestiones de interés que afecten a la industria de los hidrocarburos y que puedan surgir de vez en cuando..."

Esta directiva se emitió después de una larga y amarga lucha con el gobierno mexicano. Como veremos en la siguiente historia, A.C. Bedford, presidente de la Standard Oil, había exigido que el gobierno estadounidense interviniera:

"Cualquier apoyo diplomático adecuado para obtener y explotar propiedades petrolíferas en el extranjero debe ser apoyado por el gobierno".

La Comisión Federal de Comercio no tardó en recomendar el "apoyo diplomático" a estas empresas petroleras en el extranjero.

Charles Evans Hughes también testificó ante la Junta Federal de Conservación del Petróleo de Coolidge, insistiendo en que las políticas del Departamento de Estado y de las compañías petroleras debían ser sinónimas:

"La política exterior de la administración, expresada en la frase 'Open Door', llevada a cabo de forma consistente por el Departamento de Estado, ha permitido que nuestros intereses americanos en el extranjero sean promovidos de forma inteligente y que las necesidades de nuestro pueblo, en gran medida, sean salvaguardadas adecuadamente.

Esto significaba realmente que era necesaria una fusión de los intereses petroleros gubernamentales y privados. No es casualidad que Evans fuera asesor del American Petroleum Institute y de la Standard Oil.

Un caso de libro: la explotación petrolera mexicana

La historia de la explotación petrolera mexicana es también un ejemplo de cómo se consigue esto. La conquista del principal recurso natural de México -su petróleo- sigue siendo una mancha fea y abierta en las páginas de la historia estadounidense.

El petróleo fue descubierto en México por el magnate británico de la construcción Weetman Pearson, cuya empresa formaba parte de la red mundial de empresas del Comité de los 300. Pearson no se dedicaba al negocio del petróleo, pero contaba con el respaldo de las empresas petroleras británicas, en particular la Royal Dutch Shell Company. Pronto se convirtió en el mayor productor de México.

El presidente mexicano Porfirio Díaz concedió oficialmente a Pearson los derechos exclusivos de exploración petrolífera, tras haber concedido ya el "derecho exclusivo" a Edward Dahoney, de la Standard Oil, que era conocido como "el zar del petróleo mexicano". Como veremos, Díaz luchó por los intereses de sus patrocinadores elitistas. También estaba firmemente bajo la influencia de Dahoney y del presidente Warren Harding.

Esto se remonta al Tratado de Guadalupe Hidalgo de 1848, por el que México cedió a Estados Unidos Alta California, Nuevo México y el norte de Sonora, Coahuila y Tampaulis por 15 millones de dólares. Texas había sido anexionada por Estados Unidos en 1845. Una de las principales razones para la anexión de Texas fue que los geólogos conocían los vastos yacimientos de petróleo que yacían bajo sus tierras.

En 1876, Díaz derrocó a Leordo de Tejada, y el 2 de mayo de 1877 fue declarado Presidente de México. Permaneció en el cargo hasta 1911, excepto cuatro años (1880-1884). Díaz estabilizó las finanzas, emprendió proyectos industriales, construyó ferrocarriles e incrementó el comercio durante su reinado dictatorial, al tiempo que se mantenía leal a los que le llevaron al poder. La "realeza" de México estaba estrechamente relacionada con la de Gran Bretaña y Europa.

Fue la promulgación de un nuevo código minero el 22 de noviembre de 1884 lo que abrió la puerta a Pearson para empezar a explotar el petróleo. A diferencia de la antigua ley española, la nueva ley establece que el título de propiedad conlleva la propiedad de los productos del subsuelo. También permitió que las tierras comunales pertenecientes a indios y mestizos pasaran a manos de los 1,5 millones de "clases altas" de México. En este contexto, Díaz comenzó a otorgar concesiones a los inversores extranjeros.

El primero en recibir una concesión fue Dahoney, estrecho colaborador del Secretario del Interior Albert Fall y del Presidente Harding, a quien Dahony había dado grandes sumas de dinero para su campaña. El gabinete de Harding incluía nada menos que cuatro petroleros, incluido Fall. En 1900, Dahoney compró 280.000 acres de la Hacienda del Tulillo por 325.000 dólares. Como "recompensa" al presidente Díaz, Dahoney pudo literalmente robar tierras o comprarlas a precios ridículos.

Tras cuatro años de funcionamiento, Dahoney producía la mayor parte de los 220.000 barriles de petróleo que salían de México. Pensando que estaba bien establecido, Dahoney, por instrucciones del gobierno estadounidense, se negó a aumentar los pagos de "recompensa" al presidente Díaz, a pesar de que los campos de Potrero y Cero Azul producían más de un millón de dólares a la semana. Esta actitud era bastante típica de la codicia egoísta de John D., una tendencia que recorría la familia Rockefeller. En ese momento, Díaz, descontento con Dahoney, hizo a Pearson una "concesión única". En 1910, la Mexican Eagle Company de Pearson había adquirido el 58% de la producción total de México.

En respuesta, Rockefeller ordenó la voladura de los pozos de Pearson y el ataque a sus trabajadores por parte de los campesinos que su dinero había armado para tal fin. Grandes bandas de bandoleros fueron armadas y entrenadas para destruir los oleoductos y las instalaciones petroleras del Águila Mexicana. Todos los trucos malignos enseñados por William "Doc" Avery Rockefeller afloraron en la guerra de John D. Rockefeller contra Pearson.

Pero Pearson demostró ser más que un rival para Rockefeller, contraatacando con tácticas similares. Calculando que no había suficiente petróleo en México para seguir luchando (lo que resultó ser un gran error), Rockefeller se retiró y dejó el campo libre a Pearson. Más tarde, John D. se arrepintió de su decisión de retirarse de la lucha y dedicó los recursos del Standard a crear un caos sangriento en México. En ese país, los disturbios se llamaban "revoluciones mexicanas", que nadie entendía.

En reconocimiento a sus servicios a los intereses petroleros británicos, Pearson recibió el título de "Lord Cowdray" y pasó a ser conocido con ese nombre. También se convirtió en miembro permanente del Comité de los 300. Lord Cowdray mantenía buenas relaciones con el presidente Wilson, pero entre bastidores, John D. intentaba socavar esta relación y reanudar la explotación del petróleo mexicano. Sin embargo, Lord Cowdray está decidido a mantener la mayor parte de los beneficios del petróleo mexicano en las arcas del gobierno británico.

La diplomacia del petróleo en Londres y Washington difiere poco en términos de agresividad. Los motivos y los métodos han permanecido notablemente inalterados. Al fin y al cabo, el poder internacional sigue siendo, sobre todo, económico. El 21 de enero de 1928, el contralmirante Charles Plunkett, comandante del Astillero Naval de Brooklyn, se desahogó en defensa del programa naval de 800 millones de dólares del presidente Calvin Coolidge declarando

> "La pena de la eficiencia comercial e industrial es inevitablemente la guerra.

Esto se refería a la gran demanda de petróleo para los buques de guerra. Plunkett tenía el ojo puesto en el petróleo de México.

Lógicamente, la nación que controla los activos de las materias primas del mundo lo gobierna. Cuando Gran Bretaña tenía una gran armada que necesitaba para mantener su comercio mundial era la clave de las operaciones británicas en los países productores de petróleo. Estados Unidos aprendió rápidamente, especialmente tras la llegada de la familia Illuminati de Dulles, como veremos.

Volvamos a México, donde en 1911 Díaz fue derrocado por Francisco Madero, y descubramos el papel que jugó la Standard Oil en este desarrollo. El general Victoriano Huerto alarmó a los intereses petroleros británicos al declarar su intención de recuperar el control del petróleo mexicano, y los británicos pidieron a Lord Cowdray (que para entonces había vendido su operación mexicana a Shell) que convenciera al presidente Wilson de que les ayudara a derrocar a Huerta.

Fue una buena idea, porque los británicos sabían que la Standard Oil estaba detrás de la revolución de Madero de 1911 que derrocó al presidente Díaz. Una revolución que la Standard Oil consideró necesaria para acabar con la violación británica de "su" petróleo mexicano. Francisco Madero, que llegó a la presidencia de México el 6 de noviembre de 1911, no comprendía las fuerzas que movían sus hilos y jugaba al juego político, sin darse cuenta de que la política se basa únicamente en la economía. Pero Huerta, que le sustituyó, sabía cómo se jugaba.

La Standard Oil estuvo muy implicada en la caída de Porfirio Díaz. El testimonio de varios testigos en la audiencia del Comité de Relaciones Exteriores del Senado de 1913 implicó a Dahoney y a la Standard Oil en la financiación de la revolución de Madero de 1911. Uno de los testigos, Lawrence E. Converse, dijo a los miembros del comité mucho más de lo que Standard quería que escucharan:

> "El señor Madero me dijo que en cuanto los rebeldes (las fuerzas de Madero) hicieran una buena demostración de fuerza, varios grandes banqueros de El Paso (Texas) estaban dispuestos a darle un adelanto. Creo que la suma era de 100 mil dólares y que los intereses de la Standard Oil habían comprado el gobierno provisional de México... Ellos (el gobernador González y el secretario de Estado Hernández) dijeron que los intereses de la Standard Oil estaban apoyando a Madero en su revolución..."

El gobierno de Wilson, deseoso de limitar las concesiones de Cowdray, establece relaciones diplomáticas con el gobierno de Madero, ordenando un embargo de armas contra cualquier contrarrevolucionario. El coronel House (el controlador de Woodrow Wilson) puso a Cowdray como el villano cuando Francisco Huerta derrocó a Madero. "No nos gusta (Cowdray), porque creemos que entre él y Carden (Sir Lionel Carden, ministro británico en México), se perpetúan muchos de nuestros problemas", dijo House.

El coronel House acusó, con razón, a Huerta de haber sido llevado al poder por los británicos para que las concesiones de la Standard pudieran ser reducidas por la expansión de la explotación petrolera de Lord Cowdray. El presidente Wilson se negó a reconocer al gobierno de Huerta, aunque Gran Bretaña y las demás grandes potencias sí lo hicieron. declaró Wilson:

> "No podemos tener ninguna simpatía por quienes pretenden hacerse con el poder del gobierno para promover sus intereses o ambiciones personales".

Un portavoz del Comité de los 300 le dijo al presidente Wilson "usted suena como un petrolero de la Standard". La pregunta fue formulada:

> "... ¿Qué representa el petróleo o el comercio de México, comparado con la estrecha amistad entre Estados Unidos y Gran Bretaña? Ambos países deberían estar de acuerdo con este principio fundamental: dejar que sus intereses petroleros libren sus propias batallas, legales y financieras".

Las personas cercanas al presidente Wilson dijeron que estaba visiblemente afectado por el hecho de que el servicio de inteligencia británico MI6 había descubierto sus vínculos directos con las empresas mexicanas Standard, lo que empezaba a empañar su imagen como presidente demócrata. House le advirtió de que el ejemplo dado por Huerto al desafiar el poder de EE.UU. podría hacerse sentir en toda América Latina si EE.UU. (incluida la Standard Oil) no se imponía. Este era un hermoso enigma para un "demócrata liberal".

El Secretario del Interior Fall instó al Senado de EE.UU. a enviar fuerzas militares estadounidenses a México para "proteger las vidas y los bienes de los estadounidenses". Este razonamiento también fue utilizado por el presidente Bush para enviar tropas estadounidenses a Arabia Saudí para "proteger las vidas y los bienes" de British Petroleum y sus empleados, por no hablar del negocio de su propia familia, la Zapata Oil Company. Zapata fue una de las primeras compañías petroleras estadounidenses en entablar amistad con los Al Sabah de Kuwait.

En 1913, el Comité de Relaciones Exteriores del Senado estadounidense convocó audiencias sobre lo que denominó "las revoluciones en México". El público estadounidense, entonces como ahora, no tenía ni idea de lo que estaba ocurriendo y los periódicos le hicieron creer que un gran número de "mexicanos locos andaban por ahí disparándose unos a otros".

Dahoney, que compareció como testigo experto, fue bastante lírico en su demanda velada de que el gobierno de Washington utilizara la fuerza para retener a Huerta. Dijo:

> "... Me parece que Estados Unidos debe aprovechar la empresa, la capacidad y el espíritu pionero de sus ciudadanos para adquirir, tener y conservar una parte razonable de las reservas mundiales de petróleo. Si no lo hacen, se encontrarán con que las reservas de petróleo que no están dentro de los límites del territorio estadounidense serán rápidamente adquiridas por los ciudadanos y gobiernos de otras naciones...".

Parece que hemos escuchado una cita similar en tiempos más recientes, cuando se decía que el "loco" Saddam Hussein suponía una amenaza para el suministro mundial de petróleo. El Secretario Fall se sumó a sus llamamientos en el Senado para una intrusión armada en México:

> "...y prestar su ayuda (es decir, las fuerzas militares estadounidenses) para el restablecimiento del orden y el mantenimiento de la paz en ese desafortunado país, así como para poner las funciones administrativas en manos de ciudadanos mexicanos capaces y patrióticos".

El parecido entre el engaño perpetrado contra el Senado y el pueblo de Estados Unidos por Dahoney, de la Standard Oil, y el secretario Fall tiene un asombroso parecido con la retórica de Bush antes y durante su guerra ilegal contra Irak. Bush declaró que era necesario que los soldados estadounidenses "llevaran la democracia a Kuwait".

La verdad es que la democracia era un concepto totalmente ajeno a los dictadores de Al Sabah de Kuwait.

Una vez que Estados Unidos consiguió recuperar Kuwait para British Petroleum (un ejemplo de la especial amistad entre Estados Unidos y Gran Bretaña de la que habló el mensajero del Comité de los 300 en su visita al presidente Wilson), Bush dirigió su atención al "triste e infeliz país de Irak".

Al igual que Wilson, que creía que había que destituir al "tirano Huerta" y restaurar México para "asegurar el orden y la paz en ese desafortunado país poniendo las funciones administrativas en manos de ciudadanos mexicanos competentes y patriotas", Bush, utilizando una fórmula similar, declaró que Estados Unidos debía deshacerse del "tirano Saaaddam". (Error ortográfico intencionado.)

Los estadounidenses no tardaron en convencerse de que el presidente Hussein era la causa de todos los problemas de Irak, algo que el coronel House, a través de Wilson, dijo al pueblo estadounidense sobre el presidente Huerta de México. En ambos casos, el denominador común, en México y en Irak, es el petróleo y la codicia. Hoy, el secretario de Estado del Consejo de Relaciones Exteriores, Warren Christopher, ha sustituido a Dahoney, Fall y Bush, y perpetúa la afirmación de que hay que derrocar a Hussein para salvar al pueblo iraquí.

Christopher simplemente sigue utilizando las mentiras para encubrir el objetivo del Comité de los 300 de apoderarse completamente de los campos petrolíferos de Irak. Esto no es diferente de la política de Wilson hacia Huerta.

Mientras que en 1912 Wilson presentó la "amenaza de Huerta" como un peligro para el Canal de Panamá, Bush presentó a Hussein como una amenaza para el suministro de petróleo estadounidense procedente de Arabia Saudí. En ambos casos, no era la verdad: Wilson mintió sobre la "amenaza" al Canal de Panamá, y Bush mintió sobre una "invasión en curso" de Arabia Saudí por el ejército iraquí. En ambos casos, no existía tal amenaza. El ataque verbal de Wilson a Heurta se hizo público en un discurso ante el Allied Petroleum Council.

En un discurso preparado para él por el Coronel House, Wilson dijo al Congreso que México era un "peligro permanente para los intereses americanos".

> "La situación actual en México es incompatible con el cumplimiento de las obligaciones internacionales de México, con el desarrollo civilizado del propio país y con el mantenimiento de condiciones políticas y económicas tolerables en Centroamérica", dijo Wilson.

> "México es finalmente donde el mundo está mirando. Centroamérica está a punto de ser golpeada por las grandes rutas comerciales mundiales y la intersección que va de costa a costa hasta el istmo..."

De hecho, Wilson anunció que, a partir de ahora, la política de las compañías petroleras estadounidenses se convertiría en la política de los Estados Unidos de América.

El presidente Wilson estaba completamente esclavizado por Wall Street y la Standard Oil. A pesar de que el 1er de mayo de 1911, el Tribunal Supremo había ordenado una acción antimonopolio contra la Standard Oil, dio instrucciones a los cónsules estadounidenses en Centroamérica y México para que "transmitieran a las autoridades la idea de que cualquier maltrato a los estadounidenses es susceptible de plantear la cuestión de la intervención". Esta cita procede de un extenso documento del Departamento de Estado, así como de las audiencias celebradas por el Comité de Relaciones Exteriores del Senado en 1913.

Tras este mensaje, Wilson pidió al Secretario de Estado William Bryan que dejara claro que quería que el presidente Huerta se marchara rápidamente:

> "Está claro que Huerta tiene el deber inmediato de renunciar al gobierno mexicano y que el gobierno de Estados Unidos debe utilizar ahora todos los medios necesarios para lograr este resultado.

Al mejor estilo de los Estados Unidos imperialistas, Wilson siguió con otra acusación contra el presidente Huerta el 12 de noviembre de 1912:

> "Si el general Huerta no se retira por la fuerza de las circunstancias, será deber de los Estados Unidos utilizar medios menos pacíficos para desalojarlo".

La declaración belicosa de Wilson es tanto más chocante cuanto que siguió a unas elecciones pacíficas en las que el presidente Huerta fue reelegido.

Uno puede preguntarse por qué, si este fue el caso de Panamá, el heredero de John D., David Rockefeller, luchó tanto para dar el Canal de Panamá al Coronel Torrijos, pero eso es el tema de otro capítulo bajo el título Panamá y el tratado fraudulento Carter-Torrijos.

No es de extrañar que el pueblo estadounidense de la época aceptara el belicoso ataque de Wilson a México, apenas disfrazado de "patriótico" y en interés de los Estados Unidos. Al fin y al cabo, ¿no apoyó el grueso de la población, creo que fue el 87% de los estadounidenses, a Bush en su ataque a Irak, y no somos culpables de permitir que se mantenga el inhumano y totalmente injustificado embargo contra Irak?

No debería sorprendernos la similitud de la retórica de Wilson y de Bush, ya que ambos fueron controlados por nuestro gobierno secreto paralelo de alto nivel,[6] al igual que Clinton es controlado desde Chatham House en Londres, en la persona de la Sra. Pamela Harriman. No es de extrañar que Warren Christopher continúe con la gran mentira contra Irak. El petróleo y la codicia son el factor determinante en 1993, al igual que en 1912. Las acusaciones que hago aquí contra Wilson están bien documentadas por el autor Anton Mohr en su libro "La guerra del petróleo".

Fue Estados Unidos quien hizo el mayor daño a México en 1912, sumiéndolo en una guerra civil calificada falsamente como "revolución", al igual que somos la nación que más daño hizo a Irak en 1991, y seguimos haciéndolo, desafiando nuestra

---

[6] El famoso "Estado profundo".

Constitución, en lo que los miembros del Congreso que han jurado defender han fracasado estrepitosamente y de forma miserable.

El secretario Bryan dijo a las potencias europeas, a las que no les gustaba lo que estaba pasando en México, que

> "las perspectivas de paz, seguridad de la propiedad y pronto pago de las obligaciones exteriores son más prometedoras si se deja a México en manos de las fuerzas que actualmente luchan allí".

Fue un ejemplo clásico de diplomacia mediante la mentira. Lo que Bryan no dijo a los europeos es que, lejos de abandonar a México "a las potencias", no lo hizo. Wilson ya había comenzado a aislar a Huerta imponiéndole un embargo financiero y de armas. Al mismo tiempo, armó y apoyó financieramente a las fuerzas controladas por Venustiano Carranza y Francisco Villa, y las animó a derrocar al general Huerta.

El 9 de abril de 1914, el cónsul de los Estados Unidos organizó una crisis en Tampico que resultó en el arresto de un grupo de marines estadounidenses. El gobierno estadounidense exigió una disculpa y, al no obtenerla, rompió el contacto con el gobierno de Huerta. Para el 21 de abril, el incidente se había agravado hasta el punto de que las tropas estadounidenses recibieron la orden de marchar hacia Vera Cruz.

Aprovechando el incidente de Tampico, Wilson pudo justificar el envío de fuerzas navales estadounidenses a Vera Cruz. La oferta de Huerta de someter el caso de Vera Cruz al tribunal de La Haya fue rechazada por Wilson. Al igual que su sucesor, Bush, en el caso del presidente Hussein, Wilson no permitió que nada se interpusiera en el camino del fin del gobierno del general Huerta. En esto, Wilson fue hábilmente asistido por Dahoney de la Standard Oil, quien informó a Wilson y a Bryan que había dado al rebelde Carranza 100.000 dólares en efectivo y 685.000 dólares en créditos para combustible.

A mediados de 1914, México fue reducido al caos total por la interferencia del presidente Wilson en sus asuntos. El 5 de julio,

Huerta fue elegido presidente por votación popular, pero dimitió el 11 de julio cuando quedó claro que Wilson fomentaría los disturbios mientras tuviera las riendas del gobierno mexicano.

Un mes después, el general Obregón tomó el control de la Ciudad de México e instaló a Carranza como presidente. Pero en el norte, Francisco Villa se convirtió en un dictador. Villa se opuso a Carranza, pero Estados Unidos reconoció a Carranza de todos modos. Los países latinoamericanos temen ahora la intervención de Estados Unidos, que se ve reforzada por los combates entre las tropas de Villa y las fuerzas estadounidenses en Carrizal.

Como resultado del clamor en América Latina, y teniendo en cuenta especialmente las reacciones de sus asesores sobre América Latina, Wilson ordenó la retirada de las fuerzas estadounidenses de México el 5 de febrero de 1917. Carranza decepcionó a sus partidarios norteamericanos porque no hizo nada para ayudar a su causa. En cambio, trató de justificar la revolución de 1911, que dijo era necesaria para preservar la integridad de México. Esto no era lo que las compañías petroleras americanas le habían ordenado decir.

En enero de 1917, la nueva constitución mexicana estaba lista, y supuso un shock para las empresas Standard Oil y Cowdray. Carranza fue elegido por cuatro años. La nueva constitución, que efectivamente declaró al petróleo como un recurso natural inalienable del pueblo mexicano, entró en vigor el 19 de febrero de 1918 y también se aplicó un nuevo impuesto a las tierras petroleras y a los contratos celebrados antes del 1er de mayo de 1917.

Este impuesto adicional, contemplado en el artículo 27 del llamado documento de EE.UU., era "confiscatorio" y esencialmente alentaba a las empresas estadounidenses en México a no pagar impuestos. El gobierno de Carranza respondió en Washington que los impuestos eran un asunto del "estado soberano de México". Por mucho que el Departamento de Estado de EEUU lo intentara, no pudo hacer cambiar de opinión a Carranza: el petróleo mexicano pertenece a México, y si los extranjeros pueden seguir invirtiendo en él, sólo pueden hacerlo a un precio: los impuestos. Las compañías petroleras se dan cuenta de que Carranza ha dado la vuelta.

En este punto, Cowdray se dirigió al Presidente de los Estados Unidos para pedirle que "se enfrenten juntos al enemigo común (la nacionalización)". Carranza era ahora persona non grata y Cowdray trató de vender sus acciones porque veía que se avecinaba más confusión mientras los tres principales generales mexicanos luchaban por el poder. La oferta de venta de Cowdray fue aceptada por la Royal Dutch Shell Company. Aunque las condiciones eran inciertas, Cowdray obtuvo un buen beneficio con la venta de sus acciones.

Después de muchos combates, durante los cuales Carranza murió y Villa fue asesinado, el general Obregón fue elegido presidente el 5 de septiembre de 1923. El 26 de diciembre, Huerta encabezó una revuelta contra Obregón, pero fue derrotado. Obregón recibió el apoyo de Washington con la condición de que limitara la aplicación de la constitución que tanto objetaban las compañías petroleras extranjeras. En cambio, Obregón impuso un impuesto del 60% a las exportaciones de petróleo. El gobierno estadounidense y las compañías petroleras se enfurecieron ante lo que consideraban una deserción de Obregón.

Durante casi cinco años, Washington continuó su ataque a la constitución mexicana, mientras ocultaba sus verdaderos motivos. En 1927, México estaba sumido en la agitación civil y su tesorería estaba casi vacía. El gobierno mexicano se vio obligado a capitular. No hay mejor descripción de cómo se sentían los mexicanos al ver saqueado su petróleo que un editorial de *El Universal* de Ciudad de México, de octubre de 1927:

> "El imperialismo americano es un producto fatal de la evolución económica. Es inútil tratar de convencer a nuestros vecinos del norte de que no sean imperialistas; no pueden evitar serlo, por muy buenas intenciones que tengan. Estudiemos las leyes naturales del imperialismo económico, con la esperanza de encontrar un método que, en lugar de oponerse ciegamente a él, mitigue su acción y lo convierta en

una ventaja."

A continuación, el presidente Plutarco Calles hizo retroceder totalmente la Constitución mexicana. Este retroceso ha sido continuado por los sucesivos gobiernos mexicanos. México pagó el acercamiento, retrocediendo en los principios por los que había luchado en 1911 y 1917. [er]El 1 de julio de 1928, el general Obregón fue reelegido presidente, pero fue asesinado 16 días después. Se acusó a las empresas petroleras extranjeras del crimen y de mantener a México en un estado de incertidumbre.

El gobierno estadounidense actuó en alianza con la Standard Oil y Lord Cowdray para obligar al gobierno mexicano a revertir el decreto del 19 de febrero de 1918 que declaraba el petróleo como un recurso natural inalienable del pueblo mexicano. El 2 de julio de 1934, el general Lázaro Cárdenas fue elegido por Calles para sucederle. Más tarde, Cárdenas se volvió contra Calles, calificándolo de "demasiado conservador", y, bajo la presión de los intereses petroleros británicos y estadounidenses, hizo que lo arrestaran a su regreso de Estados Unidos en 1936. Los documentos del Departamento de Estado no dejan lugar a dudas sobre la mano del gobierno estadounidense en estos hechos.

Cárdenas simpatizaba con las compañías petroleras estadounidenses y británicas, pero Vincente Lombardo Toledano, líder de la Confederación de Trabajadores Mexicanos, se oponía firmemente. Cárdenas se vio obligado a ceder a las demandas de este grupo, y el 23 de noviembre de 1936 una nueva ley de expropiación dio al gobierno el poder de confiscar propiedades, especialmente tierras petroleras. Esto fue lo contrario de lo que esperaban el gobierno de Estados Unidos y las compañías petroleras, y provocó el pánico de éstas.

En 1936, 17 empresas extranjeras se dedicaban a bombear el petróleo que legítimamente pertenecía a México. La situación era bastante similar a la de Sudáfrica, donde, desde la guerra anglo-boer (1899-1902), la familia Oppenheimer del Comité de los 300 había vaciado a Sudáfrica de su oro y sus diamantes, enviándolos a Londres y Zúrich, mientras el pueblo sudafricano se beneficiaba poco. La guerra anglo-boer fue la primera demostración abierta del poder y la fuerza del Comité de los 300.

Tanto con el "oro negro" como con el "oro amarillo", se expoliaron los recursos nacionales de México y Sudáfrica, que realmente pertenecen al pueblo. Todo esto tuvo lugar al amparo del acuerdo de paz, que sólo se derrumbó cuando surgieron líderes nacionales fuertes, como Daniel Malan en Sudáfrica y Lázaro Cárdenas en México.

Pero a diferencia de Malan, que no pudo contener a los conspiradores ladrones nacionalizando las minas de oro, Cárdenas emitió un decreto el 1er de noviembre de 1936, en el que se declaraban nacionalizados los derechos del subsuelo de la Standard Oil y otras empresas. El efecto neto de este decreto fue privar a las compañías petroleras de operar en México y repatriar sus beneficios a los Estados Unidos. Durante años, los trabajadores petroleros mexicanos vivieron al borde de la pobreza mientras Rockefeller y Cowdray engrosaban sus arcas con beneficios. Cowdray se convirtió en uno de los hombres más ricos de Inglaterra; los estadounidenses conocen muy bien la magnitud del imperio Rockefeller.

La sangre de miles de mexicanos había sido derramada innecesariamente por la codicia de Standard Oil, Eagle, Shell, etc. Las revoluciones fueron provocadas deliberadamente por los manipuladores estadounidenses, siempre con el apoyo de los correspondientes funcionarios del gobierno de Estados Unidos. Mientras Cowdray vivía en el más absoluto lujo y frecuentaba los mejores clubes de Londres, los trabajadores petroleros mexicanos estaban peor que los esclavos de los faraones, viviendo en la miseria y apiñados en tugurios que no sufrían descripción alguna.

El 18 de marzo de 1938, el gobierno de Cárdenas nacionalizó las propiedades de las compañías petroleras estadounidenses y británicas. Estados Unidos tomó represalias dejando de comprar plata a México. El gobierno británico rompió las relaciones diplomáticas. En secreto, la Standard Oil y las compañías petroleras británicas financiaron al general Saturnino Cedillo, incitándolo a rebelarse contra Cárdenas. Sin embargo, una manifestación masiva de apoyo a Cárdenas por parte de la población acabó con el intento de revuelta en pocas semanas.

Estados Unidos y Gran Bretaña no tardaron en instituir un boicot al petróleo mexicano, que devastó a la compañía petrolera nacional conocida como PEMEX. Los Cárdenas firmaron entonces acuerdos de trueque con Alemania e Italia. Esta conducta engañosa por parte de ambos gobiernos -que la mayoría de la gente consideraba pilares de la civilización occidental- continuó cuando los comunistas intentaron apoderarse de España y el gobierno mexicano intentó romper el boicot petrolero enviando petróleo al gobierno del general Franco.

En la guerra franco-comunista, conocida como la Guerra Civil Española, Roosevelt apoyó al bando comunista y le permitió reclutar hombres y municiones en Estados Unidos. Washington adoptó una política oficial de "neutralidad", pero este engaño fue mal disimulado y se reveló cuando Texaco fue arrastrada a la escena.

PEMEX decidió abastecer a Franco de petróleo, utilizando los petroleros de Texaco para transportarlo a los puertos españoles. Sir William Stephenson, jefe de inteligencia del MI6, denunció a Texaco ante Roosevelt. Como es habitual cuando los gobiernos anticomunistas de derechas luchan por la existencia de su país, el gobierno paralelo secreto de EEUU ordenó a Roosevelt que detuviera las entregas de petróleo mexicano a Franco. Pero eso no impidió que los bolcheviques reclutaran en Estados Unidos o que obtuvieran munición y financiación de Wall Street Texaco no actuó por simpatía hacia Franco o México: su motivo era el beneficio. Esto demuestra lo que ocurre cuando un socialista fabiano como Roosevelt dirige un país opuesto al socialismo.

No fue hasta 1946 que una apariencia de orden volvió a México con la elección del presidente Miguel Alemán. El 30 de septiembre de 1947, el gobierno mexicano hizo un acuerdo final de todas las reclamaciones de expropiación de Estados Unidos y Gran Bretaña. Esto tuvo un alto costo para el pueblo mexicano y dejó el control de facto del petróleo en manos de las compañías petroleras estadounidenses y británicas. Así, el decreto de expropiación de 1936 firmado por Cárdenas fue sólo un éxito parcial.

En 1966, cuando varios escritores sacaron a la luz la codicia y la corrupción de Lord Cowdray, éste contrató a Desmond Young para que escribiera un libro en el que blanqueaba y restaba importancia a su relación con Díaz y Huerta. En 1970, el presidente Richard Nixon, a petición del Consejo de Relaciones Exteriores, firmó un acuerdo con el presidente Díaz Ordaz que preveía la resolución pacífica de futuras disputas fronterizas y de otro tipo (por ejemplo, el petróleo).

Este acuerdo sigue siendo válido hoy en día, y aunque los métodos de saqueo del petróleo mexicano han cambiado, la intención y la motivación no lo han hecho. Existe una idea errónea sobre el acuerdo de Nixon, a saber, que representó un cambio en la política de Washington. Se pretendía dar la impresión de que ahora reconocemos el derecho de México a sus recursos naturales. Es una repetición de la época en que Morrow negoció un acuerdo con Cailes-Obregón en lo que se dijo al pueblo estadounidense que era una "gran concesión de Estados Unidos", cuando en realidad apenas era una concesión en lo que a Washington se refiere. Así es la política de la diplomacia de la mentira.

IV. Rockefeller: el genio del mal

Ninguna industria se ha corrompido tanto como la poderosa industria del petróleo, y ninguna otra industria ha merecido tanto los epítetos que se le han lanzado. Cuando los indios americanos condujeron al padre Joseph de la Roche Daillon, un misionero franciscano francés, a la misteriosa charca de agua negra en el oeste de Pensilvania, no podían imaginar los horribles resultados que se producirían.

La industria petrolera ha sobrevivido a todos los intentos de traspasar sus muros, ya sea por parte del gobierno o de ciudadanos particulares. La industria petrolera estadounidense ha sobrevivido a las venganzas personales de los difuntos senadores Henry Jackson y Frank Church, y ha salido de numerosas investigaciones con aplomo y sus secretos intactos. Ni siquiera las demandas antimonopolio han podido romper su poder.

No se puede hablar de la industria petrolera sin mencionar a John D. Rockefeller, que fundó la Standard Oil de Nueva Jersey. El nombre de Rockefeller también es sinónimo de codicia y de una sed insaciable de poder. El odio que la mayoría de los estadounidenses sienten por los Rockefeller comenzó cuando la "Gran Mano" apareció en las regiones petroleras de Pensilvania. Comenzó entre los descendientes de los perforadores pioneros que acudieron a Titusville y Pit Head cuando comenzó la "fiebre del oro" negro en 1865.

La capacidad de John D. Rockefeller para robar a los buscadores y perforadores de sus arrendamientos petrolíferos recuerda inquietantemente a los esfuerzos "pioneros" de Cecil John Rhodes, Barny Barnato y otros agentes de Rothschild-Warburg que proporcionaron el dinero para los robos a la luz del día y las argucias cometidas por estos ladrones a los propietarios de los diamantes de Kimberly y los arrendamientos de oro de Rand. Nelson Rockefeller afirmó en una ocasión que la fortuna familiar era "un accidente", pero los hechos dicen lo contrario.

La paranoia y la necesidad de mantener el secreto que rodeaba a John D. Rockefeller se transmitió a sus hijos y se adoptó como estrategia contra la injerencia exterior en el negocio del petróleo. En la actualidad, la empresa de contabilidad del Comité de los 300, Price Waterhouse, lleva los libros de tal manera que ni siquiera los mejores contables y las distintas comisiones del Senado han sido capaces de desentrañar las finanzas de los Rockefeller. Tal es la naturaleza de la bestia. A menudo se pregunta: "¿Por qué Rockefeller era tan profundamente corrupto?". Sólo se puede suponer que era inherente a su naturaleza.

John D. Rockefeller no creía en dejar que la amistad se interpusiera en su progreso, y advertía a sus hijos que nunca debían dejar que "el buen compañerismo se impusiera". Su dogma favorito se refería al viejo y sabio búho que no decía nada y oía mucho. Las primeras fotografías de John D. muestran un rostro alargado y sombrío, ojos pequeños, sin rastro de cualidades humanas.

Dada su apariencia, resulta aún más sorprendente que los hermanos Clark aceptaran a John D. como contable y, posteriormente, como socio de su refinería. Los hermanos pronto se dieron cuenta de que Rockefeller no era de fiar. Al poco tiempo, se vieron obligados a retirarse, "comprados" según John D. El libro de Ida Tarbell, "The History of the Standard Oil Company", está lleno de ejemplos de la crueldad e inhumanidad de Rockefeller con todo el mundo menos con él mismo.

La Standard Oil Company fue la empresa más hermética de la historia de Estados Unidos, una tradición que hoy continúan Exxon y sus filiales. Se dice que la Standard Oil estaba cerrada y atrincherada como una fortaleza. La imagen de Rockefeller se había empañado tanto que contrató a Ivy Lee, un relaciones públicas, para que le ayudara a restaurar su imagen de filántropo. Pero a pesar de sus esfuerzos, Lee no pudo borrar el legado de odio dejado por John D. La imagen empañada de Standard y los Rockefeller continuó en la década de 1990 y probablemente permanecerá para siempre. La Standard Oil iba a ser la abanderada de la industria petrolera en su conducta hacia las naciones con reservas de petróleo y gas en su subsuelo.

Los Rockefeller siempre han sido la ley, y desde el principio decidieron que la única forma de escapar a los impuestos era colocar la mayoría de sus fondos y activos fuera de Estados Unidos. En 1885, Rockefeller había establecido mercados en Europa y el Lejano Oriente, que representaban un asombroso 70% del negocio de Standard Oil.

Pero la marcha de Rockefeller por los continentes no estuvo exenta de baches. El resentimiento público hacia Standard alcanzó nuevas cotas después de que escritores como Ida Tarbell y H.D. Lloyd revelaran que Standard era una empresa con un ejército de espías por encima de los gobiernos locales, estatales y federales

> "que han declarado la guerra, negociado la paz, reducido los tribunales, las legislaturas y los estados soberanos a una obediencia sin parangón a su voluntad".

Cuando el pueblo norteamericano se dio cuenta de las prácticas monopolísticas de Standard, llegaron al Senado las quejas más feroces, que dieron lugar a la Ley Antimonopolio Sherman. Pero la ley era tan deliberadamente vaga, y dejaba muchas preguntas sin respuesta, que Rockefeller y su banda de abogados podían evitar fácilmente su cumplimiento. Rockefeller lo describió en una ocasión como "un ejercicio de relaciones públicas sin ningún tipo de dientes". La influencia de John D. Rockefeller en el Senado nunca fue más evidente que durante los debates sobre la Ley Antimonopolio de Sherman. En ese momento, los senadores individuales estaban bajo una fuerte presión de los grupos de presión de Rockefeller.

Rockefeller sufrió un revés temporal cuando, el 11 de mayo de 1911, el presidente del Tribunal Supremo, Edward White, dictaminó en un caso antimonopolio presentado contra Standard por Frank Kellogg que Standard debía escindir todas sus filiales en un plazo de seis meses. Rockefeller respondió empleando un ejército de escritores que explicaron que la "naturaleza peculiar" del negocio del petróleo no se prestaba a los métodos empresariales normales; debía tratarse como una entidad especial, como había hecho John D. Rockefeller.

Para diluir la decisión del juez White, Rockefeller estableció su propia forma de gobierno. Este nuevo "gobierno" adoptó la forma de fundaciones e instituciones filantrópicas, siguiendo el modelo del sistema de mecenazgo de las cortes reales de Europa. Estas instituciones y fundaciones protegerían la fortuna de Rockefeller del impuesto sobre la renta, que sus mercenarios del Senado le habían advertido que se impondría en los próximos años.

Este fue el comienzo del "gobierno dentro del gobierno" de la industria petrolera, un poder que sigue vigente hoy en día. No cabe duda de que el CFR debe su rápido ascenso al poder a Rockefeller y Harold Pratt. En 1914, un miembro del Senado se refirió al imperio Rockefeller como el "gobierno secreto de los Estados Unidos". Los estrategas de Rockefeller pidieron la creación de una agencia de inteligencia privada y, siguiendo su consejo, Rockefeller compró literalmente el personal y el equipo del servicio de inteligencia de las SS de Reinhardt Heydrich, que ahora se conoce como "Interpol".

Con una inteligencia comparable a la de las SS de Heydrich, los Rockefeller fueron capaces de infiltrarse en los países, tomar virtualmente el control de sus gobiernos, cambiar sus leyes fiscales y sus políticas exteriores, y luego presionar al gobierno estadounidense para que cumpliera. Si las leyes fiscales se endurecieran, los Rockefeller simplemente cambiarían la ley. Fue este bacilo de la industria petrolera el que cerró la producción local que habría hecho a Estados Unidos totalmente independiente del petróleo extranjero. ¿El resultado neto? Precios más altos para el consumidor estadounidense y beneficios obscenos para las compañías petroleras.

Los Rockefeller no tardaron en aparecer en Oriente Medio, pero sus esfuerzos por obtener concesiones fueron bloqueados por Harry F. Sinclair. Parece que Sinclair fue capaz de vencer a los

Rockefeller en todo momento. Entonces se produjo un giro dramático de los acontecimientos, el escándalo de Tea Pot Dome, en el que el secretario del Interior Albert Fall, amigo de Sinclair, y Dahoney, amigo de Fall, fueron acusados de apoderarse de las reservas de petróleo naval de Tea Pot Dome y Elk Hills para su beneficio privado. Muchos temían que el escándalo de la cúpula de Tea Pot había sido urdido por los Rockefeller para desacreditar y eliminar a Sinclair como competidor indeseable.

El escándalo sacudió Washington y le costó el puesto a Fall (de ahí el término "chivo expiatorio"). Sinclair apenas evita la cárcel. Todos sus lucrativos contratos con Persia y Rusia fueron cancelados. Incluso hoy en día se sospecha, pero no se ha probado, que el escándalo de la Cúpula del Té fue una operación encubierta de los Rockefeller. Con el tiempo, la mayoría de las concesiones de Sinclair en Oriente Medio, a excepción de las que tenía Gran Bretaña, pasaron a manos de Rockefeller.

Los acontecimientos en Irán pronto demostrarían el poder de Rockefeller y sus socios británicos. En 1941, cuando Reza Shah Pahlavi de Irán se negó a unirse a los llamados "aliados" contra Alemania y a expulsar a sus nacionales del país, Churchill montó en cólera y ordenó la invasión de Irak, a la que se unieron sus aliados bolcheviques rusos. Al permitir la entrada de tropas rusas en Irán, Churchill abrió la puerta a una presencia rusa en la región, uno de los objetivos más deseados por Stalin. Se trata de una escandalosa traición al pueblo iraní y a Occidente en general, y demuestra que la influencia de los Rockefeller es internacional.

Tal es el poder de las compañías petroleras, especialmente las controladas por los Rockefeller. Los representantes de Standard Oil y Royal Dutch Shell aconsejaron a Churchill que arrestara y expulsara a Reza Shah, lo que hizo rápidamente, enviándolo primero a Mauricio y luego a Sudáfrica, donde murió en el exilio. Los documentos que he examinado en el Museo Británico de Londres muestran que los Rockefeller estaban muy involucrados en la política de Oriente Medio.

En el Parlamento británico, Churchill se jactó:

"Nosotros (las compañías petroleras) acabamos de derrocar a

un dictador en el exilio e instalar un gobierno constitucional que está comprometido con un catálogo de reformas serias.

Lo que no dijo fue que el "gobierno constitucional" era un gobierno títere elegido por las compañías petroleras, y que su "amplio catálogo de reformas" sólo pretendía reforzar los intereses petroleros estadounidenses y británicos para obtener una parte aún mayor de los ingresos del petróleo.

Pero en 1951, el ambiente nacionalista que recorría Oriente Medio, que había comenzado en Egipto, donde el coronel Gamal Abdel Nasser estaba decidido a expulsar a los británicos del control del país, se había extendido también a Irán. En ese momento, un verdadero patriota iraní, el Dr. Mohamed Mossadegh, surgió para desafiar al gobierno títere de Churchill. El principal objetivo de Mossadegh era acabar con el poder de las compañías petroleras extranjeras. Consideró que el estado de ánimo del pueblo iraní estaba maduro para esa acción.

Esto alarmó profundamente a los Rockefeller, que pidieron ayuda a Gran Bretaña. Mossadegh dijo a Rockefeller y a British Petroleum que no cumpliría sus acuerdos de concesión. Se dice que David Rockefeller desarrolló un odio personal hacia Mossadegh. Por ello, British Petroleum pidió al gobierno británico que "pusiera fin a las molestias creadas por Mossadegh". Churchill, deseoso de cumplir con las exigencias del cártel petrolero de las Siete Hermanas (compuesto por las siete principales compañías petroleras británicas y estadounidenses de Oriente Medio), solicitó la ayuda de Estados Unidos.

Mossadegh, un político de talento, educado y astuto, procedente de un entorno rico, tenía el sincero deseo de ayudar al pueblo iraní a beneficiarse de su recurso nacional. En mayo de 1951, el Dr. Mossadegh nacionalizó el petróleo de Irán. Se lanzó una campaña publicitaria internacional contra Mossadegh, que fue presentado como un hombrecillo tonto que correteaba por Teherán en pijama, absorto en la emoción. Esto estaba muy lejos de la verdad.

Bajo el impulso de las compañías petroleras de los Rockefeller y

JOHN COLEMAN

con el apoyo del Departamento de Estado estadounidense, se ordena un boicot internacional al petróleo iraní. El petróleo iraní se volvió rápidamente invendible. El Departamento de Estado declara su apoyo al gobierno títere de Churchill en Teherán, que se instaló cuando el Sha se negó a unirse a los Aliados en la guerra contra Alemania.

Al mismo tiempo, la CIA y el MI6 lanzaron una operación conjunta contra Mossadegh. Lo que sigue es un ejemplo clásico de cómo se subvierten y derrocan los gobiernos mediante una campaña de propaganda. Churchill, que había perdido las elecciones tras el final de la guerra, es llevado de nuevo al poder por un público británico al que se le ha lavado el cerebro. Utilizó su posición para hacer la guerra al Dr. Mossadegh y al pueblo iraní utilizando tácticas de salteadores de caminos y hackers, como muestra el siguiente ejemplo:

El "Rose Marie", que navegaba en aguas internacionales y transportaba petróleo iraní, no infringió ninguna ley o tratado internacional cuando Churchill le ordenó que fuera interceptado por la Real Fuerza Aérea, y fue obligado a navegar hacia Adén, un puerto controlado por los británicos. El secuestro de un barco en el mar contó con el pleno apoyo del Departamento de Estado de Estados Unidos, a sugerencia de la familia Rockefeller.

Mi fuente en Londres, cuyo trabajo es supervisar la industria petrolera, me dijo en 1970 que Churchill fue frenado sólo con dificultad por su gabinete para ordenar a la RAF que bombardeara el Rose Marie. Pasó un año, durante el cual Irán sufrió grandes pérdidas financieras. En 1953, el Dr. Mossadegh escribió al presidente Dwight D. Eisenhower pidiéndole ayuda. También podría haber escrito a Rockefeller. Eisenhower, jugando con los nervios, no respondió.

Esta táctica tuvo el efecto deseado de asustar a Mossadegh. Finalmente, Eisenhower respondió y, al estilo clásico, aconsejó al líder iraní que "respetara las obligaciones internacionales de Irán". Mossadegh siguió desafiando a los gobiernos británico y estadounidense. Las compañías petroleras enviaron una delegación a Eisenhower exigiendo una acción inmediata para destituir a Mossadegh.

Kermit Roosevelt, que dirigió la operación encubierta de la CIA contra Mossadegh, ha trabajado incansablemente para establecer fuerzas dentro de Teherán que puedan ser utilizadas para provocar disturbios. Grandes sumas de dinero, que según mi fuente ascendieron a 3 millones de dólares, cambiaron de manos. En abril de 1953, el Shah Mohammed Reza Pahlavi, bajo intensa presión de los banqueros internacionales, intentó destituir al Dr. Mossadegh, pero el intento fracasó. Un ejército de agentes equipados por la CIA y el MI6 comenzó a atacar al ejército. Por temor a ser asesinado, el Sha huyó y Mossadegh fue derrocado en agosto de 1953. El coste para el contribuyente estadounidense fue de casi 10 millones de dólares.

Cabe señalar que, al mismo tiempo que Kermit Roosevelt planificaba la operación encubierta de la CIA contra el Dr. Mossadegh en 1951, sus socios de Rockefeller se enfrentaban a un proceso judicial en Washington que debería haber detenido las operaciones en Irán. El hecho es que la todopoderosa industria petrolera sabía que podía rechazar el desafío como lo había hecho con todos los demás. El Departamento de Justicia inició procedimientos contra Exxon, Texaco, Standard Gulf, Mobil y Socal. (No se hizo ningún esfuerzo para procesar a Shell y BP).

Standard Oil asignó inmediatamente a Dean Acheson para encubrir la investigación. Acheson demostró ser un buen ejemplo de cómo Rockefeller utilizó a personas importantes del gobierno y del sector privado para anular al gobierno de Washington. A principios de 1952, Acheson pasó al ataque. Citando el interés del Departamento de Estado en proteger las iniciativas de política exterior de Estados Unidos, admitiendo así tácitamente que las grandes petroleras dirigían la política exterior del Estado, Acheson exigió que se abandonara la investigación para no debilitar "nuestras buenas relaciones en Oriente Medio".

Acheson no mencionó la agitación e inestabilidad creadas en ese mismo momento en Irán por Rockefeller, la CIA y el MI6. El Fiscal General respondió con un ataque a gran escala contra los monopolios petroleros, advirtiendo que el petróleo debe liberarse "de las garras de unos pocos; la libre empresa sólo puede preservarse protegiéndola de los excesos del poder, tanto gubernamental como privado". Hethen acusó al cártel de actuar de forma que ponía en peligro la seguridad nacional.

Rockefeller ordenó inmediatamente que se controlaran los daños a través de sus contactos en los Departamentos de Estado y de Justicia. Acheson denunció públicamente la investigación como una acción "de los perros policías antimonopolio que no quieren tener nada que ver con el dinero y lo injusto". Su tono de voz fue en todo momento beligerante y amenazante. Acheson consiguió el apoyo de los Departamentos de Defensa e Interior para Rockefeller, que avaló a las Siete Hermanas de la forma más sorprendente.

> "Las empresas (Big Oil) desempeñan un papel vital en el suministro del producto más esencial para el mundo libre. Las operaciones petroleras estadounidenses son, a todos los efectos prácticos, instrumentos de nuestra política exterior".

Dean Acheson trató entonces de sacar a relucir el coco de la injerencia soviética en Oriente Medio, que no era más que una pista falsa para desviar la atención de la forma en que operaban las compañías petroleras. Finalmente, se retiraron todos los cargos penales contra el cártel...

Para demostrar su total desprecio por la legislación estadounidense, los representantes de las principales compañías petroleras se reunieron en Londres en 1924 para evitar posibles acusaciones de conspiración a petición de Sir William Fraser. La carta que Fraser escribió a los principales ejecutivos de Standard, Mobil, Texaco, BP, Socal y Shell, explicaba que tenían que reunirse para saldar sus cuentas con un Sha Reza Pahlavi ya muy excitado.

Los conspiradores se reunieron de nuevo en Londres un mes después, donde se les unió el director general de la compañía petrolera francesa. Se llegó a un acuerdo para formar un consorcio que controlara el petróleo iraní. El nuevo organismo se denomina "consorcio" porque el uso de la palabra "cártel" en Estados Unidos se considera imprudente. El éxito está garantizado, dicen los dirigentes estadounidenses a sus homólogos extranjeros, porque el Departamento de Estado ha dado su bendición a la reunión de Londres.

Para el Departamento de Estado, las Siete Hermanas[7] desempeñaron un papel clave en Oriente Medio al impedir la penetración comunista en una región de vital interés para Estados Unidos. Teniendo en cuenta que en 1942 estas mismas compañías petroleras apoyaron a Churchill para que permitiera a las tropas bolcheviques soviéticas invadir Irán, dando así a Stalin su mejor oportunidad de afianzarse en Oriente Medio, esto no es del todo cierto.

A lo largo del proceso del Departamento de Justicia, que comenzó en octubre de 1951, los testigos del Departamento de Estado se refirieron constantemente a la industria petrolera como "el llamado cártel". El Departamento de Estado está densamente poblado de agentes de Rockefeller, quizás más que cualquier otra institución gubernamental controlada por David Rockefeller.

A día de hoy sigo firmemente convencido de que todavía no hay forma de romper las cadenas de los Rockefeller que atan a las compañías petroleras y a esta nación al Consejo de Relaciones Exteriores, que controla todas las facetas de nuestra política exterior hacia las naciones petroleras del mundo. Esta es una situación a la que nosotros, los ciudadanos, tendremos que enfrentarnos, esperemos que más pronto que tarde.

En Washington, la demanda civil contra el cártel del petróleo se vino abajo ante las amenazas del Consejo de Relaciones Exteriores, respaldado por su títere, el presidente Eisenhower. Eisenhower declaró que los intereses de la seguridad nacional de Estados Unidos se veían amenazados por el proceso. Eisenhower, una marioneta del CFR, pidió a su Fiscal General Herbert Brownell Jr. que dijera al tribunal que

"las leyes antimonopolio deben considerarse secundarias

---

[7] Las "Siete Hermanas", las empresas que conforman el cártel mundial del monopolio del petróleo. N/A.

frente a los intereses de la seguridad nacional".

Mientras Kermit Roosevelt se peleaba a martillazos en Teherán, Eisenhower y Dulles proponían a la corte un compromiso que, en palabras de Eisenhower, "protegería los intereses del mundo libre en Oriente Medio como fuente principal de suministro de petróleo". No es de extrañar que el ayatolá Jomeini, décadas después, llamara a Estados Unidos "el gran Satán". Jomeini no se refería al pueblo de Estados Unidos, sino a su gobierno

Jomeini sabía perfectamente que el estadounidense de a pie era víctima de una conspiración, que se le mentía, se le engañaba, se le robaba y se le obligaba a sacrificar la sangre de millones de sus hijos en guerras extranjeras en las que no tenía absolutamente ninguna razón para participar. Jomeini, aficionado a la historia, conocía bien la Ley de la Reserva Federal, que, según él, "mantenía al pueblo en la esclavitud". Cuando la embajada de Estados Unidos en Teherán fue tomada por la Guardia Revolucionaria, cayeron en manos de Jomeini varios documentos incriminatorios que mostraban claramente la implicación de la CIA con British Petroleum, Standard y las demás grandes compañías petroleras.

Una vez que el golpe fue declarado exitoso, el Shah regresó a su palacio. No sabía que dos décadas más tarde sufriría el mismo destino que Mossadegh, a manos de la industria petrolera y sus gobiernos apoderados en Washington y Londres: la CIA y el MI6. El Sha pensó que podía confiar en David Rockefeller, pero como muchos otros, pronto se dio cuenta de que su confianza estaba tristemente equivocada.

Al tener acceso a los documentos que Mossadegh había desenterrado, que mostraban el alcance del saqueo de los recursos nacionales de Irán, el Sha no tardó en desencantarse de Londres y Washington. Al conocer las noticias de las revueltas en México y Venezuela contra Rockefeller y Shell, así como las noticias del "truco de oro" de Arabia Saudí, el Sha comenzó a presionar a Rockefeller y a los británicos para que le dieran una mayor participación en los ingresos petroleros de Irán, que en ese momento sólo representaban el 30% del total de los ingresos petroleros que disfrutaban las compañías petroleras.

Otros países también han sentido el látigo de la industria petrolera. México es un caso clásico de la capacidad de las empresas petroleras para elaborar políticas extranjeras que trascienden las fronteras nacionales y cuestan una gran fortuna a los consumidores estadounidenses. El petróleo parecía ser la base de un nuevo orden económico, con un poder incontestable en manos de unas pocas personas apenas conocidas fuera de la industria petrolera.

Los "mayores" han sido mencionados varias veces. Es la abreviatura de las grandes compañías petroleras que forman el cártel más exitoso de la historia comercial. Exxon (llamada Esso en Europa), Shell, BP, Gulf, Texaco, Mobil y Socol-Chevron. Juntos forman parte de una gran red de bancos, compañías de seguros y casas de bolsa interdependientes y controlados por el Comité de los 300, que apenas es conocido fuera de su círculo.

La realidad del gobierno de un solo mundo, o gobierno de alto nivel del Nuevo Orden Mundial, no tolera la interferencia de nadie, ni siquiera de los poderosos gobiernos nacionales, ni de los líderes de las naciones grandes o pequeñas, ni de las corporaciones o individuos. Estos gigantes supranacionales tienen conocimientos y métodos contables que han desconcertado a los mejores cerebros del gobierno, y siguen estando fuera de su alcance. Al parecer, las grandes empresas lograron inducir a los gobiernos a otorgarles concesiones petroleras, sin tener en cuenta a quienes se oponían a ellas. Es casi seguro que John D. Rockefeller habría aprobado esta empresa cerrada, dirigida durante 68 años por Exxon y Shell.

La escala y la complejidad de sus operaciones, que suelen ser rápidas y a menudo implican actividades en varios países a la vez, ponen de manifiesto que la industria petrolera es uno de los componentes más poderosos de las operaciones económicas del Comité de los 300.

En secreto, el club de las Siete Hermanas tramaba guerras y decidía entre ellos qué gobiernos debían someterse a sus depredaciones. Cuando surgen problemas, como en el caso del Dr. Mossadegh, y más tarde del presidente Saddam Hussein de Irak, todo lo que se necesita es llamar a la fuerza aérea, la marina, el ejército y los servicios de inteligencia apropiados para resolver el problema y deshacerse de la "molestia". Esto no debería suponer más problema que matar una mosca. Las Siete Hermanas se han convertido en un gobierno dentro de un gobierno, y en ningún lugar más que con la Standard Oil de Rockefeller (SOCO-Exxon-Chevron).

Si quiere conocer la política exterior de Estados Unidos y el Reino Unido hacia Arabia Saudí, Irán o Irak, sólo tiene que estudiar las políticas de BP, Exxon, Gulf Oil y ARAMCO. ¿Cuál es nuestra política en Angola? Es para proteger las propiedades de Gulf Oil en ese país, aunque signifique apoyar a un marxista declarado. ¿Quién podría imaginar que Gulf, Exxon, Chevron y ARAMCO tienen más voz en los asuntos exteriores de Estados Unidos que los miembros del Congreso? Efectivamente, quién lo hubiera imaginado. ¿La Standard Oil llegaría a controlar la política exterior de EE.UU. y haría que el Departamento de Estado actuara como si estuviera dirigido para su propio beneficio económico?

¿Hay algún otro grupo tan exaltado, tan favorecido con miles de millones de dólares al año en concesiones fiscales? A menudo me preguntan por qué la industria petrolera estadounidense, antaño tan pujante y prometedora, ha entrado en franco declive. La respuesta, en una palabra, es la codicia. Por esta razón, hubo que reducir la producción nacional de petróleo, en caso de que el público se enterara de lo que estaba ocurriendo. Este conocimiento es mucho más difícil de conseguir cuando se trata de operaciones en el extranjero. ¿Qué sabe el público estadounidense sobre lo que ocurre en la política petrolera de Arabia Saudí? Mientras obtiene beneficios récord, la industria petrolera pide y obtiene más exenciones fiscales, tanto abiertas - como ocultas- a la vista del público.

¿Se beneficiaron los ciudadanos estadounidenses de los enormes beneficios obtenidos por Exxon, Texaco, Chevron y Mobil (antes de su venta)? La respuesta es no, porque la mayor parte de los beneficios se obtuvieron "aguas arriba", es decir, fuera de Estados Unidos, donde se mantuvieron, mientras el consumidor estadounidense pagaba precios cada vez más altos por la gasolina en el surtidor.

La principal preocupación de Rockefeller era Arabia Saudí. Las compañías petroleras, mediante diversas estratagemas, se habían atrincherado con el rey Ibn Saud. El rey, preocupado por que Israel amenace algún día a su país y fortalezca el lobby israelí en Washington, necesitaba algo que le diera ventaja. El Departamento de Estado, a instancias de los Rockefeller, declaró que sólo podía seguir una política pro-saudí sin enemistarse con Israel utilizando a Exxon (ARAMCO) como fachada. Esta información se facilitó a la Comisión de Relaciones Exteriores del Senado. Era tan sensible que ni siquiera se permitió a los miembros del comité verlo.

De hecho, Rockefeller sólo había pagado una pequeña suma, 500.000 dólares, para obtener una importante concesión petrolera de Ibn Saud. Tras mucha diplomacia, se ideó un engaño que costó a los contribuyentes estadounidenses al menos 50 millones de dólares en el primer año. El resultado de las discusiones entre Exxon e Ibn Saud se conoce como el "Golden Gimmick" en el secreto de las salas de juntas de los Rockefeller. Las compañías petroleras estadounidenses acordaron pagar una subvención al gobernante saudí de al menos 50 millones de dólares al año, en función de la cantidad de petróleo saudí bombeado. El Departamento de Estado permitiría entonces a las empresas estadounidenses declarar estas subvenciones como "impuestos sobre la renta en el extranjero", que Rockefeller, por ejemplo, podría deducir de los impuestos estadounidenses de Exxon.

Con el aumento de la producción de petróleo barato de Arabia Saudí, los pagos de subvenciones también han aumentado. Esta es una de las mayores estafas perpetradas al público estadounidense. La esencia del plan era que cada año se realizaban enormes pagos de ayuda exterior a los saudíes bajo la apariencia de "subvenciones". Cuando el gobierno israelí se enteró del plan, también exigió "subvenciones" que ahora ascienden a 13.000 millones de dólares al año, todo ello a costa de los contribuyentes estadounidenses.

Dado que el consumidor estadounidense está contribuyendo a pagar menos por el crudo importado que por el nacional, ¿no deberíamos beneficiarnos de este acuerdo mediante la reducción de los precios de la gasolina en el surtidor? Después de todo, el petróleo saudí era tan barato, y dadas las subvenciones a la producción, ¿no debería traducirse en precios más bajos? ¿Obtiene el consumidor estadounidense algún beneficio al pagar esta enorme factura? En absoluto. Aparte de las consideraciones geopolíticas, las grandes empresas también son culpables de fijar los precios. El petróleo árabe barato, por ejemplo, se cotizaba al precio más alto del crudo nacional cuando se importaba a Estados Unidos mediante un subterfugio conocido como "tarifa de flete en la sombra".

Según pruebas fehacientes presentadas en las audiencias de las multinacionales en 1975, las grandes compañías petroleras, encabezadas por las empresas Rockefeller, obtenían el 70% de sus beneficios en el extranjero, beneficios que no podían ser gravados en ese momento. Como la mayor parte de sus beneficios procedían del extranjero, la industria petrolera no estaba dispuesta a realizar una gran inversión en la industria petrolera nacional. Como resultado, la industria petrolera nacional comenzó a declinar. ¿Por qué gastar dinero en la exploración y explotación del petróleo nacional cuando estaba disponible en Arabia Saudí, a un precio más bajo que el producto local y con un beneficio mucho mayor?

El desprevenido consumidor estadounidense ha sido, y sigue siendo, engañado sin saberlo. Según datos económicos secretos, que me mostró un contacto mío que todavía trabaja en el campo del seguimiento de la inteligencia económica, la gasolina en el surtidor en Estados Unidos, teniendo en cuenta todos los impuestos locales, estatales y federales añadidos al precio, no debería haber costado al consumidor más de 35 centavos por galón a finales de 1991. Sin embargo, sabemos que los precios en los surtidores eran de tres a cinco veces más altos, sin que se justifique el exceso de precios.

La inmoralidad de este burdo engaño es que si las grandes compañías petroleras, y de nuevo debo subrayar el liderazgo de los Rockefeller en este asunto, no hubieran sido tan codiciosas, podrían haber producido un petróleo nacional que hubiera hecho que nuestros precios de la gasolina fueran los más baratos del mundo. En mi opinión, la forma en que se estableció este engaño diplomático entre el Departamento de Estado y Arabia Saudí convierte al Departamento de Estado en socio de una empresa criminal. En efecto, para no desentonar con Israel y satisfacer al mismo tiempo a los saudíes, se sometió al consumidor estadounidense a una enorme carga fiscal, de la que ese país no recibió ningún beneficio. ¿No es esto un poco como la servidumbre involuntaria prohibida por la Constitución de los Estados Unidos?

Los dirigentes saudíes exigieron entonces que las compañías petroleras (ARAMCO) fijaran los precios, lo que significaba que el país no sufriría una caída de los ingresos si los precios del petróleo bajaban. Cuando se enteraron de este acuerdo, Irán e Irak exigieron y recibieron el mismo trato sobre los precios fijados por las empresas de Rockefeller, pagando impuestos sobre un precio artificialmente más alto, no el precio real del mercado, que se compensaba con los impuestos más bajos que pagaban en Estados Unidos, una gran ventaja de la que no goza ninguna otra industria en América.

Esto permitió a Exxon y Mobil (y a todas las empresas de ARAMCO) pagar un tipo impositivo medio del 5%, a pesar de los enormes beneficios que obtenían. Las compañías petroleras no sólo estaban defraudando al consumidor estadounidense, y todavía lo hacen, sino que están elaborando y aplicando la política exterior de Estados Unidos en extremo detrimento del pueblo estadounidense. Estos acuerdos y acciones sitúan a la industria petrolera por encima de la ley, dándole una posición desde la que las empresas pueden dictar, y de hecho lo hacen, la política exterior al gobierno elegido, sin ninguna supervisión por parte de nuestros representantes en Washington.

Las políticas de las compañías petroleras cuestan al contribuyente estadounidense miles de millones de dólares en impuestos adicionales y miles de millones de dólares en beneficios excesivos en el surtidor. La industria petrolera, y en particular Exxon, no teme al gobierno estadounidense gracias al control que ejerce el gobierno secreto permanente de alto nivel del Consejo de Relaciones Exteriores (CFR), Rockefeller es intocable. Esto permitió a ARAMCO vender petróleo a la Marina francesa a 0,95 dólares por barril, mientras que al mismo tiempo se cobraba a la Marina estadounidense 1,23 dólares por barril.

Uno de los pocos senadores que se atrevió a desafiar el impresionante poder de los Rockefeller fue el senador Brewster. Reveló algunas de las "conductas desleales" de la industria petrolera durante las audiencias celebradas en 1948, acusando a la industria de mala fe "con un codicioso deseo de obtener enormes beneficios mientras busca constantemente el manto de la protección y la asistencia estadounidense para preservar sus vastas concesiones". Los Rockefeller redactaron un memorándum firmado por las mayores compañías petroleras de Estados Unidos, cuya esencia era que no tenían "ninguna obligación particular con Estados Unidos". El descarado internacionalismo de Rockefeller quedó finalmente al descubierto.

Como ejemplo de lo anterior, el Sr. J. Eaton, en un artículo publicado por *The Oil Industry*, afirmó: "La industria petrolera se enfrenta ahora a la cuestión del control gubernamental. Cuando el gobierno de EE.UU. invitó al Instituto Americano del Petróleo a nombrar a tres miembros de un comité que había creado para estudiar la legislación en materia de conservación, el presidente del API, E.W. Clarke, dijo:

> "No podemos comprometernos a comentar, y mucho menos acceder, a cualquier sugerencia de que el gobierno federal pueda regular directamente la producción de crudo en múltiples estados".

El API argumentó que el gobierno federal no tenía poder para controlar a las compañías petroleras en virtud del artículo 1 de la Constitución estadounidense. El 27 de mayo de 1927, el API declaró que el gobierno no podía decir a la industria lo que tenía que hacer, aunque estuvieran en juego la defensa común y el bienestar general de la nación.

Una de las mejores y más extensas exposiciones de la industria petrolera es un informe de 400 páginas titulado "El cártel internacional del petróleo". Este gran informe ha desaparecido de la circulación, y tengo entendido que Rockefeller y el CFR compraron todas las copias disponibles poco después de su publicación, e impidieron que se imprimieran más copias del informe.

Inspirado por el difunto senador John Sparkman y creado por el profesor M. Blair, la historia del cártel del petróleo se remonta a una conspiración que tuvo lugar en el castillo de Achnacarry, una remota reserva de pesca en Escocia. Sparkman no escatimó en ataques al imperio petrolero de los Rockefeller. Construyó meticulosamente un expediente que demostraba que las principales compañías petroleras habían entrado en una conspiración para lograr los siguientes objetivos

1) Controlar toda la producción de petróleo en países extranjeros, en lo que respecta a la producción, venta y distribución de petróleo.

2) Control estricto de todas las tecnologías y patentes relacionadas con la producción y el refinado de petróleo.

3) Compartiendo oleoductos y cisternas entre las siete hermanas.

4) Compartir los mercados globales sólo entre ellos.

5) Actuando juntos para mantener los precios del petróleo y la gasolina artificialmente altos.

En particular, el profesor Blair acusó a ARAMCO de mantener altos los precios del petróleo mientras obtenía petróleo saudí a precios increíblemente bajos. En respuesta a las acusaciones de Sparkman, el Departamento de Justicia inició su propia investigación en 1951, de la que se ha hablado anteriormente en este documento.

Nada ha cambiado. La Guerra del Golfo es un buen ejemplo de "business as usual". La ocupación de Somalia también tiene connotaciones petroleras. Gracias a nuestro último satélite espía, el Crosse Imager, que puede transmitir imágenes de lo que hay bajo tierra, hace unos 3 años se detectaron en Somalia reservas muy grandes de petróleo y gas. Este descubrimiento se mantuvo en absoluto secreto, lo que condujo a la misión estadounidense de alimentar ostensiblemente a los niños somalíes hambrientos, mostrada en televisión noche tras noche durante 3 meses.

La administración Bush escenificó una misión de rescate de "niños hambrientos" para proteger las operaciones de perforación de Aramco, Phillips, Conoco, Cohoco y British Petroleum, amenazadas por los líderes somalíes que se dieron cuenta de que estaban a punto de ser saqueadas. La operación de EE.UU. tenía poco que ver con la alimentación de niños hambrientos. ¿Por qué Estados Unidos no organizó una misión de "rescate" similar en Etiopía, donde la hambruna es un verdadero problema? La respuesta, por supuesto, es que Etiopía no tiene reservas de petróleo conocidas. Sin embargo, asegurar el puerto de Berbera es el principal objetivo de las fuerzas estadounidenses. En Rusia hay una gran discordia en torno al petróleo. Los kurdos tendrán que sufrir una y otra vez por el petróleo de Mosul. Rockefeller y BP siguen siendo los codiciosos acaparadores de petróleo de siempre.

V. Centrarse en Israel

Más que cualquier otro país de Oriente Medio, con la excepción de lo que ahora se llama Arabia Saudí, la diplomacia del engaño llegó a su punto álgido durante los años de formación del Estado de Israel. Como he hecho a lo largo de este libro, he intentado ser absolutamente objetivo al tratar el contexto de la formación de Israel, dada la propensión de la mayoría a considerar "antisemita" cualquier cosa que se diga sobre el país.

Este relato del nacimiento del Estado de Israel no tiene en cuenta las cuestiones religiosas, sino que se basa exclusivamente en factores políticos, geográficos, geopolíticos y económicos. Es difícil llegar a un punto de partida cuando se trata de la historia de un país, pero tras casi quince años de investigación, he determinado que el 31 de octubre de 1914 fue el inicio de los acontecimientos que condujeron a la fundación de Israel.

La historia de un país no puede separarse de la de sus vecinos, y esto es especialmente cierto cuando se trata de trazar la historia de Israel. Lord Horatio Kitchener, que acababa de conseguir acabar con la soberanía e independencia de las Repúblicas Bóer en Sudáfrica, fue enviado a Oriente Medio por el Comité de los 300 que actuaba a través del Ministerio de Asuntos Exteriores británico.

El gobierno británico llevaba conspirando contra el Imperio Turco Otomano desde 1899, y en 1914 estaba dispuesto a dar el paso definitivo para acabar con la dinastía de 400 años. El plan del Comité de los 300 era involucrar a los árabes mediante falsas promesas, y utilizar las fuerzas árabes para hacer el trabajo sucio de Gran Bretaña, como vimos en el capítulo que mostraba cómo se utilizó al coronel Thomas Lawrence para este fin.

El primer paso en esta dirección fue una reunión entre Hussein, el Alto Comisario de La Meca, el bastión hachemita, y Lord Kitchener. A Hussein se le ofreció una garantía de independencia a cambio de ayuda contra los turcos. Las negociaciones completas comenzaron en julio de 1915. En estas reuniones, el gobierno británico aseguró repetidamente a Sherif Hussein que nunca se permitiría la inmigración judía a Palestina, que, como he detallado en capítulos anteriores, era lo único que garantizaría la participación de Hussein.

Incluso antes de que comenzaran las negociaciones para la plena independencia de La Meca, emisarios del gobierno británico se reunieron en secreto con miembros de las familias Abdul Aziz y Wahabi para discutir la cooperación británica para ayudar a estas dos familias a someter a las ciudades-estado árabes.

La estrategia consistía en conseguir que Hussein y sus fuerzas militares ayudaran a expulsar a los turcos de Egipto, Palestina, Jordania y Arabia prometiendo a Hussein y a los gobernantes de las ciudades-estado árabes que no se permitiría la inmigración judía a Palestina. La segunda parte de la estrategia consistía en que las fuerzas de Abdul Aziz y Wahabi (armadas, entrenadas y financiadas por Gran Bretaña) sometieran a todas las ciudades-estado independientes de Arabia a su control mientras los gobernantes de las ciudades-estado y Hussein estaban ocupados luchando en la guerra de Gran Bretaña contra los turcos.

El plan general, propuesto por Lord Kitchener, fue discutido por el gobierno británico el 24 de julio de 1914. Pero no fue hasta el 24 de octubre de 1914 que el gobierno británico dio su respuesta. Los territorios árabes, con ciertas excepciones en Siria, "en los que Gran Bretaña es libre de actuar sin perjuicio de su aliado, Francia", serían respetados. El 30 de enero de 1916, Gran Bretaña aceptó las propuestas de Hussein que, en esencia, establecían que a cambio de su ayuda, Hussein sería declarado rey del Hiyaz y gobernaría al pueblo árabe.

El 27 de junio de 1916, Hussein proclamó la creación del Estado árabe y fue proclamado rey de Hiyaz el 29 de octubre. El 6 de noviembre de 1916, Gran Bretaña, Francia y Rusia reconocieron a Hussein como líder de los pueblos árabes y rey de Hiyaz. ¿Se molestaron las familias Abdul Aziz y Wahabi por los términos contradictorios de su acuerdo con Gran Bretaña? Aparentemente no, por la sencilla razón de que estaban informados de antemano de estos acontecimientos y sabían que no eran más que un engaño necesario de Hussein.

Durante 1915 y 1917, el gobierno británico se reunió con los líderes del Congreso Sionista Mundial para determinar la mejor manera de implementar la largamente planeada inmigración judía a Palestina. Se llegó a un acuerdo para enviar agentes del MI6 a Arabia para ayudar a entrenar a los ejércitos de Abdul Aziz y Wahabi.

Gran Bretaña, Francia y Rusia celebraron una reunión secreta el 26 de abril de 1916, en la que acordaron que Palestina quedaría bajo administración internacional. No se informó a los árabes, aunque los documentos del Ministerio de Asuntos Exteriores británico sugieren que los líderes del Congreso Sionista Mundial fueron informados de la reunión y de su propósito.

Antes, en marzo de 1915, Francia y Gran Bretaña también habían prometido Constantinopla a los rusos. A cambio, Rusia aceptó reconocer la independencia de los Estados árabes. Gran Bretaña controlaría Haifa. Francia se quedaría con Siria. Rusia se quedaría con Armenia y el Kurdistán (el petróleo aún no era un factor). Lo sorprendente es que ni una sola vez se informó a los habitantes de estas tierras. La forma en que los gobiernos pudieron negociar tierras que no les pertenecían es un testimonio del enorme poder que ejercían las sociedades secretas bajo el control del Comité de los 300.

Este acuerdo a perpetuidad, conocido como el Acuerdo Sykes-Picot, se celebró entre Gran Bretaña y Francia el 9 de mayo de 1916. Todas las áreas de influencia en Oriente Medio se definieron específicamente, incluso cuando los estados árabes fueron reconocidos ostensiblemente como "independientes". El medio de control eran las sociedades secretas, en particular una logia francmasónica en Salónica.

Haciendo caso omiso de lo acordado, el agente del MI6, el coronel Lawrence ("Lawrence de Arabia"), condujo a las fuerzas árabes del sheriff Hussein a una sucesión de victorias espectaculares, capturando finalmente la línea ferroviaria clave del Hiyaz y obligando a los turcos a retirarse. La clave para persuadir a los árabes de que atacaran a los turcos (ambos eran naciones islámicas) fue la afirmación británica de que el Imperio Otomano se había hecho amigo de los judíos expulsados de España por Fernando e Isabel en 1492 y había convertido Constantinopla en un refugio para los judíos. Los negociadores británicos (agentes del MI6) le dijeron a Hussein que esto aseguraba que los gobernantes de Constantinopla verían con buenos ojos la inmigración judía a Palestina, que estaba bajo control turco.

Conocido cariñosamente como "Orrenz" por sus soldados árabes, admirado e idolatrado, al coronel Lawrence le resultaba imposible aceptar la burda traición de Hussein y su ejército. Cuando se hizo evidente que se estaba permitiendo la entrada de judíos en Palestina en gran número, Lawrence fue asesinado para evitar que revelara las maquinaciones del gobierno británico. Los registros del Ministerio de Guerra británico muestran que Lawrence recibió garantías personales del general Edmund Allenby, comandante de las fuerzas británicas en Oriente Medio, de que no se permitiría la inmigración judía a Palestina bajo ninguna circunstancia.

Volvamos ahora a la Declaración Balfour, un documento notable porque no fue redactado ni firmado por el Primer Ministro británico Arthur Balfour, sino por Lord Rothschild, como jefe de la rama británica de la Federación Sionista Mundial. Gran Bretaña prometió a los judíos tierras en Palestina que en realidad pertenecían a los árabes, violando la promesa hecha a Sherif Hussein y las solemnes promesas hechas al Coronel Lawrence por el General Allenby.

Lo más sorprendente es que, aunque Lord Rothschild no era miembro del gobierno británico, sus propuestas para Palestina fueron aceptadas por la Sociedad de Naciones el 25 de abril de

1920 como documento oficial del gobierno británico. La Sociedad de Naciones aceptó la Declaración Balfour y otorgó a Gran Bretaña un mandato para administrar Palestina y Transjordania. El único cambio realizado fue que no se establecería un hogar nacional judío en Transjordania, que los sionistas no querían de todos modos.

Una vez que los turcos fueron derrotados por las fuerzas árabes bajo el mando de Lawrence, y más tarde los árabes bajo el mando de Hussein, derrotados por los ejércitos entrenados y equipados por los británicos de Abdul Aziz, el camino estaba despejado para que la inmigración judía a Palestina comenzara en serio. Los acuerdos fueron confirmados en una conferencia de Primeros Ministros aliados celebrada en San Remo, Italia, el 18 de abril de 1920. No se invitó a ningún delegado árabe. En mayo de 1921, estallaron graves disturbios antijudíos en Palestina debido a la repentina afluencia de inmigrantes judíos y al gran número de niños judíos en los asentamientos que se estaban desarrollando en la ciudad.

Sir Herbert Samuel, el Alto Comisionado británico para Palestina, estuvo tentado de nombrar un consejo legislativo, pero los árabes no lo quisieron. Los disturbios continuaron a partir de 1921, y en 1929 estalló una disputa en el Muro de las Lamentaciones que rápidamente se convirtió en ataques a gran escala contra los judíos, 50 de los cuales fueron asesinados.

Un informe del gobierno británico publicado en marzo de 1931 atribuyó la causa de los disturbios al "odio árabe a los judíos y a la decepción de las esperanzas árabes de independencia". El gobierno británico emitió entonces una orden en el consejo que restringía la inmigración judía, lo que llevó a una huelga judía que causó un trastorno generalizado en Palestina.

Los documentos del Ministerio de Asuntos Exteriores británico indican que en junio de 1931 "se presentaron quejas a la Comisión de Hombres de la Sociedad de Naciones, que atribuyó los problemas a una fuerza de seguridad inadecuada". Aunque los documentos no indican quién hizo las denuncias, las anotaciones en los márgenes de los documentos apuntan a Lord

Rothschild.

A raíz de la presión ejercida por la Sociedad de Naciones, el gobierno británico nombró a Sir John Hope-Simpson para que vigilara e informara sobre los disturbios en Palestina. Su informe, conocido como el Libro Blanco de Passfield, fue presentado al Parlamento en 1930. El Libro Blanco pone de relieve la difícil situación de los árabes sin tierra y su creciente deseo de poseerla. Abogaba firmemente por prohibir que los judíos adquirieran más tierras si los árabes carecían de ellas y por detener la inmigración judía mientras los árabes estuvieran desempleados.

Con la confianza de los judíos muy debilitada, el Congreso Sionista Mundial pasó a la ofensiva y forzó un debate en el Parlamento sobre el documento de Passfield. Según el *London Times* de noviembre de 1930, los debates en el Parlamento fueron "tormentosos y enconados". Después de dos años de intensa presión sobre el gobierno británico, la Federación Sionista Mundial logró obtener una relajación de las restricciones sobre el número de judíos que podían entrar en Palestina.

En 1933, Sir Arthur Wauchope, el Alto Comisionado británico, rechazó la demanda árabe de que se declarara ilegal la venta de tierras árabes a los judíos y se detuviera la inmigración judía. En aquella época se hablaba de guerra en Europa y se informaba a diario de la persecución de los judíos en Alemania. Esta situación se volvió en contra de los árabes. Los sionistas organizaron protestas y disturbios a gran escala contra la restricción de la inmigración, y los periódicos de Londres informaron desfavorablemente de sus actividades. Sin embargo, esto no contribuye a promover la causa del pueblo palestino.

En 1935, la razón por la que Gran Bretaña había exigido el control de Haifa quedó clara con la apertura del oleoducto Mosul-Haifa. En abril de 1936, el Alto Comité Árabe aglutinó la oposición árabe a los judíos en Palestina, y estalló una guerra casi civil. El gobierno británico reaccionó enviando más tropas y nombró una comisión para investigar las causas de los disturbios. Los árabes boicotearon la comisión,

"porque los británicos ya saben cuál es el problema, pero se esconden detrás de las comisiones y no hacen nada para atajar las causas".

La Comisión Peel tomó pruebas en Palestina en 1936 y, justo antes de partir hacia Londres en enero de 1937, escuchó a una delegación árabe que había boicoteado previamente las reuniones de la comisión. El 8 de julio de 1937 se hizo público el informe de la Comisión Peel. Asestó un golpe devastador a las aspiraciones judías, afirmando sin rodeos que los judíos y los árabes no podían vivir juntos, y recomendó que Palestina se dividiera en tres estados:

(a)   Un estado judío que ocuparía aproximadamente un tercio del territorio. En ella residirían 200.000 árabes, siendo la tierra de los árabes.

(b)   Territorio del Mandato Británico que comprende una franja de tierra desde Jaffa hasta Jerusalén a lo largo del ferrocarril. Incluiría Belén y Jerusalén.

(c) El resto del territorio será un estado árabe unido a Transjordania.

El informe de la Comisión Peel fue aprobado por la Federación Sionista Mundial, pero fue denunciado por el mundo árabe y varios países europeos, especialmente Francia. Las recomendaciones de la Comisión Peel fueron adoptadas por la Sociedad de Naciones el 23 de agosto de 1937.

El asesinato del Alto Comisionado Yelland Andrew el 2 de agosto de 1937 se atribuye a los sionistas. Según los palestinos y los árabes, se organizó para despertar el odio del pueblo británico hacia los árabes. En 1937, las batallas campales entre judíos y árabes se convirtieron en una guerra total.

Esto condujo al aplazamiento de las recomendaciones de la Comisión Peel y al nombramiento de una nueva comisión bajo la dirección de Sir John Woodhead. Es importante saber que las tácticas del gobierno británico conducían a un objetivo, el abandono total de la causa árabe en Palestina. Los documentos secretos del MI6 de la época no han sido revelados, ni siquiera al Parlamento británico. Sugirieron que el "problema palestino" era imposible de resolver, y dieron sugerencias de encubrimiento para evitar más disturbios árabes. Cuando los líderes árabes se refirieron al problema como un "problema sionista", Lord Rothschild dio órdenes a la prensa británica para que el problema se expresara siempre como un "problema palestino".

En Tiberíades se produjo una horrible masacre de 20 judíos y las fuerzas árabes se apoderaron de Belén y de la Ciudad Vieja de Jerusalén; ambas ciudades fueron reconquistadas por las tropas británicas sólo con gran dificultad. Los documentos del Ministerio de Asuntos Exteriores británico, aunque no expresan una opinión clara, parecen indicar que los ataques a ciudades y pueblos y los asesinatos de judíos fueron obra de agentes provocadores que no querían un acuerdo para permitir más inmigración judía.

El informe de la Comisión Woodhead, que expresaba la opinión de que la partición de Palestina no era una solución práctica, se publicó en noviembre de 1938. Se pedía una conferencia inmediata de árabes y judíos. Las conversaciones se iniciaron en Londres en febrero de 1939, pero el impasse no se resolvió y la reunión se disolvió un mes después sin ningún resultado.

Luego, el 17 de mayo de 1939, el gobierno británico anunció un nuevo plan para un estado palestino independiente para 1949. Tendría una relación de tratado con Gran Bretaña; los árabes y los judíos debían compartir el gobierno "de forma que se garantice la salvaguarda de los intereses esenciales de cada comunidad", decía el informe.

El plan consistía en detener la inmigración judía durante cinco años, a menos que los árabes accedieran a dejarla continuar, pero en cualquier caso, para 1949, se iba a permitir la entrada de 75.000 judíos en el país. El objetivo del gobierno británico era que los judíos constituyeran un tercio de la población. La transferencia de tierras árabes a los judíos debía ser prohibida.

El plan fue aprobado por el Parlamento británico, pero denunciado violentamente por el Congreso Sionista Mundial y los líderes judíos estadounidenses. Los palestinos también rechazaron el plan, y los combates entre judíos y árabes estallaron en todo el país. Pero Palestina pasó a un segundo plano unos meses después, cuando Gran Bretaña declaró la guerra a Alemania y recibió rápidamente el apoyo del Congreso Sionista Mundial.

Una vez que Gran Bretaña declaró la guerra a Alemania, una avalancha de refugiados judíos procedentes de Europa se dirigió a Palestina, y en mayo de 1942 una conferencia de sionistas estadounidenses adoptó el Programa Biltmore, que rechazaba el Plan Woodhead modificado, que pedía una Palestina independiente, y exigía en su lugar un Estado judío, con un ejército judío y una identidad judía diferenciada.

Tres años más tarde, el Congreso Sionista Mundial pidió que un millón de judíos fueran admitidos en Palestina como refugiados de la Europa devastada por la guerra. Egipto y Siria advirtieron al presidente Truman en octubre de 1945 que la guerra seguiría a los intentos de establecer un estado judío en Palestina. En julio de 1946, la presión sionista estaba en su punto álgido, culminando con el bombardeo del Hotel Rey David de Jerusalén, en el que murieron 91 personas. El informe de las Naciones Unidas afirmaba que el atentado era obra de los terroristas del Irgun. Los árabes acusaron a Estados Unidos y Gran Bretaña de armar y entrenar al Irgun y a la Haganá para crear un ejército israelí.

Los británicos abandonaron Palestina en febrero de 1947 y la entregaron a las Naciones Unidas, lo que fue su forma de admitir que habían traicionado a Lawrence y a los árabes, y de abdicar finalmente de sus responsabilidades hacia Palestina. Al hacerlo, abandonaron su propio acuerdo de mantener la línea hasta 1949. La Asamblea General de la ONU votó la partición de Palestina el 29 de noviembre de 1946. Debía haber un Estado judío y un Estado árabe, con Jerusalén bajo la supervisión de la ONU. La votación fue aprobada por el Congreso Sionista Mundial, pero rechazada por los estados árabes y Palestina.

El Consejo de la Liga Árabe anunció en diciembre de 1947 que se opondría a la partición del país por la fuerza, y comenzó a atacar a las comunidades judías en toda Palestina. En 1948 surgieron las contrafuerzas del Irgun y la Haganá, entrenadas por el MI6 y armadas por los estadounidenses. El terror reinó y cientos de miles de árabes abandonaron sus tierras. En un último acto de traición y abdicación de responsabilidad hacia los árabes, se retiraron los últimos 30.000 soldados británicos.

El 14 de mayo de 1948, desafiando las resoluciones de la ONU, el líder sionista David Ben-Gurion anunció la creación de un gobierno judío provisional para el Estado de Israel. Las Naciones Unidas, al no querer o no poder detener a Ben Gurion, dejaron que la declaración se mantuviera. El 16 de mayo, tanto Estados Unidos como Rusia reconocen al recién formado gobierno de Ben Gurion, desechando los gritos de traición de los palestinos, de todas las naciones árabes y de al menos ocho gobiernos europeos.

Ese mismo mes, la Liga Árabe declaró la guerra al recién creado Estado de Israel. Las fuerzas israelíes, equipadas y armadas ilegalmente no por los británicos sino por suministros militares estadounidenses procedentes de las existencias destinadas a las fuerzas estadounidenses en Europa, se imponen. El conde Folke Bernadotte, mediador de la ONU, fue asesinado por terroristas del Irgun el 17 de septiembre mientras intentaba establecer una tregua. Esto llevó finalmente a la ONU a negociar un armisticio y un cese temporal de las hostilidades. Se acusa a Bernadotte de favorecer la causa árabe, aunque el expediente muestra que intentó ser neutral.

Israel ingresó en las Naciones Unidas en mayo de 1949 y fue reconocido por Estados Unidos, Gran Bretaña, la URSS y Francia. Los países árabes protestaron ante la ONU, culpando a Gran Bretaña, Francia y Estados Unidos de ayudar a Israel a abrir un oleoducto desde el Mar de Galilea hasta el desierto del Néguev, que proporcionaba abundante riego a los asentamientos judíos y a la agricultura a costa de tomar unilateralmente el agua del Jordán a expensas de la población árabe. Los árabes no fueron consultados sobre este vasto proyecto para "hacer florecer el desierto" y lo consideraron una violación del acuerdo de mayo de

1939 de administrar el país "de manera que se garantice la salvaguarda de los intereses de cada comunidad".

El 9 de mayo de 1956, el Secretario de Estado John Foster Dulles, miembro de una de las 13 familias más prominentes de los Illuminati estadounidenses, compareció ante el Congreso para exponer sus argumentos, explicando que EE.UU. no suministraría armas a Israel porque quería evitar una guerra por poderes entre EE.UU. y la URSS. No se hizo hincapié en el hecho de que Israel ya estaba totalmente armado y equipado por Estados Unidos. Lo que consiguió la declaración de Dulles fue dar a la URSS una razón para detener los suministros de armas a las naciones árabes basándose en la posición de "neutralidad" de Estados Unidos. En ese momento había un gran desequilibrio de armas a favor de Israel.

Otro punto a tener en cuenta en este juego de engaños es que, a pesar de su supuesta amistad con los países árabes, en respuesta a una iniciativa estadounidense en 1956, la Unión Soviética firmó un acuerdo secreto para aumentar los suministros de petróleo a Israel, temiendo que un embargo petrolero árabe perjudicara la capacidad de defensa de Israel.

Dulles, en otro cambio de opinión, dijo a los miembros del Congreso que eludieran las restricciones ofreciendo ayuda a cualquier nación de Oriente Medio que la quisiera. El 9 de marzo de 1957, una resolución conjunta del Congreso facultó al Presidente para utilizar hasta 200 millones de dólares para proporcionar ayuda económica y militar a cualquier país de Oriente Medio que lo deseara. Según la Doctrina Eisenhower, esta medida debía "garantizar el interés vital de Estados Unidos en la integridad e independencia de todos los países de Oriente Medio".

El presidente Eisenhower se embarcó en lo que se llamó una "gira de buena voluntad" en diciembre de 1959, que tuvo lugar en varios países árabes, entre ellos Túnez y Marruecos. Posteriormente, estos dos países árabes intentaron suavizar la resistencia árabe a Israel, esfuerzos que, sin embargo, sólo tuvieron un éxito parcial, al igual que la gira de Eisenhower.

Siria, en particular, condenó la gira como "un intento de ocultar el apoyo incondicional de Estados Unidos a Israel".

Durante los diez años siguientes, el armamento de árabes e israelíes siguió creciendo hasta que estalló de nuevo la guerra. Las fuerzas israelíes se apoderaron de Jerusalén y se negaron a devolver la ciudad al control de la ONU, a pesar de varias resoluciones del Consejo de Seguridad en las que se pedía al gobierno israelí que cumpliera. En un movimiento transparente, el 10 de junio de 1967, la Unión Soviética anunció que rompía las relaciones diplomáticas con Israel, sin cancelar un acuerdo de 1956 que había aumentado los suministros de petróleo a Israel. Como señalan los dos principales periódicos franceses, si la URSS hubiera sido sincera en su oposición a Israel, podría haber vetado el ingreso de Israel en las Naciones Unidas, pero no lo hizo.

Al romper las relaciones diplomáticas con Israel, los soviéticos allanaron el camino para que Estados Unidos suministrara a Israel 50 cazas F-4 Phantom. El presidente Charles de Gaulle se enfadó tanto que firmó un decreto que prohibía cualquier otra ayuda financiera o militar de Francia a Israel. Este decreto se aplicó estrictamente durante unos dos años.

El Consejo de Seguridad de la ONU se reunió el 3 de julio de 1969 y censuró en los términos más enérgicos la continua ocupación israelí de Jerusalén y deploró el incumplimiento por parte de Israel de resoluciones anteriores que exigían su retirada de la ciudad. Según un antiguo miembro de la Asamblea General de Pakistán, "la delegación israelí no estaba en absoluto perturbada, ya que se había reunido antes con el embajador de Estados Unidos en la ONU, quien dio a los delegados israelíes garantías absolutas de que la resolución "no tiene dientes" y que "cualquier intento activo de castigar a Israel será bloqueado por Estados Unidos y el Consejo de Seguridad". Pero cuando el Consejo de Seguridad se reunió, Estados Unidos se unió a la condena de Israel. De eso se trata.

Para cerrar este capítulo, parece apropiado hacer un resumen de la traición diplomática de Gran Bretaña a su aliado árabe, el sherif Hussein de La Meca:

➤ En **agosto** de 1920, Ibn Saud bin Abdul Aziz conquistó y anexionó Asir.

➤ **El 2 de noviembre de 1921**, Ibn Saud se apoderó de Hali, poniendo fin a la antigua dinastía Rashid.

➤ En **julio de 1922**, Ibn Saud invadió Jauf y puso fin a la antigua dinastía Shalan.

➤ **El 24 de agosto de 1924**, los wahabíes e Ibn Saud atacaron Taif, en el Hiyaz, y la invadieron el 5 de septiembre.

➤ El **13 de octubre de 1924**, Ibn Saud tomó La Meca. Sherif Hussein y su hijo, Ali, se vieron obligados a huir. De este modo, Arabia Saudí usurpó la ciudad santa, un acto que sigue siendo profundamente sentido por millones de musulmanes en Irán, Irak y otros lugares hasta el día de hoy. Sin la ayuda británica, Ibn Saud no habría podido someter La Meca. La estructura oligárquica británica había expresado durante mucho tiempo su odio al profeta Mahoma y sin duda obtuvo una gran satisfacción de la victoria de los Saud.

➤ Entre **enero y junio de 1925**, los wahabíes asediaron la ciudad-estado de Jeddah.

➤ **El 5 de diciembre de 1925,** Medina se rindió a Ibn Saud y el 19 de diciembre, Sherif Ali, hijo de Hussein, fue obligado a abdicar.

➤ **El 8 de enero de 1926**, Ibn Saud fue proclamado rey del Hiyaz y sultán del Nejd.

➤ El **20 de mayo de 1927**, las familias Abdul Aziz y Wahabi, representadas por Ibn Saud, firmaron un tratado con Gran Bretaña en el que se reconocía la plena independencia de todos los territorios de ambas familias y se les permitía llamarse Arabia Saudí.

Sin la ayuda de los Estados-nación árabes bajo Hussein, y sin la conquista de las ciudades-estado árabes por parte de las familias Wahabi y Abdul Aziz, los turcos no habrían sido expulsados de Egipto y Palestina, y la inmigración judía en ese país se habría reducido estrictamente, si no se hubiera detenido por completo. Como declaró el presidente sirio Hafez el Assad en 1973,

> "los británicos clavaron un puñal sionista en el corazón de las naciones árabes".

Los amigos del difunto Lawrence dicen que su fantasma se pasea por los pasillos de Whitehall, incapaz de encontrar la paz por la forma en que consiguió socavar la firme promesa que hizo a los ejércitos árabes de Sherif Hussein, y por su culpa al aceptar las falsas promesas de Allenby y Whitehall de que no se permitiría la inmigración judía a Palestina.

VI. Tavistock y la "investigación operativa": una guerra no declarada

El fundador del Instituto Tavistock para las Relaciones Humanas, John Rawlings Reese, debía desarrollar un sistema para subvertir y luego controlar el pensamiento de los seres humanos, de modo que pudieran ser canalizados en la dirección deseada por el Comité de los 300, también conocido como los Olímpicos. Hay que decir que esto requiere la introducción de una mentalidad automatizada en la mayoría de la población objetivo. Se trata de un objetivo con implicaciones muy importantes a nivel nacional e internacional.

El resultado final de los objetivos de Reese era y sigue siendo el control de toda la vida humana; su destrucción cuando se considere deseable, ya sea mediante el genocidio masivo o la esclavitud masiva. Hoy somos testigos de ambas cosas. Uno es el plan genocida Global 2000, que prevé la muerte de más de 500 millones de personas para 2010; el otro es la esclavitud por medios económicos. Ambos sistemas son plenamente operativos y trabajan codo con codo en la América actual.

Reese comenzó sus experimentos con Tavistock en 1921, y pronto tuvo claro que su sistema podía aplicarse tanto a nivel nacional como militar. Reese sostenía que la solución a los problemas que preveía requería un enfoque despiadado, sin tener en cuenta los valores religiosos o morales. Más tarde añadió otro ámbito a su lista, el del nacionalismo.

Se sabe que Reese estudió la obra de los Nueve Hombres Desconocidos, mencionada en 1860 por el escritor francés Jacolliot. Entre las observaciones de Jacolliot está el hecho de que los Nueve Hombres Desconocidos conocían la liberación de energía, la esterilización por radiación, la propaganda y la guerra psicológica, todo ello absolutamente inédito en este siglo. Jacolliot declaró que la técnica de la guerra psicológica era "la" técnica más eficaz y peligrosa de todas las ciencias, para formar la opinión de las masas, ya que permitiría a cualquiera gobernar el mundo entero". Esta declaración se hizo en 1860.

Cuando quedó claro que los políticos británicos estaban decididos a resolver los problemas económicos del país con una nueva guerra, Reese recibió 80.000 reclutas del ejército británico para utilizarlos como conejillos de indias. Operación Investigación fue el nombre dado a su proyecto, que esencialmente pretendía desarrollar una metodología de gestión militar (logística) para hacer el mejor uso de los limitados recursos militares -sistemas de defensa marítima, aérea y terrestre- contra los enemigos extranjeros de Gran Bretaña.

Así, el programa original era un programa de gestión militar, pero en 1946 Reese había desarrollado la investigación de operaciones hasta el punto de poder aplicarla como un programa de gestión civil. Reese había "llegado", en lo que respecta a la ingeniería social, pero su trabajo está oculto en archivos de alto secreto en el Instituto Tavistock. Técnicamente, el manual Tavistock de Reese, del que tengo una copia, es una auténtica declaración de guerra contra la población civil de cualquier país objetivo. Reese afirmó que debe entenderse que "siempre que un gobierno, grupos, personas en posiciones de poder" utilizan sus métodos sin el consentimiento del pueblo, se entiende por parte de estos gobiernos o grupos de personas que la conquista es el motivo, y que existe una guerra civil de diversos grados de intensidad entre ellos y el público.

Reese descubrió que, con la ingeniería social, aumenta la necesidad de información que se puede recopilar y correlacionar rápidamente. Una de las primeras declaraciones atribuidas a Reese fue la necesidad de adelantarse a la sociedad y predecir sus movimientos mediante la ingeniería de situaciones. El descubrimiento de la programación lineal por George B. Danzig, en 1947, supuso un gran avance para Reese y sus tinerfeños sociales. Esto ocurrió en un momento en el que Reese estaba inmerso en una guerra con la nación americana, una guerra que aún continúa, y que fue facilitada en gran medida por la invención del transistor por Bardeen, Brittain y Shockley en 1948.

Entonces, los Rockefeller intervinieron y concedieron a Tavistock una enorme subvención para que Reese pudiera llevar a cabo un estudio de la economía estadounidense, utilizando los métodos de la investigación operativa. Simultáneamente, la Fundación Rockefeller concedió a la Universidad de Harvard una subvención de cuatro años para crear su propio modelo económico americano. Era 1949, y Harvard avanzaba con su propio modelo económico, basado en el modelo Tavistock.

La única condición de Reese para cooperar con Harvard fue que se siguieran los métodos de Tavistock en todo el proyecto. Se basaron en el estudio de bombardeo de Prudential Assurance, que condujo al bombardeo de saturación de las viviendas de los trabajadores alemanes como medio para rendir la maquinaria de guerra alemana. Estos métodos están ahora listos para ser aplicados en un contexto civil.

Reese ha estudiado con detalle la entrada de Estados Unidos en la Primera Guerra Mundial, que considera el inicio del siglo XX . Reese se dio cuenta de que para que Estados Unidos rompiera con el llamado "aislacionismo", había que modificar radicalmente el pensamiento estadounidense. En 1916, Woodrow Wilson había arrastrado a Estados Unidos a los asuntos europeos con políticas corruptas y corruptoras. Wilson envió fuerzas estadounidenses a luchar en los campos de batalla europeos, a pesar de las advertencias de los Padres Fundadores de no interferir en los asuntos exteriores. El Comité de los 300 está decidido a mantener a Estados Unidos en los asuntos europeos y mundiales para siempre.

Wilson no cambió a Europa, pero Europa cambió a América. El destierro de la política del poder, que Wilson creía poder hacer, no era posible, porque el poder es política y la política es poder económico. Esto ha sido así desde los primeros registros de la historia de la política: los de las ciudades-estado de Sumer y Akkad hace 5.000 años, hasta Hitler y la URSS. La economía no es más que una extensión de un sistema energético natural, pero las élites siempre han dicho que este sistema está bajo su control.

Para que una economía esté bajo el control de una élite, debe ser predecible y completamente manipulable. Esto es lo que pretendía el modelo de Harvard, basado en la dinámica social de la investigación de operaciones de Reese. Reese había descubierto que, para lograr la previsibilidad total de los grupos de población, había que controlar a los elementos de la sociedad bajo el yugo de la esclavitud, y privarlos de los medios para descubrir su situación, de modo que al no saber cómo unirse o defenderse juntos, no supieran a dónde acudir en busca de ayuda.

La metodología Tavistock puede verse en funcionamiento en todo Estados Unidos. La gente, al no saber a quién acudir para entender su situación, se dirige al peor lugar de todos para una supuesta ayuda: el gobierno. El Proyecto de Investigación Económica de Harvard, que comenzó en 1948, incorporó todos los principios de Reese, que a su vez surgieron de la investigación sobre el atentado de Prudential y la investigación de operaciones. Uniendo fuerzas, las élites consideraron que el advenimiento de la era de la informática les proporcionaba un medio para controlar la economía y la población de una nación, lo que era a la vez una bendición y una terrible maldición para la humanidad.

Toda ciencia es sólo un medio para un fin, y el hombre es el conocimiento (la información), que termina en el control. Los beneficiarios de este control fueron decididos por el Comité de los 300 y sus predecesores hace 300 años. La guerra emprendida contra el pueblo estadounidense por Tavistock tiene ya 47 años y no da señales de remitir. Siendo la energía la clave de toda la vida en este planeta, el Comité ha tomado el control de la mayoría de los recursos energéticos a través de métodos de diplomacia por la mentira y la fuerza.

El Comité, mediante el engaño y la ocultación, también ha tomado el control de la energía social, que se expresa en términos económicos. Si se pudiera mantener al ciudadano de a pie en la ignorancia de los verdaderos métodos económicos de contabilidad, los ciudadanos estarían condenados a una vida de esclavitud económica. Esto es lo que ha ocurrido. Nosotros, el pueblo, hemos dado nuestro consentimiento a los controladores económicos de nuestras vidas y nos hemos convertido en los esclavos de la élite. Como dijo Reese en una ocasión, las personas que no utilizan su inteligencia no tienen mejores derechos que los animales tontos que no tienen ninguna inteligencia. La esclavitud económica es esencial si se quiere mantener el buen orden y que la clase dominante disfrute de los frutos del trabajo de los esclavos.

Reese y su equipo de científicos sociales e ingenieros sociales trabajaron sobre el público estadounidense aprendiendo primero, comprendiendo después y atacando finalmente la energía social de la nación (la economía), el entorno mental y las debilidades físicas. Antes he dicho que el ordenador es a la vez una bendición y una maldición para la humanidad. En el lado positivo, hay muchos economistas emergentes que, mediante el uso de ordenadores, empiezan a darse cuenta de que el modelo de Harvard es un modelo de esclavitud económica.

Si esta nueva raza de programadores económicos puede hacer llegar su mensaje al pueblo estadounidense con la suficiente rapidez, el Nuevo Orden Mundial (de la esclavitud) aún puede ser detenido. Aquí es donde juega un papel tan importante la subversión a través de los medios de comunicación, la educación y la influencia en nuestra forma de pensar, distrayéndonos con cuestiones sin importancia, mientras se ignoran las cuestiones realmente cruciales. En una importante reunión de estudio de políticas ordenada por el Comité de los 300 en 1954, se dejó claro a los expertos económicos, funcionarios del gobierno, banqueros y líderes del comercio y la industria que había que intensificar la guerra contra el pueblo estadounidense.

Robert McNamara fue uno de los que declaró que, dado que la paz y el buen orden estaban amenazados por una población fuera de control, la riqueza de la nación debía ser arrebatada a las masas revoltosas y entregada al control de una minoría autodisciplinada. McNamara atacó salvajemente la superpoblación, que según él amenazaba con cambiar el mundo en que vivimos y hacerlo ingobernable:

> "Podemos empezar con los problemas más críticos del crecimiento de la población. Como he señalado en otro lugar, aparte de la propia guerra nuclear, éste es el problema más grave al que se enfrentará el mundo en las próximas décadas. Si se mantienen las tendencias actuales, el mundo en su conjunto no alcanzará el nivel de sustitución de la fecundidad -de hecho, una media de dos hijos por familia- hasta aproximadamente el año 2020. Esto significa que la población mundial acabaría estabilizándose en torno a los 10.000 millones, frente a los 4.300 millones actuales.

> "Lo llamamos estabilizado, pero ¿qué tipo de estabilidad sería posible? ¿Podemos suponer que los niveles de pobreza, hambre, estrés, hacinamiento y frustración que una situación así podría generar en los países en desarrollo -que tendrían entonces 9 de cada 10 seres humanos en la tierra- serían susceptibles de proporcionar estabilidad social? ¿O, para el caso, la estabilidad militar?

> "No es un mundo en el que ninguno de nosotros querría vivir. ¿Es inevitable un mundo así? No, pero sólo hay dos maneras de evitar un mundo de 10.000 millones de personas. O bien la tasa de natalidad actual debe disminuir más rápido, o bien la tasa de mortalidad actual debe aumentar. No hay otra manera.

> "Hay, por supuesto, muchas maneras de aumentar las tasas de mortalidad. En una era termonuclear, la guerra puede lograr esto de forma muy rápida y decisiva. El hambre y la enfermedad son los antiguos frenos de la naturaleza al crecimiento de la población, y ninguno de ellos ha desaparecido de la escena".

En 1979, McNamara repitió su mensaje a los principales banqueros del mundo, y Thomas Enders, un alto funcionario del Departamento de Estado, hizo la siguiente declaración

> "Un tema subyace en todo nuestro trabajo. Tenemos que

reducir el crecimiento de la población. O lo hacen a nuestra manera, con métodos agradables y limpios, o tendrán el tipo de lío que tenemos en El Salvador, Irán o Beirut. Una vez que el crecimiento de la población está fuera de control, se necesita un gobierno autoritario, incluso fascista, para reducirlo. La guerra civil puede ayudar, pero tendría que ser muy extensa. Para reducir la población rápidamente, hay que arrastrar a todos los machos a la lucha y matar a un número importante de mujeres fértiles en edad de procrear".

La solución al problema de un mundo en el que la élite no quiere vivir es el genocidio masivo. El Club de Roma recibió la orden de elaborar un plan que eliminara 500 millones de personas superpobladas. El plan se llamó Global 2000, y se activó con la propagación del virus del sida en África y Brasil. Global 2000 fue aceptada oficialmente como política estadounidense por el presidente James Carter.

Los miembros de la conferencia acordaron que

"el elemento de la clase baja de la sociedad debe ser sometido a un control total, entrenado y asignado a tareas a una edad temprana, lo que puede lograrse por la calidad de la educación, que debe ser la más pobre de las pobres. Las clases bajas deben ser entrenadas para aceptar su posición, mucho antes de tener la oportunidad de desafiarla".

"Técnicamente, los niños deben ser "huérfanos" en guarderías controladas por el gobierno. Con semejante desventaja inicial, las clases bajas tendrán pocas esperanzas de alejarse de las posiciones asignadas en la vida. La forma de esclavitud que tenemos en mente es esencial para el buen orden social, la paz y la tranquilidad.

"Tenemos los medios para abordar la vitalidad, las opciones y la movilidad de los individuos en la sociedad conociendo, a través de nuestro científico social, sus fuentes de energía social (ingresos), comprendiéndolas, manipulándolas y abordándolas, y por tanto sus fortalezas y debilidades físicas, mentales y emocionales. El público en general se niega a mejorar su propia mentalidad. Se ha convertido en una manada de bárbaros que proliferan, y en una plaga sobre la faz de la tierra.

"Midiendo los hábitos económicos mediante los cuales las ovejas intentan escapar de sus problemas y evadirse de la realidad a través del entretenimiento, es absolutamente posible, aplicando los métodos de la investigación de operaciones, predecir las combinaciones probables de choques (eventos creados) que son necesarios para asegurar el control y el sometimiento completo de la población subvirtiendo la economía. La estrategia incluye el uso de amplificadores (publicidad), y cuando hablamos en la televisión de una manera que un niño de diez años puede entender, entonces, debido a las sugerencias hechas, esa persona comprará ese producto por impulso, la próxima vez que lo vea en una tienda.

"El equilibrio de poder proporcionará la estabilidad que probablemente alcanzará el mundo del siglo XXIe , plagado como estará de apasionados tribalismos y de problemas aparentemente insolubles como la migración masiva del Sur al Norte, y de las granjas a las ciudades. Puede haber traslados masivos de población, como los que se produjeron entre Grecia y Turquía tras la Primera Guerra Mundial, y asesinatos en masa. Será una época de agitación, que necesitará un unificador; un Alejandro o un Mahoma.

"Un cambio importante que se derivará de la aparición de conflictos entre pueblos que conviven -y que, en su intensidad, primarán sobre los demás conflictos- es que la rivalidad política se producirá dentro de las regiones, en lugar de entre ellas. Esto provocará un cambio en la política mundial. Tras una década en la que Estados Unidos y la Unión Soviética lucharon a través de los océanos, las potencias se centrarán en protegerse contra las fuerzas que se encuentran en sus fronteras, o dentro de ellas.

"El pueblo estadounidense no sabe nada de economía y se preocupa poco por ella, por lo que siempre está preparado para la guerra. No pueden evitar la guerra, a pesar de su moral religiosa, ni pueden encontrar en la religión la solución a sus problemas terrenales. Están aturdidos por los expertos en economía que envían ondas de choque que destruyen los presupuestos y los hábitos de compra. El público estadounidense aún no ha entendido que controlamos sus hábitos de compra".

Aquí estamos. Dividir a las naciones en facciones tribales, hacer que la población luche para vivir y se preocupe por los conflictos regionales, de modo que nunca tendrá la oportunidad de tener una visión clara de lo que está sucediendo, y mucho menos de desafiarlo, y al mismo tiempo, provocar una drástica reducción de la población mundial. Esto es lo que ocurre en la antigua Yugoslavia, donde el país está dividido en pequeñas entidades tribales, y esto es lo que ocurre en Estados Unidos, donde la familia media, con ambos padres trabajando, no puede llegar a fin de mes. Estos padres no tienen tiempo para prestar atención a cómo están siendo engañados y llevados a la esclavitud económica. Todo es un montaje.

Hoy vemos -si tenemos tiempo- que Estados Unidos está al borde de una disolución gradual, resultado de la guerra silenciosa de "control" de Tavistock contra la nación americana. La presidencia de Bush fue un desastre total, y la de Clinton será un choque aún mayor. Así es como se dibuja el plan, y nosotros, el pueblo, estamos perdiendo rápidamente la confianza en nuestras instituciones y en nuestra capacidad para hacer de Estados Unidos lo que debía ser, muy lejos de lo que es ahora, invadido por extranjeros que amenazan con engullir la nación, una invasión Sur-Norte aquí mismo, en nuestro propio país.

Hemos renunciado a nuestra riqueza real por la promesa de una mayor riqueza, en lugar de una compensación en términos reales. Hemos caído en las trampas del sistema babilónico del "capitalismo", que no es capitalismo en absoluto, sino apariencia de capital, como lo demuestra el dinero que en realidad se expresa en términos de capital negativo. Esto es engañoso y destructivo. El dólar estadounidense tiene la apariencia de una moneda, pero en realidad es un pagaré y un pagaré de esclavitud.

El dinero, tal como lo conocemos, se equilibrará con la guerra y el genocidio, algo que está ocurriendo ante nuestros ojos. El total de bienes y servicios es el capital real, y se puede imprimir dinero hasta este nivel, pero no más allá. Una vez que el dinero se imprime más allá del nivel de bienes y servicios, se convierte en una fuerza destructiva y de sustracción. La guerra es la única manera de "equilibrar" el sistema matando a esos acreedores, a los que el pueblo ha abandonado mansamente a su valor real a cambio de dinero inflado artificialmente.

La energía (la economía) es la clave de todas las actividades terrestres. De ahí la repetida afirmación de que todas las guerras tienen un origen económico. El objetivo del gobierno mundial único -el nuevo orden mundial- debe ser necesariamente obtener el monopolio de todos los bienes y servicios, las materias primas, y controlar la forma de enseñar la economía. En los Estados Unidos, estamos constantemente ayudando al gobierno de un solo mundo a obtener el control de los recursos naturales del mundo, teniendo que ceder parte de nuestros ingresos para este fin. Esto se llama "ayuda exterior".

El proyecto Tavistock Operation Research afirma que

> "Nuestra investigación ha establecido que la forma más fácil de controlar a las personas es mantenerlas indisciplinadas e ignorantes de los sistemas y principios básicos, al tiempo que las mantiene desorganizadas, confundidas y distraídas por asuntos de relativa poca importancia...

> "Además de nuestros métodos menos directos de penetración a largo plazo, esto puede lograrse desvinculando las actividades mentales y ofreciendo programas de educación pública de baja calidad en matemáticas, lógica, diseño de sistemas y economía, y desalentando la creatividad técnica.

> "Nuestra moda exige estímulos emocionales, un mayor uso de amplificadores que incitan a la autocomplacencia, ya sean directos (programas de televisión) o publicitarios. En Tavistock, hemos descubierto que la mejor forma de conseguirlo es mediante el ataque emocional implacable y la afrenta (violación de la mente) a través de un bombardeo constante de sexo, violencia, guerras, conflictos raciales, tanto en los medios electrónicos como en los impresos. Esta dieta permanente podría llamarse "comida basura mental".

"La revisión de la historia y la ley y el sometimiento de la población a la creación desviada es de suma importancia, permitiendo el cambio de pensamiento de las necesidades personales a las prioridades externas construidas y fabricadas. La regla general es que hay beneficio en la confusión, cuanto mayor es la confusión mayor es el beneficio. Una forma de hacerlo es crear problemas y luego proponer soluciones.

"Es esencial dividir al pueblo, desviar la atención de los adultos de los verdaderos problemas y dominar su pensamiento con temas de relativa poca importancia. Hay que mantener a los jóvenes en la ignorancia de las matemáticas; la enseñanza adecuada de la economía y la historia nunca debe estar disponible. Todos los grupos deben estar ocupados con una ronda interminable de preguntas y problemas, para que no tengan tiempo de pensar con claridad, y aquí nos apoyamos en un entretenimiento que no debe superar la capacidad mental de un niño de sexto grado.

"Las fuentes de energía que sostienen una economía primitiva son el suministro de materias primas, la disposición de la gente a trabajar y a asumir un determinado lugar, una determinada posición, un determinado nivel en la estructura social, es decir, a proporcionar trabajo en varios niveles de la estructura.

"Cada clase garantiza así su nivel de ingresos y, por tanto, controla a la clase inmediatamente inferior, preservando así la estructura de clases. Uno de los mejores ejemplos de este método se encuentra en el sistema de castas de la India, en el que se ejerce un rígido control que garantiza que la movilidad ascendente, que podría amenazar a la élite de la cima, sea limitada. Este método consigue seguridad y estabilidad, así como gobierno en la cima.

"La soberanía de la élite se ve amenazada cuando las clases bajas, a través de las comunicaciones y la educación, se informan y envidian el poder y las posesiones de la clase alta. A medida que algunos de ellos adquieren mayor formación, tratan de llegar más alto gracias al conocimiento real de la economía energética. Esto supone una amenaza real para la soberanía de la élite.

"De ello se desprende que el ascenso de las clases bajas debe retrasarse lo suficiente para que la clase de la élite logre una dominación (económica) enérgica, convirtiéndose el trabajo por consentimiento en una fuente económica menor. Hasta que se consiga este dominio económico en la medida de lo posible, hay que tener en cuenta el consentimiento del pueblo para trabajar y dejar que otros se ocupen de sus asuntos. Si esto no se consigue, interferirá en la transferencia final de las fuentes de energía (riqueza económica) al control de las élites.

"Mientras tanto, es esencial reconocer que el consentimiento público sigue siendo la clave esencial para la liberación de energía en el proceso de amplificación económica. Por lo tanto, es vital un sistema de consentimiento para liberar energía. En ausencia del vientre materno hay que proporcionar seguridad artificial, que puede adoptar la forma de retiros, dispositivos de protección y refugios. Estos caparazones proporcionarán un entorno estable para las actividades estables e inestables, y ofrecerán refugio para los procesos evolutivos de crecimiento, es decir, la supervivencia en un refugio que ofrece protección defensiva contra las actividades ofensivas.

"Se aplica tanto a la élite como a las clases bajas, pero hay una clara diferencia en la forma en que estas dos clases abordan la solución del problema. Nuestros científicos sociales han demostrado de forma muy convincente que la razón por la que las personas crean una estructura política es que tienen un deseo subconsciente de perpetuar su relación de dependencia de la infancia.

"En términos sencillos, lo que el deseo subconsciente exige es un dios terrenal que elimine los riesgos de sus vidas, ponga comida en la mesa y les dé una palmadita reconfortante en la espalda cuando las cosas no vayan bien. La demanda de un dios de la tierra que resuelva los problemas y elimine los riesgos es insaciable, lo que ha dado lugar a un dios de la tierra sustituto: el político. La insaciable demanda de "protección" del público se satisface con promesas, pero el político hace poco o nada.

"El deseo de controlar o someter a las personas que perturban su existencia cotidiana es omnipresente en los humanos. Sin embargo, son incapaces de enfrentarse a los problemas morales y religiosos que tales acciones plantearían, por lo que confían esta tarea a "sicarios" profesionales, a los que colectivamente llamamos políticos.

"Los servicios de los políticos se contratan por una serie de razones, que básicamente se enumeran en el siguiente orden:

- ➢ Obtenga la seguridad que desea sin gestionarla.

- ➢ Conseguir una acción sin tener que actuar y sin tener que pensar en la acción deseada.

- ➢ Para evitar la responsabilidad de sus intenciones.

- ➢ Obtener los beneficios de la realidad sin ejercer la disciplina necesaria para el aprendizaje.

"Podemos dividir fácilmente una nación en dos subcategorías, la subnación política y la subnación dócil. Los políticos ocupan puestos casi militares, el más bajo de los cuales es la policía, seguida de los fiscales. El nivel presidencial está dirigido por los banqueros internacionales. La subnación dócil financia la maquinaria política por consentimiento, es decir, por impuestos. La subnación permanece unida a la subnación política, ésta se alimenta de ella y se fortalece, hasta que un día es lo suficientemente fuerte como para devorar a su creador, el pueblo."

Cuando se lee junto con los sistemas descritos en mi libro, El *Comité de los 300,* es relativamente fácil ver el éxito del proyecto de Investigación Operativa de Tavistock, y en ningún lugar más que en los Estados Unidos. Las estadísticas recientes muestran que el 75% de los alumnos de sexto curso fueron incapaces de aprobar el llamado "examen de matemáticas". La prueba de matemáticas consistía en aritmética elemental simple, lo que debería decirnos algo. Las matemáticas no formaban parte de la prueba en absoluto. ¿Debemos alarmarnos? Juzgue usted.

VII. Operaciones encubiertas

as operaciones sanitarias: el material del que están hechas las historias de "James Bond". Como he dicho a menudo, James Bond era un personaje de ficción, pero la organización que se representa en la serie de películas es real, salvo que se conoce como "C" y no "M". Los servicios secretos de inteligencia y seguridad británicos son los retratados en "James Bond". Se conocen como MI5 (seguridad interna) y MI6 (seguridad externa). Juntos son la agencia de inteligencia secreta más antigua del mundo. También están a la vanguardia del desarrollo de técnicas de espionaje y nuevas tecnologías. Ninguno de los dos servicios rinde cuentas al pueblo británico a través del Parlamento y ambos operan en gran secreto detrás de una gran variedad de frentes.

Los inicios de estas agencias se remontan a la época de la reina Isabel I, cuyo fundador se reconoce como Sir Francis Walsingham, Secretario de Estado de Isabel, y han existido con diversos nombres desde entonces. La intención no es escribir una historia de estas agencias de espionaje supersecretas, sino simplemente contextualizar la idea principal de este capítulo, es decir, la acción encubierta y el asesinato por razones económicas y/o políticas.

Lo fundamental es recordar que, en casi todos los casos, la acción encubierta está prohibida por el derecho internacional. Dicho esto, también debo señalar que una cosa es tener leyes contra la acción encubierta, y otra muy difícil hacerlas cumplir, debido a los esfuerzos extremos que las partes están dispuestas a hacer para mantener la operación en secreto. La orden ejecutiva del presidente Gerald Ford que prohíbe "participar o conspirar para participar en asesinatos políticos" es ampliamente ignorada por la CIA.

La excusa de que Bush no sabía lo que ocurría en la operación encubierta Irán/Contra no puede sostenerse debido a la enmienda Hughes-Ryan, que fue hecha a medida para socavar el apoyo a dicha defensa. La enmienda fue concebida para responsabilizar a la CIA y a otras agencias de inteligencia estadounidenses:

"... A menos y hasta que el Presidente determine que cada una de estas operaciones es importante para la seguridad nacional de Estados Unidos e informe oportunamente a la comisión correspondiente del Congreso, incluidas la Comisión de Relaciones Exteriores del Senado y la Comisión de Asuntos Exteriores de la Cámara de Representantes".

la operación encubierta sería entonces ilegal. Por lo tanto, si el presidente Reagan o el presidente Bush sabían de la operación Irán/Contra, o si no lo sabían, entonces los que participaron en ella actuaron ilegalmente.

En la operación encubierta Irán/Contra, el almirante John Poindexter fue el "chivo expiatorio" de los presidentes Reagan y Bush, quienes afirmaron no tener conocimiento de la misma. Esto es chocante, ya que implica que dos presidentes no tenían ningún control sobre sus departamentos militares y de inteligencia. Si Poindexter no hubiera declarado en el estrado que nunca informó a Bush de los detalles de la operación Irán/Contra, habría seguido un proceso de destitución que Bush, con toda su poderosa protección, no habría podido evitar. En esto, Bush fue hábilmente asistido por el congresista Lee Hamilton, cuya investigación de la acción encubierta fue tan mal conducida que resultó en un completo encubrimiento de los culpables, incluyendo a Reagan y Bush.

Aparte de "James Bond", tal vez los agentes del MI6 más conocidos fueron Sydney Reilly, Bruce Lockhart y el capitán George Hill, que fueron enviados a Rusia para ayudar a los bolcheviques a derrotar a sus enemigos y, al mismo tiempo, asegurar vastas concesiones económicas y de materias primas para la burguesía negra británica, con una parte del pastel para los financieros de Wall Street. Tal vez el agente menos conocido (pero uno de los más eficaces) del MI6 fue Somerset Maugham, el eminente autor británico, bien conocido en el mundo literario por ese nombre "ovejuno".

Como la mayoría de los oficiales del MI6, el verdadero nombre de Maugham no fue revelado durante sus años de servicio, y así permaneció hasta su muerte. Sydney Reilly tenía tres nombres secretos y otros ocho (tenía once pasaportes), siendo su verdadero nombre Sigmund Georgievich Rosenblum.

Dejando de lado todos los nombres como bolchevismo, socialismo, marxismo, comunismo, fabianismo y trotskismo, el hecho es que la revolución bolchevique fue una ideología extranjera impuesta al pueblo ruso por el Comité de los 300 para obtener beneficios económicos y controlar Rusia.

Es tan sencillo como eso y, una vez despojado de toda la retórica y la terminología, el concepto de "comunismo" es más fácil de entender. Nunca, jamás, debemos perder de vista que, como dijo Churchill, antes de ser girada y perdida irremediablemente, "Rusia fue agarrada por los pelos" y arrastrada hacia atrás en una dictadura salida del infierno, creada principalmente para explotar y controlar sus vastos recursos, que incluso hoy superan con creces los de Estados Unidos, por no hablar de Gran Bretaña, que, aparte del carbón y un poco de petróleo del Mar del Norte, no tiene ninguno digno de mención.

Al igual que en la época de la reina Isabel I, cuando los Cecil, sus controladores, establecieron un sistema de espionaje con Sir Francis Walsingham para proteger sus propiedades en Inglaterra y vigilar el comercio en todo el mundo, los reyes y reinas ingleses modernos han continuado la tradición. Podría decirse que estas organizaciones de espionaje estaban motivadas primero por la economía y luego por la soberanía nacional. Nada ha cambiado mucho en los siglos transcurridos.

Este era el objetivo de la ya legendaria misión de Sydney Reilly a Rusia: hacerse con el petróleo ruso y sus otros inmensos tesoros minerales para la alta burguesía británica, encabezada por lord Alfred Milner, los banqueros de inversión de la City londinense y los brahmanes americanos de Boston, los financieros y magnates de Wall Street, los más famosos los Rockefeller, J. P. Morgan y Kuhn Loeb. El reparto del botín británico, logrado a través del poder militar y sostenido por éste, se convirtió en una tradición durante la época dorada del vasto e increíblemente lucrativo comercio de opio con China.

Los antiguos equivalentes americanos de las familias "nobles" estaban metidos hasta las cejas en este comercio incalificable. Hoy en día, nunca lo sabrías, porque se les juzga por su aspecto exterior, es decir, que asisten a las mejores escuelas.

Esta prole está cubierta de una capa de aceite y bañada en el hedor y la suciedad del comercio de opio de China, que trajo la muerte y la miseria a millones de personas mientras llenaba los bancos que poseían con una riqueza obscena.

La galería de ladrones en el comercio de opio chino parece una página del registro social estadounidense: John Perkins, Thomas Nelson Perkins, Delano, Cabot, Lodge, Russell, Morgan, Mellon. No hay ninguna de nuestras familias de "élite" que no esté manchada por la riqueza del opio.

Lord Alfred Milner envió a Sydney Reilly del MI6 para asegurar los campos petrolíferos de la región de Bakú para la inversión británica y de Rockefeller. Bruce Lockhart era el representante personal de Lord Milner que controlaba a Lenin y Trotsky. El "Hansard" de la época, que es el equivalente a nuestras Actas del Congreso, está lleno de expresiones de indignación y frustración cuando el Parlamento empezó a recabar información sobre las hazañas de Reilly. Se produjeron furiosos intercambios en privado entre el Primer Ministro Lloyd George (Conde de Dwyfor) y los miembros de su gabinete, así como en un debate público con los miembros del Parlamento en el pleno de la Cámara. Todos exigieron que Reilly regresara y rindiera cuentas de sus actividades en Rusia.

Pero en vano, Reilly siguió siendo intocable e irresponsable. Quizá por primera vez, la opinión pública británica está tomando una vaga conciencia de que una fuerza invisible está por encima del Parlamento. El público británico no sabe ni puede saber que Reilly representa al MI6, que tiene mucho más poder que sus representantes elegidos en el Parlamento. Los que intentan romper el muro del secreto no consiguen nada, así que esperan a que Reilly regrese a Inglaterra, lo que sólo ocurre cuando todo ha terminado.

Reilly y su amigo íntimo, el conde Félix Dzerzinsky (ambos de la misma región de Polonia), jefe del temido aparato de terror de la policía secreta bolchevique, escenificaron la muerte de Reilly a tiros mientras supuestamente intentaba escapar por la frontera. La historia de portada era que el nombre de Reilly había sido descubierto en los papeles de un grupo de ciudadanos letones que planeaban asesinar a Lenin. Reilly vivió en secreto la opulencia y el esplendor en la Rusia soviética hasta que, para completar el plan, escapó en un carguero holandés. Reilly es reclutado por Sir William Wiseman, jefe del MI6 británico en Washington, en 1917. Reilly fue descrito por su superior, Sir Mansfield Smith Cumming, como "un hombre siniestro en el que nunca pude confiar realmente".

La misión de Somerset Maugham a Petrogrado para el MI6 en 1917 es un ejemplo clásico de este tipo de misiones. Lockhart fue enviado a Petrogrado para apoyar al gobierno provisional de Alexander Kerensky, que debía dirigir el gobierno "provisional" opuesto a los bolcheviques (De Klerk, el renegado líder sudafricano, ha sido descrito acertadamente como el "Kerensky de los blancos en Sudáfrica", ya que su tarea es formar un gobierno "provisional" que permita a Mandela y su banda de asesinos hacerse con el control del país).

Lo que no sabían ni el Parlamento británico ni la opinión pública era que el gobierno de Kerensky estaba programado para fracasar; su trabajo consistía en hacer creer que la verdadera oposición a un gobierno bolchevique procedía de Gran Bretaña y Estados Unidos, cuando en realidad era todo lo contrario. En un elaborado montaje, Maugham, que también había sido elegido por Sir William Wiseman, fue a reunirse con Kerensky, viajando a través de Japón con 150.000 dólares (sí, era en su mayoría dinero estadounidense) para gastar en Kerensky. Maugham partió el 17 de junio de 1917 y se reunió con Kerensky el 31 de octubre de 1917.

Kerensky pidió a Maugham que entregara una nota al Primer Ministro Lloyd George, que contenía una petición desesperada de armas y municiones. Curiosamente, Kerensky ignoró por completo al cónsul británico en Petrogrado, que había intuido que algo estaba ocurriendo a sus espaldas, envió quejas airadas a Lloyd George, pero no obtuvo ninguna disculpa ni explicación. Como dijo el propio capitán Hill en una ocasión, "los que creen que la revolución bolchevique fue inspirada y dirigida por los sionistas pueden haber tenido algo de verdad de su parte". Wiseman, Maugham, Hill y Reilly eran judíos; pero Lockhart era un anglosajón puro.

La respuesta del Primer Ministro británico a la nota de Kerensky fue muy cortante: "No puedo hacerlo". Maugham nunca regresó a Rusia y Kerensky fue derrocado por los bolcheviques el 7 de noviembre de 1917. El capitán Hill fue destinado al MI5 y luego al MI6. Es enviado a Petrogrado para asesorar a Trotsky en la creación de una fuerza aérea, aunque Rusia sigue siendo técnicamente aliada de los británicos.

El objetivo de esta maniobra era mantener a Rusia en guerra con Alemania, a la que Gran Bretaña quería derrotar debido a su gran éxito comercial y financiero. Al mismo tiempo, Rusia iba a ser debilitada hasta tal punto que no podría resistir las hordas bolcheviques durante mucho tiempo. Como sabemos, el engaño funcionó perfectamente. El capitán Hill contribuyó a la creación de la CHEKA, el formidable aparato de policía secreta e inteligencia militar bolchevique, precursor del GRU.

Una de las hazañas de Hill fue el "traslado" de las joyas de la corona rumana. Hill, un especialista en armas y entrenamiento, desempeñó un papel muy activo en el gran diseño para hacer creer al mundo que Gran Bretaña y Estados Unidos estaban realmente luchando contra la toma del poder bolchevique. (Sólo Francia, de entre todas las naciones, no fue engañada.) En documentos que leí años después, Allen Dulles, jefe de la OSS, fue denunciado por De Gaulle, que le recordó sin rodeos el gran golpe contra el zar Nicolás II y el pueblo ruso.

Una parte integral del engaño fue el desembarco de una fuerza combinada británica, francesa y estadounidense en Murmansk el 23 de junio de 1918, bajo el mando del general de división estadounidense Frederick Poole, aparentemente para ayudar a los rusos en su lucha contra los bolcheviques. Los franceses realmente pensaron que estaban allí para atacar a los bolcheviques, cuando la fuerza aliada entró en Arkhangelsk el 2 de agosto, donde hubo algunos combates. En realidad, la fuerza expedicionaria tenía tres objetivos:

> (a) para hacer creer que Gran Bretaña y Estados Unidos luchaban contra los bolcheviques (b) para proteger el gran depósito de armas y municiones del ejército ruso en la región, y (c) para ayudar a convertir a una población dudosa en partidaria de Lenin haciendo creer que era el salvador de la patria, que luchaba para repeler a una fuerza militar extranjera.

En realidad, la fuerza británico-estadounidense estaba allí para ayudar a Lenin, no para luchar contra el Ejército Rojo. Las tropas aliadas debían asegurarse de que el depósito de municiones fuera entregado a los bolcheviques y evitar que fuera tomado por los alemanes que avanzaban. Años más tarde, el Secretario de Estado George Marshall repitió este truco contra el mariscal chino Chiang Kai Shek, dejando a Mao Tse Tung con un enorme arsenal para utilizar en su lucha por transformar China en una nación comunista. El tercer objetivo era convertir a los rusos que dudaban en su apoyo a Lenin en partidarios de pleno derecho. Lenin utilizó el desembarco en Murmansk para decirle al pueblo ruso:

> "Mira, los imperialistas británicos y estadounidenses están tratando de robarte Rusia. ¡Únase a nuestra lucha para defender a la Madre Rusia! "

Cuando los generales rusos blancos Denekin y Wrangel estaban teniendo un gran éxito contra el Ejército Rojo, expulsándolo de la zona de Bakú y amenazando el trabajo que Sydney Reilly estaba haciendo para los intereses petroleros británicos y estadounidenses (especialmente Rockefeller), al mismo Lloyd George que en 1917 había conspirado con Kerensky se le unió un "ciudadano privado estadounidense", William Bullit, en efecto un emisario de Rockefeller y los banqueros de Wall Street. Juntos cometieron un acto de traición contra sus respectivos países.

En enero de 1919, el general Peter Denekin derrotó a los bolcheviques en Georgia, Armenia, Azerbaiyán y Turquestán (las regiones petrolíferas) y ese mismo mes expulsó a los bolcheviques del Cáucaso, avanzando casi hasta las puertas de Moscú. Bullit y Lloyd George cortaron entonces el paso a los rusos blancos deteniendo el suministro de armas, municiones y dinero. A una señal de Lloyd George, enviada por el MI6 en septiembre, la fuerza británico-estadounidense abandonó Arkhangelsk y salió de Murmansk el 12 de octubre de 1919.

Obsérvese la perfecta sincronización de la operación. Lo único que había hecho la fuerza expedicionaria, aparte de algunos combates ligeros en Arkhangelsk y algunas otras escaramuzas contra las fuerzas bolcheviques, fue marchar por las calles de Vladivostok en apoyo de la afirmación de Lenin de que allí había soldados imperialistas británicos y estadounidenses decididos a apoderarse de la Madre Rusia. El 14 de noviembre de 1920 se acabó, las últimas fuerzas de la Rusia Blanca se embarcaron hacia Constantinopla.

Una de las mayores piezas del rompecabezas se completó con éxito sin que los estadounidenses y los británicos tuvieran idea de lo que estaba sucediendo. Un procedimiento más o menos similar se está llevando a cabo hoy en Rusia, con el "excomunista" Boris Yeltsin, presentado por Occidente como una especie de héroe popular ruso, que intenta "salvar" a Rusia de un resurgimiento del comunismo. Como en 1917, así es hoy: el público estadounidense no tiene ni idea de lo que realmente está pasando en Rusia.

La trama no termina ahí: el intento de asesinato de Lenin, cuando empezó a convertirse en un obstáculo para las maniobras de

Bruce Lockhart; la detención y posterior intercambio de Lockharf por el bolchevique Maxim Litvinov, con una condena a muerte en ausencia dictada por un tribunal bolchevique de Moscú. De este modo, el MI6 juega su juego de la manera más magistral posible, como sigue haciéndolo hoy en día. Además, Lenin murió de sífilis, no de las heridas recibidas a manos de Dora Kaplan.

Tal vez merezca la pena explicar con más detalle las actividades del capitán Hill. Los documentos que he podido examinar en los archivos de Whitehall, en Londres, revelan mucho sobre las actividades de Hill, un oficial del MI5 de segunda generación. Al parecer, el padre de Hill era muy activo en los círculos mercantiles judíos vinculados a Tesalónica en la época del zar Nicolás II.

El hijo de Hill, George, que vivía en Londres, era un mensajero del MI5 para los financieros de Wall Street y de la City de Londres que apoyaban a los bolcheviques; el dinero se canalizaba a través de Maxim Gorky, el favorito de los teatros londinenses. En 1916 fue ascendido al MI6 y enviado a Salónica por el jefe del MI6, Sir Mansfield Cumming. Desde Salónica, Hill pasó información a Cumming sobre los progresos de los bolcheviques que preparaban la revolución que se avecinaba, que ya se había adelantado 10 años. El 17 de noviembre de 1917, Cumming envió a Hill a Moscú, donde se convirtió inmediatamente en asistente personal de León Trotsky, por recomendación de Parvus (Alexander Helpland). Hill elaboró un plan de inteligencia militar que fue aceptado y se convirtió en la base del GRU, del que Hill y Trotsky fueron los fundadores.

La CHEKA siguió bajo el control de Dzerzinsky. Más tarde, según los documentos de Whitehall, a raíz de una petición de Jerusalén, Hill fue enviado a Oriente Próximo, donde se dedicó a organizar y entrenar a las bandas judías Irgun y Stern, la gran mayoría de cuyos oficiales y bases procedían de la Rusia bolchevique. El servicio de inteligencia que Hill creó para el Irgun fue adoptado posteriormente por el servicio secreto israelí, que se convirtió en el Mossad.

El servicio secreto británico es el más experto en operaciones encubiertas. Sir Stewart Menzies, jefe del MI6 durante la guerra, dijo una vez que Allen Dulles carecía de la perspicacia necesaria para entender realmente las operaciones encubiertas. En cualquier caso, el MI6 formó y entrenó a la OSS, precursora de la Agencia Central de Inteligencia (CIA). Las operaciones encubiertas pueden describirse como la parte más sensacionalista del trabajo de inteligencia, que generalmente implica actividades bastante rutinarias como el seguimiento de las actividades económicas en todo el mundo, la preparación de informes para los responsables de la política nacional, que son supuestamente la parte del gobierno que decide qué curso de acción tomar, si es que lo hace.

El MI6 y la CIA no están autorizados por ley a inmiscuirse en asuntos internos ni a espiar a los ciudadanos, ya que sus funciones se limitan a los asuntos exteriores. Pero en los últimos tres años estas líneas se han vuelto muy borrosas, lo que debería ser motivo de grave preocupación, pero desgraciadamente no se están tomando medidas positivas para frenar esto. La acción encubierta camina por la cuerda floja entre la diplomacia y el engaño, y a veces, cuando el caminante resbala, los resultados pueden ser muy embarazosos si la acción encubierta no es negable, como fue el caso del asunto Irán/Contra.

La acción encubierta requiere que una agencia de inteligencia desarrolle un programa para lograr un objetivo extranjero concreto. Esto a menudo incide en la política exterior, que no es el ámbito de la inteligencia. Un buen ejemplo es la paranoia expresada por el presidente George Bush en su deseo de destruir literalmente al presidente iraquí Hussein, con una acción encubierta que se llevó a cabo a través de canales económicos y militares.

Bush derrochó un total de 40 millones de dólares en su fallido intento de matar a Hussein, en el que se probaron todos los trucos del libro, incluido el envío de virus en viales para ocultarlos en la sede del Comando Revolucionario. Por último, Bush, dominado por su odio a Hussein, lanzó 40 misiles de crucero sobre Bagdad y Basora, bajo el endeble pretexto de atacar "fábricas de armas nucleares" y emplazamientos antiaéreos, todo ello evidentemente absurdo.

Un misil de crucero fue programado deliberadamente para alcanzar el Hotel Al-Rasheed en el centro de Bagdad, donde se celebraba una conferencia de líderes musulmanes. La idea del ataque al Al-Rasheed (el misil fue rastreado por los satélites rusos desde el momento en que fue lanzado hasta que llegó a la zona del objetivo) era matar a varios líderes musulmanes, lo que habría puesto a sus países en contra de Irak y ayudado a derrocar al líder iraquí en una reacción contra el presidente Hussein.

Desgraciadamente para Bush, el misil cayó entre 6 y 7 metros delante del edificio, destrozando puertas y ventanas de hasta tres pisos de altura, y matando a un recepcionista. Ninguno de los delegados musulmanes resultó herido. La débil e infantil excusa presentada por el Pentágono y la Casa Blanca, de que el misil había sido "desviado por los cañones antiaéreos iraquíes", era tan absurda que la DGSE (servicio secreto francés) se preguntó si el informe era auténtico o el trabajo de una agencia clandestina privada.

Los militares rusos, confiados en los datos proporcionados por sus satélites, dijeron al gobierno estadounidense que su explicación era errónea, y que tenían las pruebas para demostrarlo. A razón de un millón de dólares por misil, el comportamiento paranoico de Bush ha costado al contribuyente estadounidense 40 millones de dólares, más el precio oculto de 40 millones de dólares. Está claro que se necesita urgentemente un mecanismo para frenar a los futuros presidentes que, en sus últimos días de mandato, podrían intentar seguir el escandaloso ejemplo de Bush.

A menudo, un gobierno puede emprender acciones encubiertas contra su propio pueblo. Tomemos el caso de Alger Hiss y los Rockefeller. Como dijeron las compañías petroleras, "no tenían ninguna obligación particular con Estados Unidos". Esto es cierto en el contexto de los acuerdos realizados con los bolcheviques por David Rockefeller y las compañías petroleras británicas.

Estados Unidos acabó promoviendo el socialismo y el comunismo como recompensa a los bolcheviques por haber otorgado las concesiones petroleras a Rockefeller y Armand Hammer. Esto demostró ciertamente su afirmación de que la industria petrolera no era necesariamente leal a Estados Unidos.

En 1936, Alger Hiss fue invitado por Francis B. Sayre, yerno de Woodrow Wilson, para unirse al Departamento de Estado. La RIIA y el CFR decidieron que Hiss era un hombre de confianza que haría lo que se le dijera, fuera o no bueno para Estados Unidos. De hecho, Hiss fue la primera opción de Rockefeller, no de Sayre, pero Rockefeller se mantuvo en la sombra. En ese momento, en 1936, cuando Sayre hizo su aproximación, Hiss ya estaba profundamente involucrado en el espionaje para la URSS, y este hecho era bien conocido por su profesor de Derecho de Harvard.

Cuando Hiss fue ascendido a Supervisor Adjunto de Relaciones Políticas en el Departamento de Estado, Chambers y un hombre llamado Levine echaron a perder la tapadera de Hiss al afirmar que estaba trabajando activamente para la Unión Soviética. El hombre al que Chambers acudió con sus denuncias fue Marvin McIntyre, que no transmitió la información a Roosevelt, que era su jefe. En su lugar, desvió a Chambers a Adolph A. Berle, que en ese momento era Subsecretario de Estado para la Seguridad en el Departamento de Estado. Berle acudió a Roosevelt con la historia, sólo para ser abruptamente despedido por el Presidente.

Sin inmutarse, Berle transmitió su información a Dean Acheson, pero a Hiss no le pasó absolutamente nada. No fue llamado a dar explicaciones, sino que fue promovido por Roosevelt, un títere de Rockefeller-CFR, como todo el personal de Roosevelt. En 1944, Hiss recibió otro impulso con un ascenso a asistente especial del director de asuntos del Lejano Oriente, donde estaba bien situado para servir a los planes expansionistas soviéticos en Asia.

Para demostrar la arrogancia de Rockefeller, todo el tiempo que Hiss era una estrella en ascenso en el Estado, el FBI tenía un archivo sobre él. Fue entregado por el desertor soviético Igor

Gouzensky, que trabajaba en la oficina del GRU (inteligencia militar soviética) en Ottawa, Canadá. Los funcionarios del Departamento de Estado sabían todo sobre Hiss y sus conexiones soviéticas, al igual que el presidente Roosevelt, pero no hicieron nada para destituirlo.

Mientras Rockefeller planificaba las Naciones Unidas, él y Stalin acordaron un trato por el que la ONU no se inmiscuiría en los asuntos rusos a cambio de petróleo soviético para las compañías petroleras de Rockefeller. Los bolcheviques tampoco se inmiscuirían en Arabia Saudí ni intentarían entrar en Irán. El hombre designado para representar a Rockefeller en las Naciones Unidas fue Alger Hiss. Su superior inmediato era Nelson Rockefeller, que daba órdenes a John Foster Dulles. Roosevelt, Dulles, el FBI y Rockefeller sabían que Hiss trabajaba con la Unión Soviética.

Como resultado de la intervención de la Standard Oil, el mecanismo de control de las Naciones Unidas quedó fuera de las manos estadounidenses. El Secretario General tenía la facultad de nombrar a quien quisiera. Por su traición, Hiss recibió un puesto especial en el Carnegie Endowment Fund for International Peace con un sueldo de 20.000 dólares al año, un ingreso muy bueno para la época. La idea era colocar a Hiss por encima de la ley.

De hecho, Hiss estaba por encima de la ley, porque se salía con la suya en la traición y la alevosía. Hiss no fue acusado de traición, sino de perjurio. Sin embargo, personas poderosas salieron inmediatamente en su defensa. El juez del Tribunal Supremo Felix Frankfurter concedió a Hiss un certificado de buena reputación y Rockefeller pagó sus honorarios legales por valor de 100.000 dólares.

En el momento de su enfrentamiento con Chambers, Hiss trabajaba como miembro del Comité Ejecutivo de la Asociación de las Naciones Unidas, director general del Instituto de Relaciones del Pacífico, y era un miembro destacado del CFR, así como presidente de la Fundación Carnegie. La Casa de Hiss se construyó sobre la industria del petróleo, y nunca ha habido un caso de abuso de poder por parte de la industria del petróleo como el de Hiss. La industria petrolera no mostró ningún temor al gobierno cuando Hiss fue llevado ante la justicia; de hecho, la industria petrolera estuvo a punto de despedir a su empresario y lo habría hecho si Hiss no hubiera tropezado. El caso Hiss es un buen ejemplo de gobierno contra su propio pueblo.

En Irán, Estados Unidos está llevando a cabo una acción encubierta contra el gobierno legítimo utilizando grupos locales dentro del país y trabajando con otros en el exilio. EE.UU. se ha alarmado ante la creciente acumulación de armas por parte del gobierno iraní y ha puesto bajo especial vigilancia los envíos de armas al país.

Además, sigue existiendo una importante reserva de mala voluntad entre ambos países debido a las actividades de Hezbolá y a la disposición de Irán a proporcionar refugio a grupos considerados hostiles a Israel. Como resultado, ha surgido un peligro para la estabilidad de Oriente Medio. Irán es cada vez más hostil hacia Estados Unidos y sus aliados de Oriente Medio, Arabia Saudí, Egipto e Israel. Está claro que se están gestando problemas para estos países, lo que puede explicar que la inteligencia israelí diga que Irán será una potencia nuclear mucho antes de lo que predijo la CIA. Los iraníes, por su parte, afirman que se trata de una estratagema más de Israel para que lo que llama "su hermano mayor nos ataque como hicieron con Hussein".

El gobierno iraní cuenta ahora con una red de agentes en toda Europa Occidental, y es especialmente fuerte en Alemania. Estos agentes también actúan en Arabia Saudí, donde la familia real es considerada con el máximo desprecio por Teherán. El gobierno iraní es el principal financiador y apoyo logístico de diez campamentos fundamentalistas islámicos en Sudán, sobre los que el presidente egipcio Hosni Mubarak se quejó al Departamento de Estado estadounidense en diciembre de 1992. La denuncia no se ha hecho pública.

Los diez campos de entrenamiento en Sudán son

> **Iklim-al-Aswat**. Es el mayor de los diez campos, dirigido por el coronel Suleiman Mahomet Suleiman, miembro del Consejo de Mando Revolucionario. Allí se entrenan fundamentalistas de Kenia, Marruecos, Malí y Afganistán.

> **Bilal**. Situado en Puerto Sudán, en el Mar Rojo, el campamento es una importante base de entrenamiento para los fundamentalistas egipcios opuestos al régimen de Mubarak. En el último recuento, había 108 hombres en formación, incluidos 16 médicos egipcios, bajo el mando del emir Jihad de Tendah.

> **Sowaya**. Situada cerca de Jartum, se reorganizó en 1990 y ahora entrena a integristas argelinos y tunecinos bajo el nombre de Milicia de Defensa Popular.

> **Wad Medani**. Este campo alberga a fundamentalistas africanos de Kenia, Mali, Sudán y Somalia, bajo el mando del coronel Abdul Munuim Chakka.

> **Donkola**. Situado en el norte de Sudán, es el principal campamento de los fundamentalistas egipcios de Al Najunmin, grupo fundado por el difunto Majdt As Safti, que tuvo que huir de Egipto en 1988. El campamento también alberga a miembros del grupo egipcio Shawkiun y a 40 argelinos del grupo Al Afghani.

> **Jehid al Hak**. Aquí se entrenan la OLP, Hamás y la Yihad bajo el mando del teniente coronel Sadiq al-Fadl.

> **Omdurman**. En este campo se entrenan entre 100 y 200 fundamentalistas egipcios pertenecientes al grupo Islambuly, considerados más militantes que otros grupos decididos a acabar con el régimen de Mubarak.

> **Aburakam**. Este campamento es una base de entrenamiento para hasta 100 afganos, pakistaníes e iraníes.

> **Jartum Bahri**. Es probablemente el mayor de los diez campos, que alberga a 300 integristas tunecinos,

argelinos y egipcios del grupo Expiación e Inmigración, que se entrenan bajo el mando del capitán Muhammad Abdul Hafiz, de la Milicia de Defensa Popular.

> **Urna Barbaita**. Situada en el sur de Sudán, es la base donde la élite militar recibe formación en el uso de explosivos y armas por parte de expertos iraníes y sudaneses.

Los campamentos se coordinan en las oficinas del Congreso Islámico del Pueblo Árabe, cerca de la embajada egipcia en Jartum. Se trata de unas instalaciones muy modernas con los últimos equipos de comunicación que permiten al Congreso estar en contacto con los líderes del movimiento fundamentalista islámico en otros países. Se sabe que el GCHQ vigila las comunicaciones de esta importante oficina desde Chipre, incluidas las comunicaciones con el muftí egipcio de la Yihad, el jeque Omar Abdul Rahman.

El jeque Rahman fue declarado no culpable de conspirar para asesinar al difunto presidente egipcio Anwar Sadat. Tras su liberación, se trasladó a Estados Unidos, donde coordina actividades fundamentalistas desde una mezquita en Nueva Jersey. Se dice que el jeque Rahman financió a varios cientos de árabes que fueron obligados a abandonar Pakistán por Estados Unidos, que presionó al gobierno pakistaní, en actividades abiertas y encubiertas, para que reprimiera a los fundamentalistas islámicos del país. La acción encubierta contra Pakistán adoptó muchas formas, pero la corrupción fue el elemento clave.

Una de las acciones encubiertas más locas que se están llevando a cabo se centra en Cisjordania, Gaza e Israel. La CIA, Hamás, Siria e Irán están involucrados. Hamás es el grupo fundamentalista que le hace la vida imposible a Israel. Teherán ha tomado la antorcha donde la dejó Riad. En una acción encubierta bien establecida utilizando la diplomacia, Estados Unidos persuadió a Arabia Saudí de que los fanáticos fundamentalistas islámicos podían amenazarla, y muy probablemente lo harían, en el futuro.

Utilizando las técnicas que el MI6 enseñó al difunto ayatolá Jomeini, el gobierno iraní ha adaptado estas técnicas a Hamás, que están resultando muy eficaces. Acostumbrados a poder penetrar en la OLP sin demasiada dificultad, los servicios de inteligencia israelíes descubrieron que se enfrentaban a algo diferente con Hamás. El caso del guardia fronterizo israelí Nissim Toledano es un buen ejemplo. Toledano fue asesinado el 14 de diciembre de 1992 y el Shin Beth, la agencia de seguridad interna de Israel, aún no tiene pistas sobre el responsable.

También hay otro asesinato sin resolver, el de Haim Naham, un agente del Shin Beth que fue asesinado en su piso de Jerusalén el 3 de enero de 1993. Según fuentes de Beirut, la inteligencia israelí está desconcertada y admite en privado que la expulsión de 415 palestinos sospechosos de ser dirigentes de Hamás no ha impedido que Hamás opere al mismo nivel que antes de las expulsiones. Los israelíes han descubierto que Hamás se basa en el modelo del MI6 iraní, con grupos pequeños y muy dispersos dentro de las células, sin vínculos organizados entre ellos, presentando un frente difícil de romper.

La persona más probable en el corazón de Hamás es Azzedine al Kassam. Según fuentes de inteligencia, hay unas 100 células, cada una con cinco miembros. Estas células son todas autónomas, pero un grupo de siete hombres, uno de los cuales es Tarek Dalkamuni, puede ayudar a coordinar las actividades. Se cree que Dalkamuni ha sustituido al jeque Ahmed Yassin, que está en una prisión israelí desde 1989.

El nacimiento de Hamás fue el resultado de una acción secreta sancionada por el gobierno iraní, que operaba bajo cobertura diplomática en Damasco, Siria. En marzo de 1987, se celebró una reunión en la Franja de Gaza, a la que asistieron personal iraní y sirio, en la que nació el levantamiento de la Intifada. El Maijlis as-Shura (Consejo Consultivo) islámico envió a Mohammed Nazzal e Ibrahim Gosche a reunirse con el embajador iraní en Siria, Ali Akharti.

El jefe de los servicios de inteligencia sirios, el general Ali Duba, también estuvo presente. Este es un buen ejemplo de cómo se llevan a cabo las operaciones encubiertas, utilizando los canales diplomáticos y las partes privadas.

Tras el éxito de la reunión del 21 de octubre de 1992, la delegación del Majlis viajó a Teherán acompañada por Abu Marzuk, un destacado fundamentalista, donde se reunió con otros líderes fundamentalistas del PLFP de Ahmed Jabril, el Hezbolá libanés, Al Fatah y Hamás. Se mantuvieron conversaciones con funcionarios del gobierno iraní, que desembocaron en un acuerdo por el que Irán proporcionaría personal financiero, logístico y militar para entrenar a los fundamentalistas en campamentos de Sudán.

Se creó un consejo de gobierno de 12 personas, entre las que se encontraban Muhammad Siam (Jartum), Musa Abu Marzuk (Damasco), Abdul Nimr Darwich, Imad-al-Alami, Abdul Raziz al-Runtissi (Gaza) (uno de los 415 palestinos expulsados por Israel), Ibrahim Gosche y Mohamed Nizzam (Ammán), Abu Mohamed Mustafa (Beirut). Este grupo fue entrenado en los métodos del MI6 utilizados para derribar al Sha de Irán y, hasta la fecha, ha resultado difícil intentar penetrar en Hamás.

Irán intensificó una fase activa de oposición a lo que el gobierno de Teherán percibe como la política pro-israelí de Estados Unidos cuando el acuerdo alcanzado en el momento de la crisis de los rehenes fue supuestamente roto por Washington. La utilización de Hezbolá en acciones encubiertas contra Estados Unidos tenía como objetivo presionar a la opinión pública estadounidense y ponerla en contra de Israel. Irán utilizó aquí la metodología de relaciones humanas de Tavistock transmitida a los que derrocaron al Sha de Irán.

El fundador y brillante técnico de Tavistock, John Rawlings Reese, adaptó entonces las técnicas de gestión militar de la "investigación de operaciones" para que pudieran aplicarse al "control de una sociedad, desde una unidad individual hasta millones de esas unidades, es decir, los individuos y la sociedad y nación que constituyen colectivamente". Para lograrlo, era necesario un procesamiento rápido de los datos, y esto llegó con el desarrollo de la programación lineal en 1946, tras su invención por George B. Danzig. Significativamente, 1946 fue el año en que Tavistock declaró la guerra a la nación americana. Esto preparó el camino para el control total de la población.

El gobierno de Teherán del ayatolá Jomeini permitió la creación de una organización de acción secreta conocida como Hezbolá. Más tarde, a través de Hezbolá, varios estadounidenses y otros ciudadanos extranjeros fueron secuestrados en Beirut y otras partes de Oriente Medio y retenidos en lugares secretos. El sistema de células de cinco hombres funcionó perfectamente. Ni el MI6 ni la CIA consiguieron descifrar los códigos de Hezbolá y los rehenes languidecieron durante años hasta que Estados Unidos se vio obligado a admitir la derrota y entablar negociaciones con Hezbolá.

Se llegó a un acuerdo para que, poco después de la liberación del último rehén en poder de Hezbolá, Estados Unidos descongelara las cuentas bancarias y los instrumentos financieros iraníes por un valor estimado de 12.000 millones de dólares. EE.UU. también liberaría equipos militares encargados y pagados por el Shah, que no había entregado, por un valor estimado de 300 millones de dólares. Además, se permitiría a Irán ingresar en el Consejo de Cooperación del Golfo para que pudiera participar en las deliberaciones sobre Israel. Además, Estados Unidos se compromete a no realizar actividades encubiertas contra Irán dentro de sus fronteras nacionales y a no tratar de castigar a los secuestradores de Hezbolá que se han refugiado en Teherán.

Sin embargo, Teherán dijo que Washington había actuado de mala fe al no cumplir una sola promesa. No se han liberado las cuentas bancarias, no se ha devuelto a Irán el material militar pagado por el Sha, la CIA ha intensificado de hecho sus actividades encubiertas dentro del país, e Irán sigue excluido del Consejo de Cooperación del Golfo. Teherán señala airadamente el aumento de los atentados terroristas en Teherán, que comenzó en 1992 tras la entrega del último rehén.

El comandante de los Pasdaran acusó a la CIA de haber creado una red de monárquicos en torno a Massoud Rajavi, líder de los Muyahidines, y a Babak Joramdine, y de haber orquestado ataques contra cuarteles de los Pasdaran, edificios públicos - incluida una biblioteca-, un atentado contra el cortejo fúnebre del difunto Hashemi Rafsanjani y la profanación de la tumba del ayatolá Jemini. Los medios de comunicación estadounidenses no informaron de estos ataques. Oficialmente, las relaciones diplomáticas entre Estados Unidos e Irán se califican de buenas.

Para volver a Hamás. Utilizando los canales diplomáticos, Irán y Siria trataron de influir en Francia para que apoyara secretamente a Hamás. El millonario libanés Roger Edde, que sirvió de intermediario entre Francia y Siria, se dirigió al Ministro de Asuntos Exteriores Roland Dumas. Siria presionó a Dumas sobre la compra de una nueva instalación de radar, que según Damasco iría a parar a Thomson, el gigantesco conglomerado francés. Se informó de que el pago de las deudas de Siria con Francia podría retrasarse si las causas de los fundamentalistas islámicos no eran vistas con buenos ojos por el Elíseo. Sin embargo, el gobierno francés se ha mantenido oficialmente firme en no apoyar a Hamás. El contacto con el radar se confió a la empresa estadounidense Raytheon. El pago de la deuda se retrasó, con grandes inconvenientes para Francia. En el frente exterior, las relaciones diplomáticas entre Siria y Francia siguen siendo cordiales.

Irán tiene una vieja cuenta pendiente con los servicios de inteligencia británicos y estadounidenses que se remonta a 1941 y 1951, cuando el MI6 y la CIA llevaron a cabo burdas acciones encubiertas contra Irak para provocar la caída del Dr. Mohamed Mossadegh. Aunque pertenece a este capítulo, la historia de cómo Acheson, Rockefeller, Roosevelt y Truman subvirtieron a Irán está en el capítulo sobre los acuerdos petroleros de Rockefeller en Oriente Medio.

La CIA y el MI6 tuvieron una segunda oportunidad con Irán cuando el Sha comenzó a oponerse al robo a mano armada de las compañías petroleras estadounidenses y británicas con concesiones en Irán. Las compañías petroleras llegaron entonces a un acuerdo con el presidente Carter, y se lanzó un calco de la Operación Mossadegh. Sesenta agentes de la CIA y diez del MI6 fueron enviados a Teherán para socavar al Sha y provocar su caída y posterior asesinato.

La acción encubierta no siempre significa operaciones de inteligencia y grupos terroristas con el apoyo de sus gobiernos. Puede adoptar, y de hecho lo hace, la forma de cooperación tecnológica, especialmente en los ámbitos de la vigilancia y el control de las comunicaciones. Por ser poco espectacular, este tipo de "espionaje" no llama mucho la atención, pero es uno de los ejemplos más claros de diplomacia por engaño.

Dos de los mayores y más completos puestos de escucha del mundo se encuentran en Inglaterra y Cuba. El Cuartel General de Comunicaciones del Gobierno (GCHQ) en Cheltenhanm, Inglaterra, es probablemente uno de los peores infractores en el campo del espionaje. Aunque la Constitución de Estados Unidos prohíbe espiar a sus ciudadanos, la Agencia de Seguridad Nacional (NSA), en estrecha colaboración con el GCHQ, está engañando a las poblaciones de ambos países en sus continuas operaciones de vigilancia mundial. El Congreso de los Estados Unidos es ajeno a lo que está sucediendo (impensable) o, muy probablemente, está demasiado intimidado para detener estos actos ilegales que se producen cada día en la NSA.

Además de su instalación de Cheltenham, el gobierno británico escucha las conversaciones telefónicas de sus ciudadanos desde su instalación de escucha telefónica de Edbury Bridge Road, en Londres. Algunos de los acuerdos se han hecho a nivel diplomático, lo que no deja de ser un engaño para los ciudadanos de los países firmantes. El UKUSA es uno de esos típicos acuerdos de diplomacia del engaño. Se dice que la UKUSA sólo trabaja a nivel de inteligencia militar, pero mi fuente dice que esto no es cierto. Originalmente era un acuerdo diplomático entre el Reino Unido y Estados Unidos, pero el pacto se amplió para incluir a los países de la OTAN, Canadá y Australia.

Sin embargo, en los últimos años también ha incluido a Suiza y Austria, y ahora hay pruebas de que se vigila el tráfico hacia y desde las empresas comerciales, incluso los socios de la CEE del Reino Unido, Japón, Sudáfrica e Irán. El MI6 cuenta con un departamento independiente para la recopilación de información económica, denominado Comité de Inteligencia Económica de Ultramar (OEIC). De hecho, la expansión de esta división es lo que hizo necesario el traslado del MI6 del edificio Broadway, que daba a Queen Anne's Gate, al edificio Century, cerca de la estación de metro North Lambeth de Londres.

Estados Unidos cuenta ahora con una nueva agencia de recopilación de información llamada Oficina de Supervisión de la Seguridad de la Información (ISOO), que coopera con su homóloga británica en materia de industria, comercio y también seguridad industrial. La ISOO colabora con el Grupo Directivo de la Industria Internacional de Adquisiciones Asistidas por Ordenador y Apoyo Logístico de Estados Unidos. Su actividad se refiere a la regulación de la tecnología comercial.

El Comité de los 300 controla estas organizaciones y es la poderosa fuerza invisible que está detrás de la decisión de obligar a los teléfonos móviles británicos y suizos con el algoritmo de 256 bytes de última generación a cumplir con los "requisitos de espionaje" de los servicios de seguridad británicos y estadounidenses. Es casi seguro que sólo se permitirá la versión ASX5 con un algoritmo de 56 bytes que es más fácil de espiar en el teléfono. Este es uno de los métodos utilizados por los gobiernos para controlar secretamente a su población.

En enero de 1993, representantes de la NSA y del GCHQ celebraron una conferencia en la que anunciaron que sólo se autorizaría la versión menos compleja AS5X. No hubo ningún debate con el Congreso de los Estados Unidos, ni foros abiertos, como exige la Constitución de los Estados Unidos. En los casos en que ya existen teléfonos A5 difíciles de romper, se retiran para realizar "ajustes técnicos". Los ajustes técnicos consisten en sustituir el chip A5 de 256 bytes por un chip A5Z de 509 bytes. Así es como el espionaje ilegal se hace cada vez más fácil de llevar a cabo, ya que el pueblo estadounidense es engañado por la diplomacia engañosa en muchos niveles diferentes pero interconectados.

Incluso los teléfonos públicos han sido examinados por los

servicios de seguridad. En la ciudad de Nueva York, por ejemplo, con el pretexto de "luchar contra la delincuencia", se manipuló el sistema de teléfonos públicos para que no pudieran recibir llamadas. La policía de Nueva York pensó que podría evitar que los teléfonos públicos se utilizaran para el tráfico de drogas, por ejemplo, o impedir que las figuras del crimen organizado conversaran entre sí en privado. No funcionó muy bien, pero también hubo éxitos.

La última tecnología consiste en dar a todos los teléfonos públicos un número especial. En algunos países europeos, los teléfonos públicos terminan en 98 o 99. Esto permite "rastrear" rápidamente los teléfonos públicos cuando se utilizan para conversaciones "seguras"; sólo que llamar desde un teléfono público ya no es "seguro". En casos reales, como cuando se está cometiendo un delito o los secuestradores piden un rescate, se trata efectivamente de una herramienta muy útil, pero ¿qué ocurre con la privacidad del individuo en los casos en los que no hay delito? ¿Se espían las conversaciones telefónicas de ciudadanos inocentes? La respuesta es un claro "sí".

El público no es consciente de lo que ocurre en Estados Unidos y el Congreso parece haber fracasado en su tarea. Ninguna de las vigilancias potencialmente perjudiciales que se llevan a cabo a escala masiva en esta nación es legal, por lo que el engaño continúa sin control. El Congreso parece lento a la hora de supervisar las actividades de espionaje en el extranjero, y no se muestra en absoluto proclive a actuar contra la proliferación del espionaje a los ciudadanos en el país.

Esta apatía del Congreso hacia el derecho a la intimidad garantizado por la Constitución de Estados Unidos contrasta extrañamente con la preocupación expresada cada vez que se discuten cuestiones externas. El director de la CIA, James Woolsey Jr., entregó al Congreso una "lista de análisis de amenazas", que consiste en la evaluación de la CIA de las naciones que poseen cosas como misiles tierra-aire avanzados. Woolsey declaró ante el Congreso que Siria, Libia e Irán tienen misiles de crucero operativos capaces de detectar aviones "furtivos" y de amenazar a las fuerzas navales estadounidenses en el Golfo.

También se sabe que Pakistán posee este tipo de misiles de crucero, y es muy probable que los utilice contra India, en caso de que estalle una guerra. El gobierno estadounidense lleva tiempo buscando una estratagema diplomática que enfrente a India y Pakistán. EE.UU. teme que Pakistán utilice sus cohetes para ayudar a Siria e Irán contra Israel, lo que es muy probable que ocurra si estalla una "Jihad". Estados Unidos está utilizando todos los trucos diplomáticos y acciones encubiertas para persuadir a Pakistán de que no considere la posibilidad de unir fuerzas con Irán en una "Jihad" en la que Pakistán utilice sus armas nucleares.

La acción encubierta hace que los servicios de inteligencia pasen de un papel pasivo a uno activo, estrechamente relacionado con el uso de la fuerza, a menudo bajo la apariencia de diplomacia. En ambos casos, se trata de una acción de medios contra un gobierno o grupo extranjero dentro de sus fronteras. La definición de actividades encubiertas o especiales de la Orden Ejecutiva 12333 carece de sentido y valor por dos razones:

> "Por actividades especiales se entienden las actividades de apoyo a los objetivos de la política exterior nacional en el extranjero que se planifican y ejecutan de forma que el papel de Estados Unidos no es aparente ni se reconoce públicamente, así como las funciones de apoyo a dichas actividades, pero que no tienen por objeto influir en los procesos políticos, la opinión pública, las políticas o los medios de comunicación de Estados Unidos, y no incluyen las actividades diplomáticas ni la recogida y producción de información de inteligencia o las acciones de apoyo relacionadas."

En primer lugar, las órdenes ejecutivas son claramente ilegales, porque son proclamaciones, y las proclamaciones sólo las pueden hacer los reyes. No hay nada en la Constitución de los Estados Unidos que permita las órdenes ejecutivas. En segundo lugar, es imposible cumplir las directrices anteriores, incluso si fueran legales. Sólo los muy desinformados creerían, por ejemplo, que Estados Unidos no provocó la caída del Sha de Irán, o que la CIA no desempeñó ningún papel en Irán para influir en los procesos políticos estadounidenses. En el mundo actual, la CIA estaría en bancarrota si cumpliera la Orden Ejecutiva 12333.

Pero hay otras armas secretas a disposición de la CIA y el MI6, a las que nos hemos referido antes, que pueden saltarse todas las restricciones escritas, por muy altas que se propongan. El sistema desarrollado en Tavistock es el más utilizado y, como hemos indicado anteriormente, es la mejor arma para el control social masivo y el genocidio masivo, el objetivo final de controlar a las personas.

Los asesinatos forman parte de las actividades encubiertas, aunque ningún gobierno admitirá jamás que aprueba el asesinato como medio para resolver problemas de política exterior e interior considerados imposibles de resolver por otros medios. No pretendo enumerar todos los asesinatos que tuvieron lugar como resultado directo de las actividades encubiertas, lo que requeriría un libro propio. Por lo tanto, limitaré mi relato a los asesinatos recientes y conocidos en un contexto diplomático o político.

Los disparos que mataron al archiduque Fernando y a su esposa en Sarajevo han resonado en todo el mundo y se aceptan generalmente como la causa de la Primera Guerra Mundial, aunque no es así, sino una percepción preparada para el público en general. Tavistock está haciendo bien la "percepción preparada". Los servicios de inteligencia británicos y rusos estuvieron muy implicados en los disparos. En el caso de Gran Bretaña, la motivación era el deseo de iniciar una guerra con Alemania, y en la medida en que implicaba a Rusia, el objetivo era hacer que ésta entrara en dicha guerra, y así debilitarla para la revolución bolchevique que se avecinaba.

El asesinato del líder de los derechos civiles de los negros, Martin Luther King Jr., es un caso que merece un análisis más detallado porque apesta a actividad encubierta y corrupción. La nación americana, y especialmente el público, está convencida de que

James Earl Ray hizo el disparo que mató a King. Esta es la "percepción preparada". El problema es que nadie ha podido aún situar a Ray en la habitación del motel, en la ventana, con la pistola en la mano, a las 18:01 horas del 5 de abril de 1968.

Ray mantiene su inocencia, habiendo sido inculpado, dice, por Raoul, un misterioso personaje que Ray había conocido en Memphis para vender armas. El 5 de abril, hacia las 17:50 horas, Ray dice que Raoul le dio 200 dólares y le dijo que fuera al cine, para que él, Raoul y el traficante de armas, cuando llegara, pudieran hablar con más libertad que si él (Ray) estuviera presente. Al examinar la afirmación de Ray de que él es el "chivo expiatorio", obsérvese lo siguiente, que, en conjunto, parecería apoyar a Ray y debilitar el caso de King de "percepción preparada".

1) Los policías de Memphis que vigilaban a King se encontraban bajo el balcón del Motel Lorraine donde apareció King. Uno de ellos, Solomon Jones, informó de que había observado a un hombre con una sábana blanca sobre la cara en un grupo de arbustos frente al balcón. El hombre también fue visto por Earl Caldwell, un periodista del *New York* Times. Caldwell dijo: "Estaba en una posición encorvada. No vi un arma en las manos del hombre..." Ni Jones ni Caldwell fueron nunca interrogados por ningún departamento de policía sobre lo que habían presenciado.

2) Willy Green, un mecánico al que Ray le pidió que arreglara una rueda pinchada de su Mustang, recuerda claramente haber hablado con Ray minutos antes de que King recibiera un disparo. La gasolinera donde se produjo el incidente está a cuatro manzanas del edificio de apartamentos de South Main en Memphis donde se alojaba Ray. Es imposible que Ray haya estado en dos lugares diferentes al mismo tiempo.

3) El ángulo de entrada del disparo es consistente con un disparo realizado desde los arbustos mencionados por Jordan y Caldwell. Es inconsistente con un disparo realizado desde la ventana de Ray.

4) La pistola que supuestamente se utilizó para matar a King debería haberse clavado en la pared del baño si se disparó desde la ventana. Por lo demás, el cuarto de baño no era lo suficientemente grande, pero cuando el FBI lo examinó, no había marcas en la pared, ni mucho menos daños por la culata del arma.

5) Cuando los agentes del sheriff acudieron al piso del que creían que había salido el disparo, no había nada en la puerta principal. El ayudante del sheriff Vernon Dollohite estaba en la puerta menos de dos minutos después de que sonara el disparo. Dijo a los investigadores que no había nada cerca de la puerta. Sin embargo, en los pocos segundos que Dollohite entró en el Jim's Grill, justo al lado del piso, alguien dejó en la acera, cerca de la puerta, un paquete con calzoncillos -de la talla equivocada para Ray-, un par de prismáticos y la escopeta limpia de huellas.

Se supone que Ray fue capaz de saltar de la bañera en la que se habría colocado para efectuar el disparo, limpiar los prismáticos y la pistola de huellas dactilares y de la palma de la mano, meterlos en una bolsa con unas cuantas latas de cerveza (también limpiadas) y correr 85 pies por el pasillo, bajar un tramo de escaleras y entrar en su Mustang, que estaba aparcado a cierta distancia, todo ello en el espacio de menos de 20 segundos durante los cuales el ayudante Dollohite salió por la puerta del piso.

6) De alguna manera, Ray pudo viajar a Canadá e Inglaterra sólo gracias a los 200 dólares que dijo haber obtenido de Raoul, pero cuando fue detenido, Ray llevaba 10.000 dólares en efectivo. Uno de los nombres que utilizó Ray fue el de Eric Starvo Galt, un ciudadano canadiense que tenía un asombroso parecido con Ray cuyo nombre había aparecido en un archivo de alto secreto. Ray declaró que encontró a Galt en Canadá por su cuenta; nadie le dio instrucciones ni dinero. Los otros nombres que Ray utilizó eran los de personas que también vivían en Canadá: George Raymond Sneyd y Paul Bridgman.

7) El libro de contabilidad de la pensión de Memphis ha desaparecido y nunca se ha encontrado. El único testigo que pudo relacionar a Ray con el asesinato de King fue un borracho,

Charles Q. Stephens, cuya esposa declaró que su marido estaba intoxicado en el momento del tiroteo y no vio nada. Al principio Stephens dijo que no había visto nada, pero más tarde en la noche cambió a una segunda versión:

"Vi quién lo hizo, fue un negro, lo vi salir corriendo del baño..." El taxista James McGraw dice que Stephens estaba borracho la tarde del 5 de abril. Bessie Brewer oyó a Stephens cambiar de opinión y dijo: "Estaba tan borracho que no vio nada". Un fotógrafo de prensa, Ernest Withers, dijo que Stephens le dijo que no había visto nada.

Ninguno de los organismos de investigación se interesó por Stephens, hasta que la policía le refrescó la memoria mostrándole una fotografía de Ray. En ese momento, Stephens afirmó que Ray era el hombre que había visto huyendo de la casa de huéspedes. El FBI alojó a Stephens en un hotel de 31.000 dólares para "protegerlo", pero no dijo de quién. Sin embargo, Grace Walden, la concubina de Stephens, fue llevada misteriosamente a la fuerza a una institución mental de Memphis por un empleado del gobierno municipal de Memphis no identificado. ¿Podría Walden haber frustrado el testimonio del único testigo del gobierno contra Ray?

Walden fue retenida en el centro y su abogado presentó una demanda contra el FBI, la policía de Memphis y el fiscal del condado, acusándolos de conspirar para privar a Walden de sus derechos civiles. Afirma que Stephens estaba a punto de desmayarse después de beber cuando sonó el disparo. Dice que vio a un hombre blanco, sin un arma en las manos, salir del baño de la casa de huéspedes poco después de oír el disparo.

8) No se puede discutir que el juicio de Ray fue una parodia de juicio. Su abogado, Percy Foreman, en opinión de muchos abogados expertos, y en mi opinión, se convirtió en un Judas y consiguió que Ray se declarara culpable. Foreman había defendido a 1.500 personas acusadas de asesinato y había ganado casi todas ellas. Los expertos dicen que si Percy no hubiera obligado a Ray a declararse culpable, por falta de pruebas, éste habría sido declarado inocente. Al coaccionar a Ray para que se

declarara culpable, Forman logró lo impensable, Ray renunció a su derecho a apelar para pedir un nuevo juicio, a apelar al Tribunal de Apelaciones de Tennessee, a apelar al Tribunal Supremo de Tennessee y, finalmente, a una revisión del caso por el Tribunal Supremo.

Probablemente nunca se revelará toda la verdad sobre quién mató a King, y en esto tiene poderosas similitudes con el asesinato de John F. Kennedy. Hay demasiadas dudas en torno a la muerte de King, e incluso el difunto Jim Garrison, antiguo fiscal de Nueva Orleans, dijo que creía que había una conexión entre los asesinatos de King y Kennedy, basándose en lo que supo por Rocco Kimball, que hizo numerosas llamadas telefónicas a David Ferrie. Kimball dice que hizo viajar a Ray desde Estados Unidos hasta Montreal. Ray lo niega. La otra similitud entre los asesinatos de Kennedy y King es que ambos fueron operaciones encubiertas, muy probablemente validadas por funcionarios gubernamentales de muy alto nivel.

Ray dice que conoció a Raoul en Montreal, Canadá, después de que se escapara de la Penitenciaría Estatal de Missouri (también es un misterio cómo se produjo la fuga).) Al parecer, Raoul sedujo a Ray para que trabajara para él en varias áreas, y luego lo sedujo para que regresara a Alabama. Mientras estaba en Montreal, Ray buscaba una identificación falsa y le presentaron a Raoul, que decía poder satisfacer sus necesidades, siempre que Ray hiciera algún trabajo para él. Rays declaró que, tras varias reuniones, aceptó trabajar para Raoul.

Después de varios viajes transfronterizos (incluido uno a México), Ray dice que Raoul quería que fuera a Alabama. Después de una larga discusión, durante la cual Ray dice haber expresado serias reservas acerca de ir al estado, Ray finalmente fue a Birmingham. Ray hacía varios trabajos; entregaba paquetes de contenido desconocido y llamaba por teléfono a Raoul desde Birmingham con bastante frecuencia para conseguir nuevos encargos.

Según Ray, Raoul le dijo entonces que su último trabajo era inminente, por el que le pagarían 12.000 dólares. Según Ray, le pidieron que comprara un rifle de ciervo muy potente con mira telescópica.

9) Ray dice que Raoul fue con él a comprar una escopeta en Aeromarine Supply, y Ray dice que Raoul luego volvió a la tienda solo para cambiar la escopeta por una Remington 30.06.

10) La policía de Memphis retiró misteriosamente la protección a King. Unas 24 horas antes de que le dispararan, la unidad de siete hombres se retiró. El director de la policía de Memphis, Frank Holloman, negó haber dado la orden y dijo que ni siquiera tenía conocimiento de que se hubiera emitido tal orden. En la mañana del 5 de abril de 1968, cuatro de las unidades especiales del Departamento de Policía de Memphis recibieron la orden de retirarse. Nadie en el Departamento de Policía de Memphis sabe de dónde vino esta orden.

En uno de los episodios más desconcertantes de este misterio sin resolver, Edward Redditt, que trabajaba como detective en el Departamento de Policía de Memphis, fue atraído por una serie de mensajes de radio que luego resultaron ser falsos. Según Redditt, estaba vigilando el Motel Lorraine desde una posición ventajosa al otro lado de la calle donde se alojaba King cuando fue contactado por radio por E.H. Arkin, un teniente de la policía de Memphis. Arkin le dijo a Redditt que dejara de vigilar y volviera al cuartel general.

A su llegada, los agentes del Servicio Secreto ordenaron a Reditt que se presentara en el Holiday Inn de Rivermont, ya que había un contrato sobre su vida. Redditt se negó, alegando que era el único agente de policía que conocía de vista a todos los miembros del clan local[8] y a los miembros del entorno de King.

Sin embargo, el jefe de la policía de Memphis, Frank Holloman, le desautorizó y, acompañado por dos policías, se llevó a Redditt a su casa para que recuperara su ropa y sus objetos de aseo. En una inusual desviación del procedimiento policial, los dos agentes se sentaron en el salón de la casa de Redditt, en lugar de hacerlo en el coche. Redditt no llevaba más de diez minutos en

---

[8] Clansman, NDT.

casa cuando una emisión especial de emergencia por radio anunció el asesinato de King.

11)   La orden de búsqueda de Galt decía que él (Galt) había tomado clases de baile en Nueva Orleans en 1964 y 1965, cuando en realidad Ray estaba en la Penitenciaría Estatal de Missouri en ese momento. El fiscal general Ramsey Clark, que llegó al lugar de los hechos después de que el FBI despidiera a todas las demás fuerzas del orden del caso, dijo que "todas las pruebas que tenemos son que esto es obra de un solo hombre". ¿Por qué esa indecorosa prisa en anunciar una conclusión tan trascendental cuando la investigación estaba aún en sus primeras fases? Los lectores estarán de acuerdo en que hay demasiadas pruebas contra la idea de que Ray mató a Martin Luther King.

El presidente George Bush también merece una mención especial. Bush es probablemente el presidente con más logros de todos los tiempos, y hay muchos casos concretos que demuestran esta afirmación. El problema de los estadounidenses es que creemos que el gobierno de Estados Unidos es más honesto, más moral y más abierto en sus relaciones que los gobiernos extranjeros. Nos lo han enseñado desde la infancia. George Bush ha demostrado que esta percepción es cien por cien falsa.

El escenario de la Guerra del Golfo se desarrolló en realidad en la década de 1970. Estuvo a punto de ser revelado por varios artículos de prensa en los que James McCartney informaba sobre "Una agenda secreta de Estados Unidos". Según McCartney, el gobierno secreto de Estados Unidos decidió a principios de 1970 basar su política en Oriente Medio en el hecho de que el control del petróleo de la región sería arrebatado a los árabes. Había que encontrar un pretexto para establecer una importante presencia militar estadounidense en la región, pero no en Israel.

Robert Tucker, escribiendo en la revista judía *Commentary* en enero de 1975, dijo que EE.UU. tenía que superar cualquier reticencia a emprender acciones armadas en otros países, y mencionó específicamente la región del Golfo Pérsico en este contexto Tucker dijo que lo que se necesitaba era un ataque preventivo para establecer el control del petróleo de Oriente

Medio, y no esperar a que se produjera una crisis para actuar.

Al parecer, uno de los artífices de esta descarada idea fue Bush, que siguió las creencias de James Akins, embajador de Estados Unidos en Arabia Saudí desde octubre de 1973 hasta diciembre de 1975. Las opiniones de Akins constituyeron la base de las políticas de la administración Reagan-Bush, y es interesante observar que el guión aparentemente escrito por Akins fue seguido exactamente por George Bush cuando comprometió a Estados Unidos en una guerra ilegal contra Irak.

Las investigaciones posteriores revelaron que Akins se había limitado a leer un guión de Henry Kissinger, que éste había escrito bajo el título "Seguridad energética". Kissinger abogó inicialmente por un ataque directo a Arabia Saudí, pero el plan se modificó y se sustituyó a Arabia Saudí por una nación más pequeña.

Kissinger razonó que confiscar el petróleo de Oriente Medio como medida preventiva sería aceptable para el pueblo de Estados Unidos, y una idea que podría venderse fácilmente al Congreso. Según mi fuente en Washington, la idea fue aceptada con presteza por Bush, que tenía una gran experiencia en el engaño y su tiempo en la CIA le había abierto el apetito por lo que algunos dicen que es su inclinación natural. El plan de "seguridad energética" de Kissinger fue retomado por Bush y aplicado a Irak. Se cree firmemente que la disputa entre Irak y Kuwait por el robo de petróleo de los campos petrolíferos de Rumaila por parte de Al Sabah, y el sabotaje de la economía iraquí mediante la venta del petróleo robado a un precio inferior al de la OPEP, fue ideada por la CIA en colaboración con Kissinger Associates.

Al empujar a Irak a un conflicto abierto mediante la conducta traicionera de April Glaspie, Bush vio cómo sus planes se hacían realidad April Glaspie debería haber sido juzgada por mentir al Congreso, pero es poco probable que eso ocurra. Cuando Bush creía que tenía el partido en sus manos, el rey Hussein de Jordania estuvo a punto de echar un cable. Según mi fuente de inteligencia, confirmada posteriormente por Pierre Salinger de

ABC, el rey Hussein creía que Estados Unidos estaba actuando de buena fe y que vería con buenos ojos una resolución de la crisis entre Irak y Kuwait por medios pacíficos y no por un conflicto armado.

Basándose en su creencia en la integridad de la administración Bush, Saddam Hussein llama a Bagdad y pide al presidente Hussein que someta el conflicto al arbitraje de las naciones árabes. El rey Hussein asegura a Saddam Hussein que tiene la bendición de Washington para tal movimiento. El 3 de agosto se detuvo el avance militar iraquí hacia la frontera kuwaití para dar una oportunidad al arbitraje propuesto. Pero Saddam Hussein tenía otra condición: el dictador egipcio, Hosni Mubarak, tenía que aceptar la propuesta de arbitraje.

El rey Hussein llamó a Mubarak, que aceptó de inmediato el plan. Entonces el rey Hussein llamó al presidente Bush, que atendió la llamada en el Air Force I, mientras se dirigía a Aspen para reunirse con Margaret Thatcher, que había sido enviada a entregar el ultimátum del Royal Institute of International Affairs en el que se pedía que las fuerzas militares estadounidenses atacaran Irak. Según fuentes de inteligencia, confirmadas en parte por Salinger, Bush estaba entusiasmado con la iniciativa del rey Hussein y prometió al líder jordano que Estados Unidos no intervendría.

Pero una vez que el rey Hussein terminó la conversación, Bush llamó a Mubarak y le dijo que no participara en ninguna conversación de arbitraje interárabe. Al parecer, Bush llamó a Thatcher para informarle de su conversación con el rey Hussein. Al igual que Chamberlain en la época de Múnich, el rey Hussein iba a descubrir que una solución pacífica del conflicto entre Irak y Kuwait era lo último que querían los gobiernos estadounidense y británico.

Después de obtener la aprobación de Thatcher, se dice que Bush volvió a llamar a Mubarak y le ordenó que hiciera todo lo posible para desbaratar el esfuerzo de mediación árabe. El pago, como sabemos ahora, llegó más tarde, cuando Bush "perdonó" ilegalmente la deuda de 7.000 millones de dólares de Egipto con

Estados Unidos. Bush no tenía autoridad constitucional para condonar la deuda egipcia. Mubarak denunció violentamente las propuestas de mediación. Bush comenzó a lanzar amenazas contra Irak. Sólo unas horas después de que el rey Hussein dijera al presidente Hussein que ambos se habían sentido decepcionados, el ejército iraquí cruzó la frontera con Kuwait.

El papel de Estados Unidos y Gran Bretaña en el inicio de la guerra contra Irak es un caso clásico de diplomacia por engaño. Mientras hablaba de la paz en Oriente Medio, nuestro gobierno, en el que tan imprudentemente confiamos, llevaba preparando la guerra con Irak desde los años 70. La Guerra del Golfo fue provocada deliberadamente de acuerdo con la política de Kissinger. Así, aunque Kissinger no era un funcionario del gobierno, tuvo una gran influencia en la política exterior estadounidense en Oriente Medio.

El atentado del vuelo 103 de Pan Am es otro terrible ejemplo de actividad encubierta. Todavía no se conocen todos los hechos y puede que nunca se conozcan, pero lo que se sabe hasta ahora es que la CIA estaba implicada y que había al menos cinco agentes de alto nivel de la CIA a bordo, que llevaban 500.000 dólares en cheques de viaje. Hay informes de que la CIA filmó la carga de la bolsa que contenía la bomba, pero estos informes aún no han sido confirmados por otras fuentes.

VIII. La verdad sobre Panamá

Uno de los ejemplos más recientes es quizá el caso más atroz del que se tiene constancia: el Tratado Carter-Torrijos sobre el Canal de Panamá. Este tratado merece un examen más minucioso del que recibió en el momento de su redacción y supuesta negociación. Espero destacar importantes implicaciones que nunca han sido examinadas o abordadas de forma completa o adecuada y que, ahora más que nunca, necesitan ser ampliadas. Uno de ellos es el peligro de que, como pueblo soberano, nos veamos obligados a someternos a la jurisdicción de las Naciones Unidas en un futuro próximo. Un acuerdo resbaladizo, como el del Canal de Panamá de Carter, podría llegarnos si no sabemos qué esperar.

Lo que es menos conocido es que Anglo-Persian, una compañía petrolera propiedad del gobierno británico, intentó comprar una concesión al gobierno colombiano por los derechos del canal que flanquea el territorio estadounidense, al mismo tiempo que Estados Unidos negociaba con Colombia por estos derechos. Irving Frederick Yates, diplomático británico, estuvo a punto de lograr un acuerdo con Colombia que habría frustrado los planes de Estados Unidos de comprar los terrenos para la zona del canal. Yates fue detenido en el último momento por un incidente diplomático que invocó la Doctrina Monroe.

Un breve repaso a la historia de cómo Estados Unidos adquirió los terrenos por los que se construyó el Canal de Panamá puede ayudarnos a entender los acontecimientos posteriores:

Entre 1845 y 1849, el gobierno colombiano celebró un tratado con Estados Unidos, concediendo a este último un derecho de tránsito por el istmo de Panamá. En 1855, Panamá obtuvo el estatus federal mediante una enmienda constitucional. Antes de la revolución de 1903, Panamá formaba parte de Colombia. El 19 de abril de 1850, Gran Bretaña y Estados Unidos firmaron el Tratado Clayton-Bulwer, en el que ambas partes se comprometían a no obtener ni mantener el control exclusivo de un proyecto de canal y garantizaban su neutralidad. En ese momento, el petróleo colombiano era el tema principal. El 5 de febrero de 1900 se firmó el primer Tratado Hay-Pauncefote entre Gran Bretaña y Estados Unidos. El tratado renunciaba a los derechos de propiedad británicos para la construcción conjunta de un canal y fue rechazado cuando llegó al Parlamento británico.

En noviembre de 1901 se firmó el segundo Tratado Hay-Pauncefote, que otorgaba a Estados Unidos el derecho exclusivo de construir, mantener y controlar un canal. El 23 de enero de 1903, Colombia y Estados Unidos firmaron el Tratado Hay-Heran, que preveía la adquisición por parte de Estados Unidos de una zona del canal. El Senado colombiano no ratificó el tratado.

El 18 de noviembre de 1903 se firmó el Tratado Hay-Bunua-Varilla entre Estados Unidos y el nuevo gobierno de Panamá: Panamá cede a perpetuidad una zona de cinco millas de ancho a ambos lados del futuro canal, con plena jurisdicción para Estados Unidos. Estados Unidos también obtuvo el derecho a fortificar la zona del canal, y pagó 10 millones de dólares por estos derechos, y luego acordó pagar una regalía anual de 250.000 dólares. Liberados del Tratado Clayton-Bulwer en enero de 1903, Estados Unidos y Colombia negociaron el Tratado Hay-Herran, que otorgaba a Estados Unidos la soberanía sobre un territorio de cinco millas de ancho a cada lado del canal propuesto, y fue firmado el 26 de febrero de 1904. Es de suma importancia señalar que las tierras de cinco millas de ancho a cada lado del canal propuesto eran ahora territorio soberano de los Estados Unidos, que no podía ser cedido o enajenado de otra manera, excepto por una enmienda constitucional ratificada por todos los estados.

La ratificación del tratado fue retrasada por Colombia y no fue hasta once años después, el 6 de abril de 1914, que se firmó el Tratado Thompson-Urrutia, en el que Estados Unidos expresó su pesar por las disputas que habían surgido con Colombia y se comprometió a pagar a Colombia la suma de 25 millones de dólares, lo que permitió a Colombia ratificar el tratado. El 2 de septiembre de 1914, se definieron los límites de la Zona del Canal y se concedieron más derechos soberanos de protección a los Estados Unidos. La Zona del Canal de Panamá se convirtió entonces en territorio soberano de Estados Unidos.

El Tratado Thompson-Urrutia se firmó el 20 de abril de 1921. Los términos del tratado eran que Colombia reconocía la independencia de Panamá. Se fijaron las fronteras antes disputadas y se establecieron relaciones diplomáticas mediante la firma de varios acuerdos entre Panamá y Colombia. El Senado estadounidense retrasó la ratificación durante otros siete años, pero el 20 de abril de 1928 ratificó finalmente el Tratado Thompson-Urrutia con algunas modificaciones. El Congreso colombiano también ratificó el tratado el 22 de diciembre de 1928.

Anteriormente, en 1927, el gobierno panameño había declarado que no había concedido la soberanía a Estados Unidos cuando se firmaron los tratados. Pero la Sociedad de Naciones se negó a escuchar esta disputa patentemente absurda, y la incuestionable soberanía de Estados Unidos sobre el territorio de la Zona del Canal de Panamá fue reconfirmada cuando el presidente Florencio Harmodio Arosemena desautorizó la apelación del gobierno panameño a la Sociedad de Naciones.

Es de suma importancia para todo estadounidense, especialmente en estos días en que la Constitución está siendo pisoteada por los políticos, tomar nota de la manera en que la Constitución de los Estados Unidos ha sido escrupulosamente respetada a lo largo de las negociaciones con Colombia y Panamá. Los tratados fueron redactados por el Senado y firmados por el Presidente. Se concedió un plazo adecuado para el estudio del acuerdo antes de su ratificación.

Más adelante, compararemos la manera constitucional en que se manejó el tratado entre Estados Unidos y Colombia sobre Panamá, con la conducta descuidada, engañosa, retorcida, envuelta en la deshonestidad, inconstitucional y al borde del fraude de la administración Carter al entregar la propiedad del pueblo soberano de Estados Unidos al dictador panameño Omar Torrijos, e incluso pagarle para que la aceptara.

El único error importante cometido por los Estados Unidos en 1921 fue no declarar instantáneamente el Canal y las tierras como posesiones soberanas del pueblo soberano de los Estados Unidos y convertirlo en un Estado de los Estados Unidos, de acuerdo con la Constitución, que establece que un territorio se convierte en Estado una vez que es un territorio de los Estados Unidos. No convertir la Zona del Canal de Panamá en un estado era invitar a los banqueros internacionales de Rockefeller a apoderarse de la Zona del Canal de Panamá de sus legítimos propietarios, el pueblo soberano estadounidense, una acción apoyada por el presidente Carter a cada paso bajo el disfraz de la diplomacia a través de la mentira.

Se dice que si no aprendemos de nuestros errores, estamos condenados a repetirlos. Esta máxima se aplica a Estados Unidos hoy más que nunca cuando se examina el papel de Estados Unidos en la Revolución Bolchevique, la Primera Guerra Mundial, Palestina, la Segunda Guerra Mundial, Corea y Vietnam. No debemos permitir que los precedentes ilegales establecidos por la administración Carter y la Comisión de Relaciones Exteriores del Senado se utilicen en nuestra contra en cualquier negociación de tratados futura, como las que probablemente tendrán lugar con las Naciones Unidas en un futuro próximo. Estos intentos de subvertir la Constitución podrían adoptar la forma de someter nuestras fuerzas militares al mando de las Naciones Unidas.

El precedente sentado por el exitoso robo del Canal de Panamá a sus dueños soberanos, nosotros el pueblo, ha llevado a guerras con gran costo en vidas y dinero, a una toma de poderes no conferidos al Presidente por la Constitución, y a una ampliación de las acciones que llevan al desconocimiento de la Constitución por parte del gobierno paralelo secreto de alto nivel, como está sucediendo en Somalia, Bosnia y Sudáfrica.

Por eso creo que es necesario asegurar que no se hagan más

regalos para el Canal de Panamá, y la única manera de evitar que se repita esta enorme estafa encubierta es mirar lo que ocurrió entre 1965 y 1973.

Si sabemos lo que ha pasado, es más probable que evitemos que vuelva a ocurrir.

Para entender cómo la administración Carter fue capaz de defraudar al pueblo soberano de los Estados Unidos, uno debe tener al menos un conocimiento práctico de la Constitución de los Estados Unidos. Para interpretar la Constitución, también debemos conocer nuestra forma de gobierno y comprender que su política exterior está firmemente arraigada en el "derecho de gentes" de Vattel, que los Padres Fundadores utilizaron para dar forma a nuestra Constitución. También debemos entender los tratados y su relación con nuestra Constitución. Sólo hay un puñado de senadores y miembros de la Cámara de Representantes que tienen un claro conocimiento de estas cuestiones vitales.

Constantemente oímos a personas mal informadas referirse a Estados Unidos como una "democracia". Los medios de comunicación impresos y audiovisuales son especialmente odiosos a la hora de perpetuar esta mentira, como parte de un engaño deliberado diseñado para confundir a la gente. Estados Unidos no es una democracia; somos una República Constitucional, o una República Confederada, o una República Federal, o una amalgama de las tres. No entender esto es el primer paso hacia la confusión.

Madison señaló que no somos una democracia. Fue la controversia sobre la forma de nuestro gobierno lo que condujo a la Guerra Civil. Si no hubiera habido secesión de la Unión, podría no haber habido, y muy probablemente no habría habido, una guerra. El presidente Abraham Lincoln creía que existía una conspiración de origen inglés para desmembrar los Estados Unidos de América y convertirlos en dos naciones, que luego siempre podrían ser enfrentadas por los banqueros internacionales. La Guerra Civil se libró para argumentar que una vez que se es soberano siempre se es soberano y que el Sur no podía separarse de la Unión. La cuestión de la soberanía y el territorio soberano se resolvió de una vez por todas con la Guerra Civil.

En una república constitucional, el pueblo que reside en los estados es el soberano. La Cámara de Representantes y el Senado son sus representantes o agentes, si esa es una mejor descripción de cómo se supone que funcionan. Esto se explica en la enmienda 10 de la Carta de Derechos que dice:

> "Los poderes no delegados a los Estados Unidos por la Constitución, ni prohibidos por ella a los Estados, están reservados a los Estados respectivamente, o al pueblo".

El presidente no es un rey, ni es el comandante en jefe del ejército, excepto durante las guerras declaradas (no puede haber otras). Muchos de nuestros funcionarios, incluido el presidente, han violado descaradamente la Constitución. El más atroz de ellos ocurrió cuando el presidente Carter y 57 senadores, bajo el disfraz de la diplomacia de la mentira, cedieron la soberanía del pueblo sobre el Canal de Panamá, pues en efecto, intentaron disponer de un territorio soberano perteneciente a los Estados Unidos.

El territorio de los Estados Unidos, según la Constitución de los Estados Unidos, no puede ser enajenado. La autoridad para esta declaración se encuentra en el Registro del Congreso del Senado, S1524-S7992, 16 de abril de 1926. Los Padres Fundadores adoptaron la resolución de que el territorio de los Estados Unidos no puede ser enajenado mediante la entrega o cesión a otra parte, salvo mediante una enmienda constitucional ratificada por todos los estados.

No hay nada en la Constitución que trate el tema de los partidos políticos. Como he dicho tantas veces en el pasado, los políticos surgieron porque nosotros, el pueblo soberano, éramos demasiado blandos, demasiado perezosos para hacer el trabajo nosotros mismos y, por tanto, elegimos a agentes y les pagamos para que hagan el trabajo por nosotros, dejándoles casi sin supervisión. Eso es lo que la Cámara y el Senado son hoy en día; agentes no supervisados por nosotros, el pueblo, corriendo y pisoteando la Constitución de los Estados Unidos.

El Tratado del Canal de Panamá promulgado por el presidente Carter fue un escándalo mucho mayor que el asunto Irán/Contra y el escándalo de la cúpula de Tea Pot, analizados en los capítulos sobre la política petrolera de Rockefeller y la industria del petróleo. ¿Quién hace las leyes? El Senado y la Cámara de Representantes aprueban leyes que se convierten en ley cuando las firma el presidente. ¿Los tratados forman parte del derecho? En primer lugar, entendamos que un tratado se define en la Constitución (según el Artículo 6, Sección 2 y el Artículo III, Sección 2) como una ley después de que el Senado haya redactado el tratado, haya sido aprobado por la Cámara y firmado por el Presidente.

La Cámara desempeña un papel crucial en la elaboración de tratados, ya que tiene la facultad de anular un tratado porque entra en el ámbito del comercio internacional e interestatal regulado por la Cámara (Artículo 1, Sección 8, Cláusula 3 - "para regular el comercio con las naciones extranjeras y entre los diversos Estados"). La Constitución dice en las enmiendas 13 , 14 y 15 que es el poder legislativo el que hace los tratados, NO los particulares que eran Linowitz y Bunker, aunque decían representar a los Estados Unidos. Artículo 1, Sección 7:

> "Todo proyecto de ley aprobado por la Cámara de Representantes y el Senado será presentado al Presidente de los Estados Unidos..."

Carter, Bush y ahora Clinton han actuado como si fueran reyes todopoderosos, cuando no lo son. Tuvimos a Carter lidiando con el derecho internacional y cediendo la propiedad del pueblo soberano a Torrijos, y tuvimos a Bush yendo a la guerra sin una declaración de guerra, y ahora tenemos a Clinton tratando de usar proclamaciones (órdenes ejecutivas) para legislar. La Constitución es clara en estos asuntos; sólo hay un lugar en la Constitución donde se da el poder para tratar el derecho internacional, y es el Congreso. Por tanto, no es una facultad expresa del Presidente en ningún caso. (Parte 10, Artículo 1, Sección 8.)

Lo que hicieron Carter y Bush, y lo que intenta hacer ahora Clinton, es reducir y debilitar la Constitución para adaptarla a los deseos y objetivos del Comité de los 300. Dos ejemplos que me vienen a la mente son el aborto y el control de armas. Carter logró esta reducción y debilitamiento con el acuerdo del Canal de Panamá. Carter fue culpable de perjurio al usurpar y afirmar que tenía derecho a la propiedad soberana estadounidense en Panamá.

El poder de Carter para actuar como sustituto de David Rockefeller y los bancos de la droga, supuestamente bajo el pretexto de las negociaciones sobre el Canal de Panamá, no es ni explícito, ni implícito, ni incidental a ningún otro poder en la Constitución. Pero Carter se salió con la suya violando y pisoteando la Constitución, al igual que sus sucesores Bush y Clinton.

Si leemos correctamente el Derecho de Gentes de Vattel, sobre el que se fundó nuestra política exterior por parte de los Padres Fundadores, vemos que nunca otorgó poder federal o del Congreso para dar, vender o disponer de otro modo de territorio soberano perteneciente al pueblo soberano de los Estados Unidos. El poder de los tratados nunca puede exceder el contenido en el Derecho de las Naciones de Vattel.

El artículo 9 de la Carta de Derechos y una lectura atenta de la Constitución dejan claro que ni el Presidente, ni la Cámara, ni el Parlamento, ni el Senado están autorizados a ceder, vender o disponer de otro modo de ningún territorio soberano de los Estados Unidos, salvo mediante una enmienda a la Constitución ratificada por todos los estados. Esto no se hizo en el caso del Tratado del Canal de Panamá Carter-Torrijos: por lo tanto, cada uno de los 57 senadores que firmaron el acuerdo violó su juramento de cargo, y eso incluye también al presidente Carter. Como resultado de su comportamiento traicionero, Estados Unidos ha perdido el control de un elemento clave de su defensa, nuestro Canal de Panamá.

¿Cuáles son los hechos del llamado Tratado del Canal de Panamá, promulgado fraudulentamente por el presidente Carter?

Veamos qué significa negociar un tratado. Negociar implica que hay un objetivo de concesiones por parte de los negociadores. En segundo lugar, los negociadores deben ser propietarios de los bienes, el dinero o lo que sea que se esté negociando, o estar debidamente autorizados por los propietarios para negociar en su nombre. Además, cuando una persona regala algo, debe haber una "contraprestación" en derecho por lo que se da. Si sólo hay contraprestación por una de las partes, entonces está claro en derecho que no puede haber tratado y no hay acuerdo de tratado.

Como he dicho, cuando se negocia un tratado, es muy importante que las partes negociadoras estén legalmente facultadas para hacerlo. En el Tratado del Canal de Panamá, los negociadores no estaban constitucionalmente habilitados para negociar. Ni Ellsworth Bunker ni Sol Linowitz (supuestamente el embajador de EE.UU.) estaban cualificados para negociar; en primer lugar, porque el documento del tratado no fue redactado por el Senado y, en segundo lugar, porque hubo una completa falta de objetividad en las negociaciones supuestamente llevadas a cabo por Bunker y Linowitz.

Ni Linowitz ni Bunker debían tener un interés directo en el Tratado del Canal de Panamá, pero ambos tenían un interés financiero muy grande en el proyecto; estaba en su interés financiero personal que el tratado tuviera éxito. Eso fue motivo suficiente para que el tratado fuera declarado nulo. La Constitución fue pisoteada por los nombramientos de Bunker/Linowitz. El artículo 11, parte 2, sección 2, establece que Linowitz y Bunker deben contar con el "consejo y consentimiento del Senado", que ninguno de ellos recibió nunca.

Linowitz era director del Marine and Midland Bank, que tenía amplias conexiones bancarias en Panamá y había trabajado anteriormente para el gobierno panameño. El Marine and Midland Bank fue adquirido por el Hong Kong and Shanghai Bank, el principal banco del mundo para el blanqueo de dinero procedente de la droga. La adquisición del Midland Bank se hizo con el permiso expreso de Paul Volcker, el ex presidente de la Reserva Federal, a pesar de que Volcker sabía perfectamente que el propósito de la adquisición era dar a los bancos propiedad de los Rockefeller en Panamá un punto de apoyo en el lucrativo comercio de cocaína de Panamá. La adquisición de Midland por parte del Hong Kong and Shanghai Bank fue muy irregular, rozando lo delictivo según las leyes bancarias estadounidenses.

La familia Bunker hizo negocios con Torrijos y anteriormente había hecho negocios con Arnulfo Arias y el ex presidente de Panamá, Marco O. Robles. No importa que los dos negociadores estadounidenses hayan roto supuestamente estas relaciones; no importa que se haya llevado a cabo un engaño frágil y transparente (el periodo de espera de seis meses), la Constitución dice en el artículo 11, sección 2, parte 2, que el presidente nombrará un embajador o ministros "con el consejo y el consentimiento del Senado". No se menciona un periodo de espera, que se utilizó para sortear el conflicto de intereses en torno a Linowitz y Bunker. Todo fue un burdo engaño al pueblo estadounidense.

El nombramiento de Linowitz y Bunker estuvo manchado por el engaño y la deshonestidad y rompió la sagrada confianza fiduciaria que el Presidente debe tener con nosotros, el pueblo soberano. El nombramiento de Linowitz y Bunker como "negociadores" de un tratado que el Senado nunca redactó, desafiando la Constitución, por el Comité de Relaciones Exteriores del Senado, nunca fue tan inteligente. Los miembros del comité deberían haber sido todos destituidos y quizás incluso acusados de traición en el momento en que aceptaron la elección de Ellsworth y Linowitz como "negociadores" por parte del banquero de la droga.

Ahora llegamos a lo que Bunker y Linowitz negociaron. El Canal y el Territorio de Panamá no podían negociarse; era un territorio soberano de Estados Unidos del que no se podía disponer sino mediante una enmienda constitucional aprobada por el Congreso y ratificada por todos los estados. Además, las credenciales de los dos embajadores, si es que las tenían, no fueron establecidas por el Senado. Carter y sus cómplices corruptos de Wall Street engañaron al pueblo estadounidense haciéndole creer que Bunker y Linowitz estaban actuando legalmente en nombre de Estados Unidos, cuando en realidad estaban violando la ley estadounidense.

La estrategia ideada por los banqueros de Wall Street era mantener al pueblo estadounidense en la duda y en la oscuridad, haciendo que las cosas fueran tan poco claras que se dijeran a sí mismos: "Supongo que podemos confiar en el presidente Carter en esto". Para ello, los banqueros de Wall Street y David Rockefeller contaron con la hábil ayuda de un ejército de periodistas políticos pagados, mantenidos y dirigidos, editores de periódicos, grandes cadenas de televisión y, en particular, dos senadores estadounidenses.

El senador Dennis de Concini añadió reservas al tratado, que no eran más que un escaparate para justificar la negativa del senador a acatar la Constitución. Las "reservas" no fueron firmadas por Omar Torrijos y no tuvieron ningún efecto, pero esta acción dio a los votantes de Arizona la falsa impresión de que de Concini no estaba totalmente a favor del tratado. Fue una argucia política barata. Los votantes de Arizona habían informado a de Concini de que estaban abrumadoramente en contra del tratado.

¿Qué se ha "negociado"? ¿Cuáles fueron los intercambios, las consideraciones que, según la ley, deben formar parte de la negociación de un tratado? La sorprendente verdad es que no había ninguno. Nosotros, el pueblo soberano, ya éramos dueños del territorio soberano de la Zona del Canal de Panamá; Torrijos y el gobierno panameño no tenían ninguna contrapartida que ofrecer y no dieron ninguna a los Estados Unidos. Por lo tanto, las negociaciones fueron claramente unilaterales, lo que hace que el tratado Torrijos-Carter sea nulo.

Si no hay consideración por ninguna de las partes, no puede haber tratado. Los contratos suelen contener un pago simbólico como contraprestación para que el contrato sea legal, que de otro modo no lo sería. A veces se pagan tan sólo 10 dólares como contraprestación, sólo para que el contrato sea legal. Así de sencillo. Torrijos no tuvo en cuenta a los Estados Unidos.

Cuando el Comité de Relaciones Exteriores del Senado declaró que los mercenarios de Rockefeller podían hacer lo que hicieron, todos sus miembros nos fallaron a nosotros, el pueblo, y deberían haber sido destituidos.

Antes de que el Senado ratificara el malogrado Tratado del Canal de Panamá, debería haberse estudiado durante al menos dos o tres años. Considere el tiempo que tardaron Estados Unidos y Colombia en ratificar el tratado de 1903. Eso fue apropiado; la consideración apresurada del Comité de Relaciones Exteriores del Senado sobre el tratado Carter-Torrijos fue totalmente inapropiada. De hecho, el tratado nunca debió someterse a consideración, ya que el propio Senado no redactó el tratado y sólo lo vio después de haberlo negociado. Esto está en contradicción directa con la Constitución.

Así, la firma de un tratado cancelado por Carter fue una parodia y un engaño del presidente, destinado a perjudicar a su propio pueblo y a beneficiar a los bancos de la droga y a sus homólogos de Wall Street. Por mucho que exista, el tratado Carter-Torrijos sigue siendo nulo a día de hoy. El documento contiene no menos de 15 violaciones flagrantes de la elaboración de tratados en virtud de la Constitución de los Estados Unidos, y quizás cinco más.

Sólo una enmienda constitucional, aprobada por el Congreso y ratificada por todos los estados, habría validado el tratado Carter-Torrijos. Pero el tratado era tan defectuoso que podría haber sido anulado por el Tribunal Supremo, si el Tribunal hubiera tenido la intención de cumplir con su deber para con nosotros, el pueblo.

Todas las definiciones de un tratado indican que un tratado debe dar algo a ambas partes. El Canal de Panamá ya era propiedad de Estados Unidos. No hay duda de ello, pero volvamos a confirmar esa posición. El tratado de 1903 fue firmado por ambas partes, una de las cuales entregó tierras y la otra recibió dinero en efectivo. Estados Unidos hace saber que el territorio por el que pagó es ahora soberano. En ninguno de los debates de las audiencias Carter-Torrijos sobre el Canal de Panamá se discutió el hecho de que el canal era territorio soberano de Estados

Unidos, y lo había sido desde 1903.

Es muy importante introducir la redacción del tratado de 1903 en este punto:

> "con exclusión total del ejercicio por parte de la República de Panamá de cualquier derecho, poder o autoridad soberana... están situados con exclusión total del ejercicio por parte de la República de Panamá de cualquier derecho, poder o autoridad soberana... y lo ejercerán como si fuera un territorio de los Estados Unidos".

Esto no deja lugar a dudas de que se trata de un tratado que establece la Zona del Canal de Panamá como territorio soberano de EE.UU. desde el 18 de noviembre de 1903 y a perpetuidad.

He mencionado la soberanía varias veces en este documento. Una buena definición de soberanía puede encontrarse en el libro de George Randolph Tucker sobre derecho internacional. Otra buena explicación de la soberanía puede encontrarse en el libro del Dr. Mulford "Sovereignty of Nations":

> "La existencia de la soberanía de la nación, o de la soberanía política, está indicada por ciertos signos o notas que son universales. Son la independencia, la autoridad, la supremacía, la unidad y la majestad [...]. Una soberanía dividida es una contradicción de la supremacía que está implícita en toda su concepción necesaria e incompatible con su sustancia en la voluntad orgánica. Es indefectible. No puede, mediante formas jurídicas y artilugios legalistas, anularse y evitarse, ni puede abdicarse o reanudarse voluntariamente, sino que implica una continuidad de poder y acción... Actúa a través de todos los miembros y en todos los órganos y cargos del Estado..."

Lo que Carter trató de hacer en nombre de Rockefeller y de los bancos farmacéuticos fue alterar el Tratado de Panamá de 1903 "mediante formas y artilugios legales". Pero el Tratado de Panamá de 1903 no podía "ser anulado y evitado" por tales artilugios legales. Lo que le quedó a Carter fue un documento fraudulento y nulo que hizo pasar por un verdadero tratado, un nuevo tratado jurídicamente vinculante, que no lo era en ese momento ni lo será nunca.

Cuando los bancos de la droga de los Rockefeller empezaron a pensar en cómo proteger sus inversiones en Panamá en los años 60, el comercio de cocaína en Colombia estaba en auge. A medida que se producía el malestar en Hong Kong -con el gobierno chino exigiendo el control de la isla y una mayor participación en el comercio de heroína que durante siglos habían realizado los británicos- la cocaína estaba en auge, los banqueros internacionales de Wall Street comenzaron a mirar a Panamá como un nuevo refugio para las operaciones de blanqueo de dinero de la droga. Además, había que proteger las enormes sumas de dinero generadas por el tráfico de cocaína que entraban en los bancos panameños.

Pero para ello, Panamá debía ser controlada por un representante de los bancos de Wall Street, y eso no sería fácil. La historia demuestra que el presidente Roosevelt fue el primero en intentar debilitar los tratados del Canal de Panamá de 1903 cediendo la región de Colón, que se convirtió en un centro comercial y de tráfico de drogas. El presidente Dwight Eisenhower fue el segundo funcionario estadounidense que intentó debilitar la soberanía del Canal de Panamá cuando, el 17 de septiembre de 1960, ordenó que la bandera panameña ondeara junto a la estadounidense en la Zona del Canal. Eisenhower había llevado a cabo esta acción traicionera en nombre del CFR y de David Rockefeller. Sin embargo, ni siquiera el acto de traición de Eisenhower pudo "anular y evitar" el tratado de 1903. Eisenhower no tenía derecho a ordenar que la bandera de un gobierno extranjero ondeara sobre el territorio soberano de Estados Unidos; era una violación flagrante de su juramento de defender la Constitución.

Alentado por el comportamiento traicionero de Roosevelt y Eisenhower, el Presidente de Panamá, Roberto F. Chiari, pidió oficialmente a Estados Unidos que revisara el Tratado del Canal de Panamá. Esto fue un mes después del incidente de la bandera de Eisenhower. Si nuestra Constitución significa algo, es que ninguna acción de este tipo es posible en los Estados Unidos a menos que sea aprobada por la Cámara y el Senado y ratificada por todos los estados. En enero de 1964, agitadores pagados iniciaron disturbios y Panamá rompió relaciones con Estados Unidos. Fue un clásico truco de los banqueros de Wall Street.

Luego, en abril de 1964, el presidente Lyndon Johnson (sin el consentimiento de la Cámara de Representantes y el Senado) dijo a la Organización de Estados Americanos (OEA) que Estados Unidos "estaba dispuesto a revisar todas las cuestiones relacionadas con la disputa del canal con Panamá" y se reanudaron las relaciones diplomáticas. El presidente Johnson no tenía ninguna autoridad para ocuparse del derecho internacional ni para hacer nada para cambiar el tratado de 1903 "mediante cualquier proceso legalista" o cualquier otro dispositivo.

Johnson buscó activamente medidas que permitieran iniciar nuevas negociaciones sobre el tratado de 1903. Johnson no tenía poder para negociar tratados y sus acciones atentaron aún más contra la soberanía del territorio del canal, animando a los banqueros de Wall Street, liderados por Rockefeller, a ser más audaces. Está claro que las acciones de Johnson fueron inconstitucionales, ya que estaba intentando negociar un tratado que cubriera el territorio soberano del Canal de Panamá, algo que ningún presidente tiene la facultad de hacer.

El Tratado Carter-Torrijos del Canal de Panamá se hizo porque Panamá debía a los bancos de Wall Street unos 8.000 millones de dólares. Todo el miserable engaño fue diseñado para obligar al pueblo soberano estadounidense a pagar lo que Panamá debía a los banqueros de Wall Street. Esta no fue la primera vez que nosotros, el pueblo, fuimos defraudados por los banqueros de Wall Street. Cabe recordar que fueron los contribuyentes estadounidenses quienes se vieron obligados a pagar 100 millones de dólares por los bonos de reparación comercializados por Alemania entre 1921 y 1924. Al igual que en el caso del tratado Carter-Torrijos, los banqueros de Wall Street estaban profundamente involucrados en los bonos alemanes, siendo los más notables J.P. Morgan y Kuhn and Loeb and Company.

Tras un escenario cuidadosamente elaborado por Rockefeller, en octubre de 1968 Arnulfo Arias fue derrocado por la Fuerza de Defensa de Panamá, dirigida por el coronel Omar Torrijos. Torrijos abolió inmediatamente todos los partidos políticos en Panamá. El 1er de septiembre de 1970, Torrijos rechazó el proyecto de Johnson de 1967 (que supuestamente revisaba el tratado de 1903) por considerar que no llegaba a la cesión y control total del canal a Panamá.

El escenario estaba preparado para que los conspiradores de Wall Street avanzaran al amparo de y empezaron a dar pasos para poner el Canal de Panamá en manos de Torrijos, en quien Rockefeller sabía que se podía confiar para que no arrancara la tapa de los bancos de lavado de dinero de la droga en Panamá, como Arnulfo había amenazado con hacer. A cambio, se prometió a Torrijos que la Zona del Canal de Panamá sería devuelta a Panamá.

El nuevo tratado otorga el control de Panamá al gobierno de Torrijos y fue firmado por el presidente Carter, que pasará a la historia por tener probablemente el peor historial de violación de la Constitución de todos los presidentes de este siglo, excepto George Bush. Cuando uno examina el fraudulento tratado Carter-Torrijos, recuerda las palabras del difunto y gran congresista Louis T. McFadden. El 10 de junio de 1932, McFadden denunció a la Junta de la Reserva Federal como "una de las instituciones más corruptas que el mundo ha conocido..." El tratado Carter-Torrijos es uno de los tratados más corruptos que ha conocido el mundo.

Dado que el tráfico de cocaína en Estados Unidos supera con creces al de heroína en Extremo Oriente, Panamá se ha convertido en uno de los paraísos bancarios más protegidos del mundo para el blanqueo de dinero procedente de la droga. Los barones del licor de antaño se han convertido en los barones de la droga de hoy. No ha cambiado mucho, salvo que los mecanismos de ocultación son hoy mucho más sofisticados que entonces. Hoy en día, es como los caballeros de la sala de juntas y los clubes exclusivos de Londres, Niza, Montecarlo y Acapulco. Los oligarcas mantienen una discreta distancia con sus servidores de la corte; intocables y serenos en sus palacios y su poder.

¿Se lleva a cabo el tráfico de drogas de la misma manera que el de licores de contrabando?[9] ¿Van por ahí hombres de aspecto siniestro con maletas llenas de billetes de 100 dólares? Lo hacen, pero sólo en muy raras ocasiones. Las transacciones financieras relacionadas con el tráfico de drogas se realizan principalmente con la cooperación activa de los bancos internacionales y sus instituciones financieras. Si se cierran los bancos que blanquean el dinero del narcotráfico, el tráfico de drogas empezará a agotarse. Cierra los agujeros de las ratas y será más fácil deshacerse de los roedores.

Esto es lo que ocurrió en Panamá. Los agujeros de las ratas fueron tapados por el general Manuel Noriega. Los banqueros internacionales no pudieron evitarlo. Cuando se golpea a los bancos que blanquean el dinero de la droga, las repercusiones no tardan en llegar. Para dar una idea de lo que estaba en juego, la Drug Enforcement Agency (DEA) estimó que 250 millones de dólares al día cambiaban de manos a través de transferencias de teletipos, el 50% de los cuales era dinero interbancario procedente del tráfico de drogas. Las Islas Caimán, Panamá, las Bahamas, Andorra, Hong Kong y Estados Unidos fueron los principales protagonistas de este tráfico.

Los bancos suizos se encargan de la mayor parte, pero desde los años setenta cada vez más pasa por los bancos panameños.

Los banqueros encargados de blanquear el dinero de la droga en Estados Unidos tenían cada vez más claro que tenían un ganador en Panamá. Con este entendimiento, los blanqueadores de dinero se preocuparon por la necesidad de tener un activo en Panamá que pudieran controlar. Arnulfo Arias los sacudió cuando comenzó a registrar sus bancos en la ciudad de Panamá. La DEA estima que 6.000 millones de dólares al año fluyen desde Estados Unidos a Panamá. Los hermanos Coudert, abogados de la "mafia" del Comité de los 300 para el establishment liberal de la

[9] "Bootlegging", en el original NDT.

Costa Este, empezaron a tomar medidas para que otro Arnulfo Arias no amenazara el cada vez más lucrativo tráfico de cocaína que llena de dinero sus bancos panameños.

El hombre que Coudert Brothers eligió para supervisar las negociaciones de Panamá con Torrijos fue uno de los suyos, Sol Linowitz, a quien ya hemos mencionado. Socio de Coudert Brothers, director de Xerox, de Pan American Airlines y del Marine Midland Bank, Linowitz tenía todas las credenciales necesarias para lograr lo que Rockefeller tenía en mente, es decir, apoderarse de toda la zona del Canal de Panamá. El mensajero de los "olímpicos" (el Comité de los 300) encontró en Omar Torrijos el material adecuado para los objetivos de los banqueros internacionales.

Como se ha descrito anteriormente, Panamá estaba lo suficientemente desestabilizada como para que Torrijos tomara el poder y aboliera todos los partidos políticos. Los chacales de los medios de comunicación estadounidenses pintaron una imagen brillante de Torrijos como un ardiente nacionalista panameño, que sentía firmemente que el pueblo panameño había sido agraviado por el tratado de 1903 que cedió la Zona del Canal de Panamá a Estados Unidos. La marca "made by David Rockefeller" que llevaba Torrijos fue cuidadosamente ocultada al pueblo estadounidense.

Gracias a la traición del Comité de Relaciones Exteriores del Senado, y en particular la de los senadores Dennis de Concini y Richard Lugar, Panamá pasó a manos del general Torrijos y del Comité de los 300, con un coste de miles de millones de dólares para el contribuyente estadounidense. Pero Torrijos, como tantos otros mortales, parecía perder de vista a sus creadores, los "olímpicos".

Elegido originalmente para el puesto por Kissinger y Linowitz, como todos los que sirven al gobierno paralelo secreto de los Estados Unidos, ya sea Secretario de Estado o de Defensa, Torrijos se comportó bien durante el traspaso del Canal de Panamá del pueblo soberano de los Estados Unidos a los banqueros de Wall Street, los señores de la droga y sus ejecutivos. Entonces, para disgusto de sus mentores, Torrijos empezó a tomarse en serio su papel de nacionalista, en lugar de seguir siendo una marioneta de los ventrílocuos de Wall Street.

Panamá debe ser visto a través de los ojos del caballo de Troya de Kissinger, es decir, debemos verlo como un punto central en América Central como futuro punto de apoyo de Kissinger para miles de soldados estadounidenses. Las órdenes de Kissinger eran iniciar otra "guerra de Vietnam" en Centroamérica. Pero Torrijos empezó a tener otras ideas. Optó por unirse al grupo de Contadora. Aunque no eran perfectos, los Contadora estaban dispuestos a luchar contra los narcos. Torrijos se convirtió así en una fuente de molestias para sus amos, lo que le llevó a ser "permanentemente inmovilizado".

Torrijos fue asesinado en agosto de 1981. El avión que pilotaba estaba amañado de la misma manera que el avión que mató al hijo de Aristóteles Onassis. Los mandos estaban manipulados para accionar los ascensores del avión (que controlan el ascenso y el descenso) en la dirección contraria a la que quería el piloto. En lugar de subir tras el despegue, el avión que transportaba a Torrijos se estrelló literalmente contra el suelo.

Los bancos panameños pasaron a estar bajo el control de una serie de bancos de Wall Street propiedad de David Rockefeller, que vieron en ellos un conveniente depósito de dinero sucio procedente de la droga, y pronto fueron designados como el centro bancario mundial de la cocaína, mientras que Hong Kong siguió siendo el centro bancario de la heroína. Rockefeller encargó a Nicolas Ardito Barletta, antiguo director del Banco Mundial y del Marine and Midland Bank (el mismo banco de cuyo consejo de administración formaba parte Linowitz) que tomara el control de la situación bancaria.

Barletta debía reestructurar el sector bancario en Panamá y cambiar las leyes bancarias para hacerlo más seguro para los blanqueadores de dinero de la droga. Barletta era lo suficientemente respetable como para estar por encima de toda sospecha y tenía experiencia en el manejo de grandes cantidades de dinero en efectivo procedente de la droga, gracias a sus vínculos con el Hong Kong and Shanghai Bank -el principal banco del mundo dedicado al blanqueo de dinero procedente de la droga-, que más tarde compraría el Midland Marine Bank en Estados Unidos.

Según documentos de la Agencia Antidroga de Estados Unidos (DEA), en 1982 el Banco Nacional de Panamá había aumentado su flujo de dólares estadounidenses en un 500% en comparación con 1980. De 1980 a 1984, casi 6.000 millones de dólares en dinero no transferido fluyeron de Estados Unidos a Panamá. En Colombia, la DEA estima que el dinero en efectivo generado por la cocaína ascendió a 25.000 millones de dólares en el período comprendido entre 1980 y 1983, casi todo depositado en bancos de Ciudad de Panamá. Seis meses después de la destitución de Torrijos, el hombre fuerte, el general Rueben Parades, de la Fuerza de Defensa de Panamá, fue promovido por los banqueros de la droga.

Pero, al igual que su predecesor, Parades dio muestras de no saber quiénes eran sus jefes. Empezó a hablar de que Panamá se uniera al grupo de Contadoras. Kissinger debió enviar un mensaje a Parades en febrero de 1983 y el general fue lo suficientemente inteligente como para darse cuenta y dar un giro de 180 grados, echando a las Contadoras de Panamá y prometiendo un apoyo total a Kissinger y a los banqueros internacionales de Wall Street.

Parades se esforzó por cultivar la amistad de Arnulfo Arias, que había sido destituido por Torrijos, dando así a su liderazgo un aire de respetabilidad. En Washington, Parades es presentado por Kissinger como un "amigo anticomunista convencido de Estados Unidos". Ni siquiera la despiadada ejecución de su hijo de 25 años por parte de los miembros del clan de la cocaína Ochoa-Escobar disuadió a Parades; mantuvo a Panamá abierta al tráfico de cocaína y protegió sus bancos.

Manuel Noriega, sucesor de Parades en el PDC, estaba cada vez más preocupado por la corrupción de la Fuerza de Defensa panameña, a la que había intentado mantener al margen del tráfico de drogas. Noriega planeó un golpe de Estado contra

Parades, que fue derrocado por las Fuerzas de Defensa panameñas y Noriega se hizo con el control de Panamá, convirtiéndose en comandante de las FDP. Al principio hubo poca reacción; Noriega llevaba varios años trabajando para la CIA y la DEA y era considerado por Kissinger y Rockefeller como un "hombre de empresa".

¿Cuándo empezaron a surgir las dudas en Wall Street y en Washington sobre Noriega? Creo que fue inmediatamente después del asombroso éxito de una operación antidroga conjunta de la PDF y la DEA con el nombre en clave de "Operación Pez", que fue revelada públicamente por la DEA en mayo de 1987. La DEA calificó la Operación Fish como "la mayor y más exitosa investigación encubierta de la historia de la lucha antidroga federal".

Los banqueros de la droga consideraban que tenían buenas razones para temer a Noriega, como lo demuestra una carta escrita a Noriega por el jefe de la DEA, John Lawn, el 27 de mayo de 1987:

"Como saben, la recientemente concluida Operación Pez fue un éxito. Se incautaron muchos millones de dólares y miles de kilos de droga a narcotraficantes y blanqueadores de dinero internacionales. Su compromiso personal con la "Operación Pez" y los esfuerzos competentes, profesionales e incansables de otros funcionarios de la República de Panamá fueron esenciales para el resultado positivo final de esta investigación. Los narcotraficantes de todo el mundo saben que el producto y los beneficios de sus actividades ilegales no son bienvenidos en Panamá.

En una segunda carta a Noriega, Lawn escribe:

"Quisiera aprovechar esta oportunidad para reiterar mi profundo agradecimiento por la enérgica política contra el narcotráfico que ha adoptado, reflejada en las numerosas expulsiones de Panamá de acusados de narcotráfico, las grandes incautaciones de cocaína y precursores químicos que han tenido lugar en Panamá y la erradicación de la marihuana en territorio panameño."

El general Paul Gorman, comandante del Mando Sur de EE.UU., declaró en las audiencias del Subcomité de Relaciones Exteriores del Senado que nunca había visto ninguna prueba de que Noriega hubiera actuado mal, y que no había pruebas fehacientes de que Noriega estuviera vinculado a los señores de la droga. La propia comisión no pudo presentar ninguna prueba creíble de lo contrario. La comisión falló al pueblo estadounidense al no investigar las acusaciones de Noriega de que entre sus enemigos más poderosos se encontraban el First Bank of Boston, Credit Suisse, American Express y Bank of America.

Adam Murphy, que dirigió el grupo de trabajo de Florida para el Sistema Nacional de Interdicción de Narcóticos en la Frontera (NNBIS), declaró sin rodeos:

> "A lo largo de mi mandato en el NNBIS y en el Grupo de Trabajo del Sur de Florida, nunca tuve conocimiento de ninguna información que indicara que el general Noriega estuviera implicado en el tráfico de drogas. De hecho, siempre hemos puesto a Panamá como modelo de cooperación con Estados Unidos en la lucha contra las drogas. Recuerde, una acusación del gran jurado no es una condena. Y si el caso Noriega llega a juicio, miraré las pruebas de las conclusiones de ese jurado, pero hasta que eso ocurra, no tengo pruebas directas de la participación del general. Mi experiencia es la contraria".

Nunca se informó de que la "Operación Pez" sólo fue posible gracias a la aprobación de la Ley 29 panameña, promovida por Noriega. Así lo informó el diario más importante de Panamá, *La Prensa*, que se quejó amargamente de que la Fuerza de Defensa panameña estaba llevando a cabo una campaña publicitaria antidroga, "que devastará el centro bancario panameño".

No es de extrañar. La "Operación Piscis" cerró 54 cuentas en 18 bancos panameños y se incautó de 10 millones de dólares en efectivo y grandes cantidades de cocaína. A esto le siguió la congelación de otras 85 cuentas en bancos donde se depositaba el dinero en efectivo procedente del tráfico de cocaína. Se detuvo a 58 grandes narcotraficantes estadounidenses, colombianos y algunos cubano-estadounidenses, que fueron acusados de tráfico de drogas.

Sin embargo, cuando Noriega fue secuestrado y luego arrastrado a un tribunal federal en Miami, en una asombrosa violación de los derechos civiles de Noriega, el juez William Hoevler se negó a permitir que estas cartas y cientos de otros documentos que mostraban el papel antidroga de Noriega fueran admitidos como prueba. Y nos atrevemos a hablar de "justicia" en Estados Unidos, y nuestro presidente habla de la "guerra contra las drogas". La guerra contra las drogas terminó cuando el general Noriega fue secuestrado y encarcelado en Estados Unidos.

A raíz de la "Operación Pez", se lanzó una campaña concertada para desacreditar al general Noriega en Panamá y en Washington. El Fondo Monetario Internacional (FMI) llegó a amenazar con cancelar sus préstamos a Panamá si Noriega no cesaba su "comportamiento dictatorial", es decir, si Noriega no dejaba de luchar contra los bancos de la droga y los comerciantes de cocaína. El 22 de marzo de 1986, en un discurso televisado, Noriega informó al pueblo panameño de que Panamá estaba siendo estrangulada por el FMI. El FMI trató de presionar a los sindicatos para que sacaran a Noriega del poder, advirtiéndoles de que a Panamá le esperaba una terrible austeridad si no se derrocaba a Noriega.

La posición del FMI respecto a Panamá, Colombia y el Caribe la dejó clara John Holdson, un alto funcionario del Banco Mundial, quien dijo que la "industria" de la cocaína era muy ventajosa para los países productores: "Desde su punto de vista, no podían encontrar un producto mejor". La oficina del FMI en Colombia declaró abiertamente que, para el FMI, la marihuana y la cocaína eran cultivos como cualquier otro que aportaban las tan necesarias divisas a la economía latinoamericana.

Los banqueros de Wall Street y sus aliados en Washington hicieron entonces que el Dr. Norman Bailey apoyara al Grupo Cívico en Panamá y en Estados Unidos. El Grupo Cívico se formó para apoyar los intentos de los banqueros de Wall Street de deshacerse de Noriega, al tiempo que se hacía ver como un asunto de interés público en Panamá. Las siguientes personas apoyaron al Grupo Cívico:

En Panamá	En Estados Unidos
Alvin Weedon Gamboa	Sol Linowitz
César y Ricardo Tribaldos	Elliott Richardson
Roberto Eisenmann	James Baker III
Carlos Rodrigues Milán	Presidente Ronald Reagan
Teniente Coronel Julian Melo Borbura	Senador Alfonse D'Amato
Los hermanos Robles	Henry Kissinger
José Blandón	David Rockefeller
Lewis Galindo	James Reston
Steven Samos	John R. Petty
Desfiles del General Rubén Darios	General Cisneros
Guillermo Endara	Billy Ford

Tras el fracaso de la campaña del FMI, los hermanos Coudert del Departamento de Estado, el *New York Times*, Kissinger Associates y el *Washington Post* lanzaron una campaña de desprestigio en la prensa estadounidense y mundial para poner a la opinión pública en contra de Noriega. Para ello, los conspiradores buscaron y obtuvieron el apoyo de narcotraficantes, banqueros de la droga, traficantes y diversos delincuentes. Cualquiera que pudiera acusar a Noriega de haber hecho algo malo o de ser un narcotraficante, incluso sin pruebas, era bienvenido. El flujo de dinero en efectivo a los bancos de drogas panameños, 6.000 millones de dólares al año, debía ser protegido.

La Cruzada Cívica, principal vehículo de coordinación de la campaña de desprestigio, se organizó en Washington D.C. en junio de 1987. Sus principales patrocinadores y apoyos financieros fueron los hermanos Coudert, Linowitz, la Comisión Trilateral, William Colby (principalmente de la CIA), Kissinger Associates y William G. Walker, Asistente Adjunto para Asuntos Internacionales del Departamento de Estado de Estados Unidos. José Blandón, autoproclamado "representante internacional de la oposición panameña a Noriega", fue contratado para dirigir la organización.

La publicidad estaba en manos del Dr. Norman Bailey, antiguo alto funcionario panameño. El Dr. Bailey trabajaba en el Consejo de Seguridad Nacional, cuyas funciones incluían el estudio del movimiento del dinero de la droga, lo que, por supuesto, le permitió conocer de primera mano cómo entraba y salía el dinero de la droga de los bancos panameños. Bailey era un amigo íntimo de Nicholas Ardito Barletta. El Dr. Bailey se enfrentó a Noriega cuando éste trató de imponer las "condicionalidades" del FMI que habrían impuesto mayores medidas de austeridad al pueblo panameño. El socio de Bailey era William Colby, del bufete de abogados Colby, Bailey, Werner y Asociados. Fue a esta empresa a la que acudieron los banqueros y narcotraficantes en pánico cuando quedó claro que Noriega iba en serio.

Al asumir el cargo con la Cruzada Cívica, Bailey dijo: "Empecé mi guerra contra Panamá cuando mi amigo Nicky Barletta dimitió como presidente de Panamá". Bailey había estado en una posición única para descubrir las leyes de secreto bancario de Panamá de la mano de Barletta, el hombre que las había puesto en marcha. ¿Por qué se enfadó Bailey porque Barletta perdió su trabajo? Porque privó a los capos de la droga y a sus aliados banqueros de tener su propio "hombre en Panamá", lo que supuso un duro golpe para el buen flujo de dinero y cocaína que entraba y salía de Panamá. Barletta era también el pistolero del FMI, y un gran favorito del establishment liberal del Este, especialmente entre los miembros del Bohemian's Club. No es de extrañar que Noriega se encontrara de frente con Barletta y el establishment de Washington D.C.

Bajo la dirección de Bailey, la Cruzada Cívica cerró el círculo de los barones de la cocaína de Colombia a los elitistas del narcotráfico en Washington y Londres. Gracias a Bailey se creó la mafia de la cocaína asesina de bajo nivel y los nombres respetables e intocables en los registros sociales y políticos de Washington, Londres, Boston y Nueva York.

Bailey dijo que quería expulsar a la PDF "porque es el país más militarizado del hemisferio occidental". Bailey dijo que una junta civil sustituiría a Noriega una vez que fuera derrocado. Ya llegaremos a los que Bailey propone para dirigir el Panamá post-Noriega. En apoyo de la Cruzada Cívica, seis miembros del personal del Senado viajaron a Panamá en noviembre de 1987 y permanecieron cuatro días. A su regreso, los funcionarios dijeron que era esencial que Noriega dimitiera, pero no mencionaron las asombrosas cantidades de dinero en efectivo y cocaína que transitaban por Panamá ni los esfuerzos de Noriega por prohibir el tráfico de drogas. Aunque no lo aclaró, el Senado, en una declaración sobre Panamá, sugirió que si "el desorden continúa", se podría llamar al ejército estadounidense.

¿Cuál fue la naturaleza de los disturbios? ¿Fueron expresiones espontáneas del descontento de la población panameña con Noriega, o fueron situaciones artificiales creadas para adaptarse a los planes de los banqueros de Wall Street? Para responder a esta pregunta, tenemos que analizar el papel desempeñado por John Maisto en los "problemas" de Panamá. Maisto era el número dos de la embajada estadounidense en Panamá. Había servido en Corea del Sur, Filipinas y Haití. Maisto tenía un historial de problemas. Tras su llegada a estos países, no tardaron en producirse disturbios y "desórdenes". Según una fuente de inteligencia independiente, la influencia de Maisto es responsable del 90% de las protestas callejeras en Panamá.

Bailey no intentó ocultar su apoyo a Maisto. En su intervención en un foro de la Universidad George Washington, Bailey dijo que Noriega sólo cedería si el pueblo panameño se lanzaba a las calles y era golpeado y fusilado. Bailey añadió que, a menos que se disponga de cámaras de televisión para estos eventos, "sería un esfuerzo inútil".

La gota que colmó el vaso de Noriega dos años después, en febrero de 1988, fue la acusación de un gran jurado de Miami. Esta venganza del Departamento de Justicia selló el destino de Noriega y subrayó la necesidad de deshacerse del arcaico sistema de grandes jurados que quedaba de la era de las cámaras estelares. Los procedimientos de la cámara estelar (gran jurado) nunca son justos para el acusado. Los capos de la droga y sus banqueros, junto con la clase política de Washington D.C., se deshicieron de Noriega, al que consideraron, con razón, una amenaza para sus multimillonarios ingresos anuales.

Las alarmas empezaron a sonar con fuerza y los llamamientos para destituir a Noriega se hicieron estridentes en 1986, tras el cierre forzoso del Primer Banco Interamericano y el asalto de la PDF al Banco de Iberiamérica, que pertenecía al Cártel de Cali. Junto con la destrucción de un laboratorio de procesamiento de cocaína y una enorme reserva de éter etílico en una remota selva panameña, el Comité de los 300 ordenó que Noriega fuera asesinado, o secuestrado y llevado a los Estados Unidos, con toda la rapidez posible.

El Subcomité de Relaciones Exteriores del Senado sobre Terrorismo, Narcóticos y Operaciones Internacionales, presidido por el senador John Kerry, no logró denunciar suficientemente a Noriega, aunque se lanzó un torrente de acusaciones falsas contra él en lo que equivalió a un juicio de Noriega en ausencia. Los guardianes del tráfico de drogas de 300.000 millones de dólares en el extranjero han pedido métodos más rápidos y duros para derrocar a Noriega. El senador Alfonse D'Amato aboga por la acción directa: quiere que los escuadrones de asalto asesinen a Noriega. D'Amato también sugirió el secuestro, y puede que Bush haya tomado la idea de él.

Luego, en respuesta a la presión de Wall Street, el presidente Bush cambió las reglas de enfrentamiento de las fuerzas estadounidenses en Panamá; a partir de entonces, debían buscar la confrontación con el PDF. El 8 de julio de 1989, el general Cisneros, comandante del Ejército Sur de Estados Unidos en

Panamá, hizo una declaración extraordinaria, por la que debería haber sido llamado a rendir cuentas:

> "La OEA no ha actuado con la suficiente firmeza para destituir a Noriega. En lo que a mí respecta, creo que es hora de una intervención militar en Panamá".

¿Desde cuándo se permite a los militares establecer una agenda política? A lo largo de octubre y noviembre de 1989, las fuerzas militares estadounidenses en Panamá hostigaron a las fuerzas armadas panameñas, lo que acabó provocando la trágica muerte de un soldado estadounidense en un control de carretera. Los soldados recibieron la orden de detenerse en un control de carretera establecido por la PDF. Se produjo una discusión y los soldados huyeron. Se produjeron disparos y uno de los soldados estadounidenses resultó muerto.

Esta fue la señal para que el presidente Bush lanzara su largamente planeado ataque a Panamá. Mientras Panamá se preparaba para la Navidad, en la noche del 20 de diciembre de 1989, se lanzó un violento acto de agresión contra Panamá, sin obtener previamente la declaración de guerra que exige la Constitución. Entre 28.000 y 29.000 soldados estadounidenses participaron en el ataque, que provocó la muerte de 7.000 ciudadanos panameños y la destrucción de toda la región del Chorrillo. Al menos 50 soldados estadounidenses murieron innecesariamente en esta guerra no declarada. Noriega fue secuestrado y trasladado en avión a Estados Unidos en un descarado acto de bandolerismo internacional, precursor de muchos otros que vendrían.

¿Por qué la administración Bush prestó tanta atención a Panamá? ¿Por qué hubo tanta presión para derrocar a Noriega? El hecho de que Estados Unidos haya llegado a extremos tan extraordinarios para deshacerse de un supuesto dictador de un país pequeño debería decirnos algo. Nos da mucha curiosidad saber qué hay detrás de esta saga. Debería hacernos aún más cautelosos, menos confiados en el gobierno, y no estar convencidos, a tan gran escala, de que lo que hace el gobierno estadounidense es necesariamente correcto.

Noriega golpeó a los oligarcas de la droga donde más les duele: en sus bolsillos. Le costó a los bancos que blanquean el dinero de la droga una gran parte de sus beneficios. Ha desprestigiado a los banqueros. Alteró el statu quo al dotar de fuerza a las leyes bancarias de Panamá. Noriega obstruyó el plan de los Andes de Kissinger e interrumpió la venta de armas en Centroamérica. Pisó los pies de gente muy poderosa. Por ello, el general Manuel Noriega fue condenado a pasar el resto de su vida en una prisión estadounidense.

En la mente de la mayoría de los estadounidenses, Panamá ha pasado a un segundo plano, si es que lo hace. Noriega está firmemente amurallado en la cárcel, ya no es un peligro para la administración Bush sin ley y los banqueros de Wall Street, ni para sus clientes del cártel de la droga. Parece haber funcionado con Carter, Reagan y Bush. El hecho de que la invasión descaradamente ilegal de Panamá costó la vida de 50 estadounidenses y 7.000 panameños se olvida rápidamente. Olvidado es el hombre al que el jefe de la DEA, el agente John Lawn, describió una vez como el mejor jugador del equipo antidroga que tuvo en Panamá. Nunca se ha revelado el coste que supone para los contribuyentes estadounidenses mantener a Panamá abierta al tráfico de drogas.

El delito de Noriega fue que sabía demasiado sobre el tráfico de drogas y los bancos que lo sirven, y en 1989 supuso una seria amenaza para los bancos Rockefeller que blanqueaban el dinero del supuesto comercio ilícito. Así que había que ocuparse de él. El barrio destruido por las tropas estadounidenses sigue en ruinas. En Panamá, la censura de prensa sigue vigente, incluso tres años después de la salida de las fuerzas invasoras estadounidenses. En agosto de 1992, el alcalde de la ciudad de Panamá, Mayín Correa, atacó al director de la revista *Momento* por publicar un artículo que revelaba las acciones del alcalde y sus "cuentas especiales" en un banco panameño.

No se tolera la oposición al gobierno títere de Washington. Cualquiera que participe en manifestaciones de protesta en Panamá se arriesga a ser detenido y encarcelado. Incluso "organizar" una manifestación es un delito, y los organizadores pueden ser encarcelados sin juicio. Este es el legado de Bush y de aquellos en la Cámara y el Senado que le permitieron salirse con la suya burlándose de la Constitución de los Estados Unidos.

El soborno y la corrupción son moneda corriente en Panamá, con acusaciones relacionadas con el narcotráfico en lo alto del gobierno de "Porky" Endara, el sustituto de Washington, incluyendo a Carlos López, presidente de la Corte Suprema de Justicia panameña. El desorden dejado por la administración Bush exige una investigación, pero lamentablemente nadie en Washington está interesado en hacer algo al respecto. La cruzada cívica ha desaparecido. Parece que la única cruzada cívica fue sobre la amenaza que Noriega suponía para los banqueros de Wall Street y sus socios en el comercio de la cocaína.

¿Se juzgará alguna vez a Bush por los crímenes de guerra cometidos en Panamá? No es probable, dado que el Tribunal Supremo de EE.UU. rechazó una solicitud muy modesta de 500 familias panameñas de restitución por las pérdidas sufridas durante la invasión de diciembre de 1989. ¿Qué pasa con el tráfico de drogas que la destitución de Noriega debía garantizar para acabar con la situación? La verdad es que no llegó a ninguna parte. Según mi fuente de inteligencia, Colón, la zona franca de Panamá, maneja hoy el doble de cocaína que en los años de Noriega. Los informes de inteligencia indican que cada día pasan por allí entre cinco y seis barcos cargados de droga. Donde antes sólo los altos funcionarios estaban pagados por los capos de la droga, hoy lo están todos; el narcotráfico en Panamá ha alcanzado cotas increíbles.

El dramático aumento del tráfico de drogas en Panamá ha ido acompañado del correspondiente incremento de la delincuencia: un 500% más desde que Noriega fue capturado por sus captores en 1989. Bandas de jóvenes desempleados recorren la otrora bulliciosa ciudad de Colón en busca de trabajo, sólo para ser rechazados una y otra vez y abandonados a su suerte, generalmente la delincuencia. Con la PDF disuelta, las calles y carreteras son propiedad de los gánsteres, incluidos algunos antiguos miembros de la PDF, que no pueden encontrar trabajo porque están en la "lista negra". Varias empresas estadounidenses con sede en la Zona Franca de Colón se vieron obligadas a regresar a Estados Unidos porque sus ejecutivos fueron secuestrados y retenidos para pedir un rescate, a menudo de un millón de dólares, lo que nunca podría haber ocurrido cuando Noriega estaba al mando.

Ante el temor de que el índice de criminalidad fuera mayor que bajo el gobierno de Noriega, se creó un gran ejército de guardias privados. El presidente Bush dijo al mundo que la Fuerza de Defensa de Panamá era "una herramienta de represión" del gobierno de Noriega, e hizo saber que él y su amigo el Dr. Bailey tenían la intención de desmantelar la fuerza. Panamá se quedó sin su otrora bien disciplinada PDF, sustituida por 15.000 guardias privados y cada miembro del gobierno con su propio ejército privado. La anarquía reinaba en las calles de Panamá.

La corrupción es generalizada. Las subvenciones de Estados Unidos (el dinero de los contribuyentes estadounidenses), que debían utilizarse para reconstruir los barrios destruidos, acabaron en las codiciosas manos de los políticos puestos en el poder por Washington. El resultado: pisos de hormigón inhabitables, en forma de bloque, sin ventanas, baños ni cocinas, sin pintar y no aptos para ser habitados. Esto es lo que la "democracia" de George Bush ha conseguido en Panamá.

IX. Enfoque en Yugoslavia

Serbia siempre ha sido un país conflictivo en los Balcanes, como demuestra el acontecimiento que dio lugar a la Primera Guerra Mundial. Ese acontecimiento fue el asesinato del archiduque Fernando el 28 de junio de 1914, mientras visitaba Sarajevo. El asesino, Gavrilo Princip, que, junto con sus cómplices, actuaba en nombre de la sociedad secreta serbia conocida como "Unión o Muerte" (la Mano Negra), fundada en 1911 por Serbia y utilizada para fomentar la agitación contra Austria en nombre de las reivindicaciones territoriales serbias.

El gobierno serbio conocía el complot y no hizo nada para evitarlo. Europa se sintió indignada por este crimen, sobre todo teniendo en cuenta los años de actividad intolerable de Serbia. El 5 de julio de 1914, el Conde Alexander Hoyos fue enviado a Berlín y declaró:

> "... Estoy aquí para solucionar de una vez por todas los problemas de los constantes disturbios serbios y para exigir justicia para Austria".

Lo que reveló la visita de Hoyos fue que Serbia era un verdadero problema, un alborotador de primer orden, que pretendía adquirir territorio y establecer una dinastía serbia.

El 23 de julio de 1914, Austria envió un ultimátum por escrito a Serbia:

1) Disolución de las publicaciones y organizaciones dedicadas a la propaganda contra Austria.

2) Destitución de funcionarios acusados por Austria de actividades antiaustríacas.

3) Cese de la propaganda antiaustríaca en las escuelas.

4) Colaboración con el gobierno austriaco para establecer la responsabilidad del asesinato del archiduque Fernando.

5) Procedimientos judiciales contra los responsables de la trama

6) La detención de dos funcionarios serbios que se sabe que están involucrados.

7) Disculpa del gobierno serbio

De la historia de este periodo se desprende que los serbios eran taimados en un grado no conocido hasta entonces en los Balcanes. Incluso antes de dar su respuesta, los serbios se movilizaron para la guerra contra Austria. Su respuesta oficial parecía en apariencia conciliadora, pero al examinarla de cerca era en realidad un rechazo a las demandas austriacas. Rusia también había asegurado en secreto que no permitiría que Serbia fuera atacada, y en privado Serbia recibió la misma promesa del gobierno británico...

El 28 de julio de 1914, Austria declaró la guerra a Serbia, seguida del bombardeo de Belgrado, y Alemania exigió la ocupación de Serbia. Posteriormente, muchas otras naciones declararon la guerra:

1 de Agosto: Alemania contra Rusia.

3 de agosto: Alemania contra Francia.

4 de agosto: Gran Bretaña contra Alemania.

5 de agosto: Montenegro contra Austria.

6 de agosto: Serbia contra Alemania.

6 de agosto: Austria contra Rusia.

8 de agosto: Montenegro contra Alemania.

Luego hubo una explosión de declaraciones de guerra, Japón contra Alemania, Serbia contra Turquía, Bulgaria contra Serbia, culminando en 1918 con Guatemala contra Alemania, Nicaragua contra Alemania y Austria, Costa Rica contra Alemania, Haití y

Honduras contra Alemania. Desgraciadamente, Rusia no fue capaz de ver el panorama general: Gran Bretaña le tendió una trampa para la revolución bolchevique que se avecinaba, y el zar Nicolás cayó en la trampa que le tendieron los taimados serbios y los aún más dudosos británicos.

El 7 de mayo de 1915, a instancias de Gran Bretaña, los Aliados dieron a Serbia una garantía de la eventual adquisición de Bosnia y Herzegovina, que incluía una garantía de "amplio acceso al Adriático". Esta fue la causa fundamental de la agresión serbia contra estos estados, que en 1993 amenazó con envolver a Europa una vez más en una guerra devastadora. A lo largo de las cuatro décadas de agitación y terror, se puede ver la mano de la nobleza negra británica, encarnada por Sir Edward Grey, el responsable de arrastrar a Estados Unidos a la Primera Guerra Mundial. En la actualidad, los actores son Lord David Owen, Lord Carrington, Cyrus Vance y Warren Christopher.

El 18 de diciembre de 1916 se hicieron públicas las llamadas propuestas Wilson, entre las que se encontraba la exigencia del gobierno británico de restablecer Serbia y Montenegro. A la luz de la intervención de Estados Unidos junto a Gran Bretaña en 1916, no debería sorprendernos la actual agitación para involucrar a Estados Unidos, a través del despacho del Secretario de Estado Warren Christopher del Consejo de Relaciones Exteriores, en la creación de una guerra más amplia en los Balcanes. Todo esto se ha hecho antes.

Una breve historia de Yugoslavia revela la presencia de maquinaciones oligárquicas británicas. El 20 de julio de 1917, bajo la enorme presión de la Sociedad de Naciones, precursora de las Naciones Unidas, Gran Bretaña e Italia, los croatas, serbios y montenegrinos firmaron el Pacto de Corfú. Para los serbios, la firma del pacto significó el primer paso hacia una dinastía serbia en los Balcanes, en la que los Habsburgo desempeñarían un papel crucial. Los croatas, apoyados por la Iglesia católica, se opusieron al pacto, pero no pudieron impedir su aplicación. Así, una única nación bajo una dinastía serbia se acercó un poco más a la realidad.

El 3 de noviembre de 1918, Alemania se vio obligada a aceptar la derrota en la Primera Guerra Mundial, gracias a la intervención militar estadounidense, planeada por Grey, el coronel House (Mandel Huis) y el presidente Wilson. A instancias del gobierno británico, se celebra una "Conferencia Yugoslava" en Ginebra y se proclama el Reino de Croacia, Eslovenia y Serbia el 4 de diciembre de 1918.

Los serbios iniciaron inmediatamente actos de agresión contra Croacia en un intento de hacer valer sus derechos sobre el territorio croata, a pesar de lo que habían firmado en Ginebra. El 26 de noviembre de 1917, los montenegrinos proclamaron su unión con Serbia y el príncipe Alejandro aceptó el nuevo estado. La historia de esta región, a partir de ese momento, muestra con bastante claridad todos los engaños, encubrimientos y mentiras descaradas que llevaron al colapso de Serbia, hasta el conflicto actual, en el que el gobierno británico desempeñó un papel destacado.

Como he señalado tantas veces, el enemigo de los pueblos libres de todo el mundo no es tanto el comunismo, sino el gobierno paralelo secreto, todopoderoso y superior de Washington, que de hecho siempre ha considerado a los comunistas de todo el mundo como aliados, mientras que nunca ha admitido que el comunismo y el socialismo fueron creados en Gran Bretaña y Estados Unidos.

En ningún lugar es más evidente que en Yugoslavia y Sudáfrica. El sistema monetario babilónico, falsamente llamado "capitalismo", es una amenaza mucho mayor para la civilización occidental que las doctrinas de Karl Marx, ya que crea las condiciones mundiales y luego las manipula para sus amos del Nuevo Orden Mundial, el gobierno único, en beneficio de los banqueros internacionales.

Este bloque oligárquico tiránico se creó hace décadas para despojar a las naciones de su soberanía, su patrimonio cultural y sus recursos naturales. En el caso de Sudáfrica, la guerra anglo-boer (1899-1902) adoptó la forma de un genocidio masivo y fue un intento de aplastar la lengua holandesa y la religión cristiana del pueblo. Fue acompañada por el robo masivo de grandes cantidades de oro, diamantes, platino, titanio, mineral de hierro y otros metales y minerales.

La rueda de la desgracia ha cerrado el círculo en Sudáfrica, con el "Judas Iscariote" Pieter Botha vendiendo su alma al gobierno del mundo único y el "Kerensky" Willem De Klerk traicionando a su pueblo de una manera que habría hecho sonrojar a Benedict Arnold. En el caso de Sudáfrica, la excusa fue el "apartheid", la doctrina bíblica de la separación racial, mientras que en la India se permitió que el sistema mucho peor de separación de castas establecido por la ocupación británica floreciera sin ser perturbado, como todavía sucede hoy. El "apartheid" en la India es mucho más riguroso que todo lo visto en Sudáfrica.

Sobre la base de una risible preocupación por el bienestar de la población negra, un criminal convicto, Nelson Mandela, cuyos crímenes incluían el robo, el terrorismo, la fabricación de bombas y la traición, fue convertido repentinamente en un héroe nacional por los chacales de los medios de comunicación, al igual que sus compañeros criminales, encabezados por los abogados indios y el comunista judío Joe Slovo. Este será el nuevo gobierno de Sudáfrica, una vez que De Klerk entregue el poder a Mandela. El pueblo sudafricano se está dando cuenta ahora, con asombro y horror, de que Moscú sólo desempeñó un papel muy secundario en su traición. Los principales protagonistas fueron Washington y Londres.

El gobierno supranacional, bajo la dirección del Comité de los 300, está utilizando su agenda de destrucción de la soberanía de las naciones directamente en Croacia y Bosnia-Herzegovina, y en los Estados Unidos, donde está ocupado subyugando la Constitución de los Estados Unidos a la Carta de la ONU, introducida a traición y con alevosía por el CFR y aprobada por el Senado de los Estados Unidos en 1945, con sólo cinco senadores que constan haber leído realmente el documento del tratado.

Croacia, una nación de 10.000 años de antigüedad, fue víctima de los mismos conspiradores que tanto daño hicieron al mundo.

Con el pretexto de que se había puesto del lado de Alemania en la Segunda Guerra Mundial, Croacia empezó a sentir las garras de los periodistas de la pluma venenosa de los medios de comunicación estadounidenses. A pesar de tener un gobierno elegido democráticamente, a pesar de su soberanía aceptada y reconocida por las Naciones Unidas, la Comunidad Económica Europea, el gobierno secreto de los Estados Unidos se propuso destruir a Croacia, que sólo había aceptado a regañadientes la unidad que le impusieron los "Aliados" el 1er de diciembre.

Apoyado plenamente por Gran Bretaña y Estados Unidos, el plan serbio consistía en tomar todo el territorio posible, de modo que una vez que los serbios obtuvieran lo que querían, las Naciones Unidas fueran llamadas a "decidir". Esta decisión se tomaría en función del territorio ocupado por los serbios, de ahí la necesidad de expulsar a croatas y musulmanes en la medida en que los serbios pudieran salirse con la suya. Este es el origen de la "limpieza étnica".

El presidente George Bush dejó clara su posición el 9 de noviembre de 1991:

> "Vemos en Yugoslavia cómo el orgullo nacional puede llevar a un país a una sangrienta guerra civil".

Esta fue también la "línea" del gobierno británico; la soberanía nacional va a ser relegada al fondo de la historia en favor del establecimiento de un Nuevo Orden Mundial.

De todos los líderes cristianos, sólo el Papa Juan Pablo II tuvo el valor de hablar contra los serbios, menos de cuatro días después de que Bush diera luz verde al presidente Milosevic. Muchos líderes eclesiásticos protestantes guardaron un llamativo silencio:

> "Hay que poner fin a esta tragedia, que avergüenza a Europa y al mundo. En los últimos días se han producido ataques violentos sin precedentes en toda Croacia, pero especialmente en Dubrovnik y Vukovar. En Dubrovnik fueron alcanzados, entre otros, un hotel y un hospital lleno de refugiados y heridos. Esto es una agresión, y debe parar.

Ruego al ejército yugoslavo que perdone la vida a los civiles indefensos".

La respuesta del gobierno de Belgrado fue intensificar el bombardeo de viviendas civiles, iglesias, escuelas y hospitales, sabiendo perfectamente que la administración Bush no tomaría ninguna medida para detener la violencia.

En una de sus acciones más insidiosas, Slobodan Milosevic pidió a las Naciones Unidas que enviaran "fuerzas de paz" para dividir a los dos bandos. Esta petición fue aceptada por la ONU, que, al estacionar sus tropas, aceptó tácitamente que la tierra tomada por el ejército yugoslavo pertenece ahora a Serbia. La misma traición se repitió en Bosnia y Herzegovina. Lord Carrington, el traidor a la OTAN y a Rodesia, pidió servicialmente a las Naciones Unidas que desplegara sus soldados en lo que él llamaba zonas de crisis, cumpliendo así perfectamente el objetivo yugoslavo.

Con la ayuda de Lawrence Eagleburger, Cyrus Vance y la administración Bush, se amenazó a Alemania con represalias económicas si reconocía la independencia de Croacia y Bosnia y Herzegovina. Eagleburger, que fue fustigado por el congresista Henry González por sus amplios vínculos financieros con el gobierno de Belgrado, dijo que Estados Unidos nunca debería permitir que ninguna nación europea reconociera la independencia de Croacia y Bosnia-Herzegovina. Vance, que participó en el plan elaborado por el Coloquio Interreligioso por la Paz celebrado en Bellagio (Italia) en 1972, anunció que era "demasiado peligroso" reconocer la independencia de Bosnia y Croacia, pero Vance no dijo lo que realmente quería decir: que en realidad era "demasiado peligroso" para el Nuevo Orden Mundial: ¡el Gobierno Único!

El Papa Juan Pablo II frenó el plan de Bush diciendo que "enviaría un mensaje a las repúblicas reconociendo su independencia". Este anuncio causó una gran conmoción en el Comité de los 300 y en las instituciones de Washington y Londres, y contribuyó a convencer a Alemania de que reconociera a Croacia y a Bosnia-Herzegovina.

El líder serbio Milosevic ha abandonado "Yugoslavia" en favor de la "Gran Serbia". Todas las unidades militares serbias, regulares e irregulares, están ahora concentradas en apoderarse de todo el territorio posible antes de que Estados Unidos y Gran Bretaña se vean obligados por la presión pública a hacer un débil intento de detener sus villanas acciones. El modelo en el que Milosevic basó sus ambiciones territoriales fue el formulado por los británicos en la conferencia de Lausana de 1923, donde se acordó un plan de expulsiones masivas de la población civil de Grecia y Turquía que causó miles de muertos. También es una copia casi exacta de la forma en que el Líbano fue dividido.

La administración Bush, plenamente consciente de la estrategia serbia, la siguió. Gran Bretaña y Estados Unidos han hecho la vista gorda ante la matanza que se está produciendo en los Balcanes, donde el genocidio masivo y la adquisición de territorio avanzan con tanta rapidez que, si no se detiene el avance de Milosevic inmediatamente, será demasiado tarde. Ha habido algunos cambios; mientras que en Croacia se expulsó a la mayor parte de la población, ahora en Bosnia, especialmente en las zonas musulmanas, se está masacrando deliberadamente a los ciudadanos.

El problema de los refugiados está siendo asumido por la muerte a una escala no vista desde la Segunda Guerra Mundial. Aldeas enteras y pequeñas ciudades han sido destruidas, sus habitantes, jóvenes y ancianos, han recibido disparos o han sido alcanzados deliberadamente por proyectiles y fuego de mortero. Fuentes de la inteligencia francesa me dijeron que

> "Casi el 68% de Bosnia corre el riesgo de ser eliminado, personas, iglesias, escuelas y hogares. Esta es la peor forma de terror que hemos visto en los últimos setenta años".

"¿Y las tropas de la ONU? "¿Qué están haciendo para proteger a los bosnios? ¿No se supone que están ahí para eso? "Mi fuente respondió:

> "Las fuerzas de la ONU están trabajando en realidad del lado de los serbios, que se supone que no pueden luchar dentro del territorio bosnio capturado y patrullado por la ONU, pero los serbios simplemente están utilizando a las tropas de la ONU

como escudo. Por otro lado, las fuerzas de la ONU están impidiendo que las fuerzas bosnias retomen el territorio perdido por los serbios; las fuerzas de la ONU se interponen en su camino, pero no hacen nada para evitar que las fuerzas serbias ataquen por detrás de las fuerzas de paz".

Los serbios utilizaron las "zonas desmilitarizadas" para introducir artillería pesada y tanques. Los líderes bosnios están ahora seguros de que las fuerzas de la ONU están a favor del plan de Lausana de Lord Carrington: mientras Lord Owen habla de "paz", los serbios están esquivando a las fuerzas de la ONU.

Todo lo que han hecho hasta ahora Estados Unidos y Gran Bretaña, incluida la burla de las llamadas "sanciones" contra Serbia, ha sido una ventaja para Milosevic; ha podido decir a los serbios que son víctimas de la "agresión británica y estadounidense", mientras no sufrían ninguna privación por las desdentadas sanciones. Incluso el *Washington Post* admitió que las sanciones no cambian nada y concluyó que los combates no cesarán hasta que los serbios satisfagan sus ambiciones territoriales.

Como siempre en el caso de la estrategia política global, el gobierno británico está a la cabeza cuando se trata de infligir dolor y sufrimiento a otras naciones. Lord Carrington, un antiguo "negociador" cuyo historial de traición podría llenar dos volúmenes, afirma que "ambas partes mienten", el truco más antiguo para distorsionar la verdad. El *Daily Telegraph* de Londres dijo que no se debía dar ningún tipo de ayuda a Bosnia, ni siquiera alimentos:

> "Eso hace que sea más fácil para ellos seguir luchando. Se detendrían antes si se les dejara morir de hambre y de sus heridas o enfermedades. Hay que ser cruel para ser amable. Hay momentos en los que es una decisión difícil sentarse y ver a otros sufrir, pero sigue siendo la correcta".

El gobierno británico debería saberlo. Durante la guerra anglo-bóer (1899-1902), cuando no pudieron derrotar a una fuerza bóer insignificante e irregular, Lord Kitchener reunió a todas las mujeres y niños bóer, los metió en campos de concentración y los dejó morir de hambre y enfermedades. Unas 25.000 mujeres y niños bóers perecieron, lo que en comparación habría significado que el 17-18% de la población estadounidense habría sucumbido a esta barbarie. Al parecer, Lord Carrington y Lord Owen están repitiendo las tácticas de Kitchener en Bosnia y Croacia.

Una cosa es cierta: cobarde de corazón como todos los matones, Milosevic nunca se habría atrevido a destruir vidas humanas y bienes si no hubiera sabido que no sería detenido y que no sufriría represalias por parte de Gran Bretaña y Estados Unidos. Milosevic no tiene intención de poner fin a los combates hasta que haya capturado el 100% de Bosnia-Herzegovina. Si no se le detiene pronto, los combates pueden extenderse a Kosovo, que es una región de etnia albanesa.

Turquía ya se ha comprometido a acudir en ayuda de los musulmanes si se ataca a Kosovo. Turquía utilizaría su pacto con Albania para justificar dicha acción. Si esto sucede, el peligro de una guerra que envuelva a toda Europa será aún mayor, ya que los refugiados inundarán Macedonia, que tiene una gran población albanesa-musulmana. Si Turquía acude en ayuda de los musulmanes, podemos esperar que Grecia se oponga, preparando el escenario para una rápida escalada hacia una guerra mayor.

En este momento, Macedonia está siendo sometida a la estrategia de la "Pérfida Albión", lo que significa que se está haciendo todo lo posible para socavar el gobierno macedonio, que fue elegido democráticamente el 1er de septiembre de 1991 y recibió su nueva constitución el 17 de noviembre de 1991. Por los informes de inteligencia que he recibido, parece que se está fomentando el aislamiento político desde Londres, lo que facilitará que la población serbia pida ayuda, abriendo así la puerta a un ataque del ejército serbio a Macedonia. Mi fuente de inteligencia me dijo: "Es casi seguro que esto sucederá una vez que termine Bosnia.

El plan de paz Owen-Carrington-Vance para Bosnia es una farsa macabra. Hará por los serbios lo que ellos han decidido hacer, sin más pérdida de vidas. El plan exige la partición de Bosnia, dando a los serbios una mayor parte de Bosnia, sin ninguna garantía de que, una vez firmada y declarada la paz, los serbios no vuelvan para acabar con lo que queda de los bosnios y, sobre todo, para poner fin a su centenaria presencia musulmana.

Lord Carrington expresó su desprecio por el pueblo de Bosnia-Herzegovina en The *Times de* Londres el 13 de mayo de 1992:

> "Si la gente quiere luchar, sólo hay dos opciones. O los dejamos luchar o los separamos por la fuerza".

Esto implica que Bosnia y Croacia han optado por luchar contra la agresión serbia sin una buena razón, siendo Serbia el agresor, y que se trata de una disputa familiar, o de una guerra civil. No se trata de una lucha, sino de un intento de Croacia y Bosnia por evitar que les arrebaten su tierra y aniquilen a su pueblo y su cultura.

Podemos deducir que Gran Bretaña ha estado a cargo de las operaciones en los Balcanes desde antes de la Primera Guerra Mundial. Se dice que el MI6 dirige muchos países, y no es una exageración. ¿Cómo se hace? Principalmente a través de actividades secretas de inteligencia autorizadas por el monarca británico, que actualmente es la reina Isabel II.

El MI6 sólo responde ante el monarca, y la reina Isabel II ha sido mucho más activa que la mayoría en los asuntos del MI6. Por supuesto, puede hacerlo, ya que los fondos proceden íntegramente de su cartera. La Reina Isabel es informada diariamente por la Sección "M" del MI6, lo que la hace estar mejor informada que el Presidente de los Estados Unidos. Su interés en los Balcanes, como operación británica, es incuestionable.

En la actual operación en Yugoslavia, que comenzó a principios de 1984, la inteligencia británica tiene el control total. En previsión de futuros acontecimientos, se pidieron grandes cantidades de pólvora para Yugoslavia a Sudáfrica, que en aquel momento fabricaba la pólvora de mejor calidad del mundo. Gran parte de la producción sudafricana fue a parar a Irán en 1984, pero entonces, por orden de alguien en Londres, Yugoslavia comenzó a desviar cantidades sustanciales de estos envíos para su propio uso. Los informes de inteligencia a los que tuve acceso revelaron que la parte financiera fue manejada por el banco Arbuthnot Latham de Londres, tanto para los iraníes como para los yugoslavos. La acumulación de armas continuó en los años previos a la "crisis constitucional" de Yugoslavia.

La "crisis constitucional" estalló por instigación del MI6 el 15 de mayo de 1991, cuando Milosevic, sus "bolcheviques" entrenados por el MI6 y una facción militante del ejército serbio bloquearon el sistema de presidentes de estado colectivos, alternando entre Serbia, Croacia, Eslovenia, Macedonia, Montenegro y Bosnia. Esto ocurrió cuando le tocó al croata Stipe Mesic ocupar el puesto.

Esta acción también bloqueó la firma por parte de todos los partidos de un acuerdo constitucional para crear cuatro repúblicas separadas, tal y como exigían las elecciones populares. Serbia, Croacia, Bosnia y Macedonia habían acordado convertirse en una confederación de Estados. Si esto hubiera ocurrido, el control del MI6 se habría debilitado considerablemente. La intención de Milosevic, que actuaba siguiendo las instrucciones del MI6, era iniciar una guerra en la que Serbia, con el ejército más fuerte, pudiera apoderarse de un territorio que no le pertenecía.

Mesic acudió a la radio de Belgrado para denunciar la incendiaria maniobra de Milosevic: "Este no es un conflicto interétnico, sino una crisis provocada por el expansionismo bolchevique-serbio". Estas palabras proféticas pasaron por alto a la mayoría de los líderes occidentales y a los pueblos del mundo; para ellos era sólo una tormenta en una taza de té, no el comienzo de la Tercera Guerra Mundial. Incluso en esta fase, no todo es inútil; Serbia está aislada, con el único apoyo de Montenegro, y parece que el MI6 puede ser desbaratado.

Como ha sido la costumbre del Comité de los 300 durante años, Estados Unidos se involucró en el conflicto para hacer el trabajo sucio a los británicos. Bush intervino en Yugoslavia como lo había hecho en la Guerra del Golfo. El 20 de mayo de 1991, Bush anunció la suspensión de toda la ayuda estadounidense a

Yugoslavia. Bush sabía muy bien que su acción desestabilizaría una situación delicada y provocaría una guerra armada, pero persistió con el engañoso argumento de que "Yugoslavia está llevando a cabo una severa represión en Kosovo". Incluso el momento del anuncio era muy sospechoso: Serbia estaba entonces en su tercer año de violencia contra los no serbios en Kosovo, un patrón que iba a seguir en Croacia y Bosnia, y que pronto seguirá en Macedonia.

¿Cuál fue el motivo de la crisis creada artificialmente? El gobierno británico quería impedir la expansión del comercio alemán en la cuenca del Danubio y la reestructuración de los Balcanes en pequeños estados fáciles de controlar. A medida que la crisis se ampliaba, Rusia advirtió que los Balcanes podían volver a convertirse en el polvorín que podría desencadenar una gran guerra en Europa. Dirigiendo sus comentarios directamente a Londres, Moscú dijo:

> "Hay una línea muy fina entre los buenos oficios y la injerencia en los asuntos internos.

Las guerrillas apoyadas por Serbia, que ahora parecen importar poco a Occidente, están empezando a atacar a Croacia, con la bendición de Moscú. Afirmando sin rodeos que Rusia se opondría a cualquier medida de apoyo a estados independientes, Moscú advierte que "comprometerse con un lado del conflicto significaría entrar en conflicto con otros dentro y fuera de Yugoslavia, un conflicto que podría convertirse en paneuropeo". Moscú siguió prestando apoyo militar a los serbios.

Alemania dijo que "los intentos de cambiar las fronteras por la fuerza son totalmente inaceptables" y sugirió que Gran Bretaña, Rusia y Estados Unidos estaban intentando ayudar a crear una Gran Serbia, una observación muy objetiva. Bush se había reunido con Gorbachov justo antes de que se hiciera la declaración alemana en agosto. Sin embargo, a pesar de todas las advertencias de que se avecinaba una gran guerra, Estados Unidos y Gran Bretaña no hicieron nada para aconsejar a su pueblo ni para detener los actos de guerra expansionistas de Serbia.

El 6 de agosto, el Ministro de Asuntos Exteriores holandés Van den Broek lanzó una advertencia a sus colegas europeos:

> "Nuestra misión en Yugoslavia ha fracasado. Por el momento no podemos hacer nada, pero queremos que el mundo sepa que fue la parte serbia la responsable del fracaso de las conversaciones. Yugoslavia se enfrenta ahora a una tragedia y una catástrofe.

Lo que Van den Broek no dijo es que la intransigencia serbia era apoyada en secreto por Londres, Washington y Moscú. El principal trazador estadounidense se llama Vance. Las llamas de la Tercera Guerra Mundial crecen cada vez más rápido, pero nadie parece prestar atención al peligro.

La inteligencia de alto secreto que se me mostró describe los planes expansionistas británico-serbios más o menos como sigue:

Los serbios lanzaron un asalto y trazaron nuevas fronteras con Croacia y Eslovenia. La ciudad de Vinkovci, un importante centro ferroviario, sería el foco del ataque. Esto desplazaría a 170.000 croatas y daría cabida a los serbios que engrosarían la población serbia existente de 29.000 personas. Esto es lo que ocurrió: comenzó la primera "limpieza étnica", sin apenas protesta por parte de Londres o Washington. Cómo podría haber alguna protesta, después de todo, se hizo de acuerdo con la estrategia estadounidense-británica para los Balcanes.

El plan británico, ideado por el MI6, apoya una "Gran Yugoslavia" que buscaría volver a las fronteras anteriores a 1915 en los Balcanes. Yo diría que 1915 fue el año óptimo para la guerra de Serbia contra Austria, una guerra que dio lugar a una considerable expansión de las fronteras serbias, y todo lo que hace el MI6 es retomar lo que dejó en 1915.

El servicio secreto británico le dijo a Milosevic que dejara la etiqueta de comunista y empezara a promover inmediatamente una patria serbia, lo que también hicieron los chacales de los medios de comunicación en Estados Unidos. En la primera etapa de la aplicación del plan británico, las ciudades de Karolbag, Karlovac y Virovitica fueron invadidas por irregulares serbios al mando de Vojslav Seselj, que cometió todo tipo de atrocidades y que posteriormente declaró a un periódico londinense:

> "... Los croatas deben moverse o morir.... No queremos otras nacionalidades en nuestros territorios y lucharemos por nuestras verdaderas fronteras".

En todo esto, la CIA aparentemente hizo la vista gorda, al igual que la administración Bush. Si Estados Unidos hubiera actuado con decisión en ese momento, no habría habido más "limpieza étnica". ¿Se puede imaginar a la CIA y a la administración Clinton haciendo la vista gorda si la Sudáfrica blanca adoptara las tácticas de Milosevic y empujara a las tribus negras de vuelta a sus tierras natales con gran violencia y derramamiento de sangre?

Sin duda se produciría un clamor en todo el mundo, y veríamos a las Naciones Unidas, Gran Bretaña y Estados Unidos enviando tropas a Sudáfrica en un abrir y cerrar de ojos. La hipocresía de estas potencias en sus relaciones con Serbia y Sudáfrica es atroz.

No hay duda de que no se ha tomado ninguna medida para detener las atrocidades serbias y el acaparamiento de tierras debido a la presión sionista. Los sionistas esperan utilizar las transferencias masivas de población para resolver lo que llaman "el problema palestino". El escritor sionista Sholomo Tadmor había expresado esta opinión, y citó el traslado masivo de hindúes y musulmanes en el momento de la separación de Pakistán de la India, supervisado por Lord Louis Mountbatten, como prueba de ello. Mountbatten fue asesinado, algunos dicen que a discreción del MI5, porque sus supuestas actividades homosexuales llegaron a ser embarazosas para la reina Isabel. Se dice que el "Tío Dicky" salía del armario con demasiada frecuencia y se negaba a escuchar los consejos del MI5 de ser más circunspecto con su vida privada.

Los vínculos entre Serbia y el sionismo desempeñan un papel importante en la tragedia profetizada por el ministro de Asuntos Exteriores holandés Van den Broek. Los salvajes ataques a Alemania y Croacia, incluidos los epítetos "nazis" lanzados contra el presidente croata Tudjman y el canciller alemán Kohl, lo dicen todo. Según mi contacto de inteligencia, los esfuerzos europeos para encontrar una solución viable al problema "han sido saboteados desde dentro por Gran Bretaña y fuentes en Jerusalén". Aparentemente, el método británico de equilibrio de poder entre Francia, Rusia, Turquía y Estados Unidos es el camino predeterminado.

En septiembre de 1991, había quedado muy claro que los serbios pretendían dividir Croacia y Bosnia-Herzegovina, a lo que seguiría la "limpieza étnica" de Macedonia. Los informes de los servicios de inteligencia británicos dejaron claro que el programa de los Balcanes estaba en marcha y se desarrollaba según lo previsto. Milosevic, Whitehall y Washington ignoran todas las peticiones de cese de la agresión serbia formuladas por los ministros de Asuntos Exteriores de la Comunidad Europea en Bruselas.

Mi fuente de inteligencia dijo que ninguno de los líderes europeos se atrevió a revelar que tenían las manos atadas cuando James Baker III y los británicos hicieron lo mismo.

El ministro de Asuntos Exteriores, Douglas Hurd, dio luz verde a Milosevic para lanzar un ataque a gran escala contra Bosnia y Herzegovina.

> "Los ministros europeos saben muy bien que es un ejercicio de inutilidad intentar evitar que los serbios, que se saben apoyados por Londres y Washington, sigan nuestras propuestas. No se puede hacer nada para detener la embestida serbia si no se retira el apoyo británico y estadounidense".

Probablemente sea cierto: sin el apoyo tácito de británicos y estadounidenses, Milosevic no se habría atrevido a cometer las despreciables atrocidades que dejaron casi 250.000 muertos, 2 millones de heridos y al menos 4 millones de refugiados. La posición de los serbios en Yugoslavia está respaldada por el apoyo estadounidense y británico.

La historia ha demostrado que el gobierno secreto de Gran Bretaña siempre ha tenido un éxito sorprendente en la consecución de sus objetivos mediante la diplomacia del engaño.

Pienso en las negociaciones de Palestina, que fueron fraudulentas desde el principio y controladas por el jefe de la Federación Sionista en Gran Bretaña, Lord Rothschild.

En septiembre de 1991, no fue Lord Rothschild, sino su subordinado Lord Carrington, un sionista confirmado, quien dio un paso adelante para negociar en Yugoslavia. Carrington había adquirido una excelente experiencia en la demolición de Rodesia, Sudáfrica, la OTAN y Argentina. Como maestro del engaño, la conferencia de paz de la Comunidad Europea que Carrington organizó el 7 de septiembre de 1991 en La Haya, Holanda, fue una carga pro-serbia. La conferencia tuvo el efecto de reforzar la agresión serbia, permitiendo a Serbia redibujar las fronteras de Yugoslavia en beneficio de una Gran Serbia.

Al adoptar un embargo sobre el comercio y los asuntos económicos con Yugoslavia, la conferencia no especificó que se castigaba a Croacia: la mayor parte del comercio europeo con Yugoslavia se realiza a través de Croacia. Al parecer, al castigar a Milosevic, fue Croacia la que sintió el peso del gran palo patrocinado por Gran Bretaña. La conferencia de paz para Yugoslavia no debía celebrarse a menos que los serbios dejaran de luchar, pero cuando Milosevic se negó a esta condición, los delegados de la CE la celebraron de todos modos, lo que supuso una auténtica victoria política para el carnicero de Belgrado.

Después de la fraudulenta conferencia, el ministro italiano de Asuntos Exteriores, Gianni de Michelis -que apoyó fervientemente la guerra ilegal de Bush contra Irak-, apoyó descaradamente a Milosevic al formular la siguiente pregunta: "¿Iríamos realmente a la guerra en Yugoslavia? ¿Moriríamos por Zagreb? Seguramente no. El 19 de septiembre, Lord Carrington reconoció oficialmente que la conferencia había fracasado. Por supuesto, no ha dicho que su intención sea fracasar. ¿Cómo podría haber sido un éxito, cuando Carrington se había negado a establecer condiciones previas para la reunión entre los serbios y las otras partes?

La conferencia patrocinada por los británicos y los estadounidenses pretendía dar a los agresores serbios todo el tiempo que necesitaban para apoderarse de más tierras y matar a más croatas, musulmanes y bosnios. Esto es precisamente lo que ocurrió. Además, por primera vez, las fuerzas aéreas yugoslavas lanzaron ataques aéreos contra ciudades civiles. Los enfrentamientos continuaron durante toda la conferencia sin que Lord Carrington reprendiera una sola vez a Milosevic por su conducta. La situación en Rodesia era casi idéntica: mientras Carrington hablaba de "paz" y las fuerzas rodenses no disparaban, el comunista Robert Mugabe continuaba con sus asaltos asesinos a mujeres y niños en comunidades aisladas, sin que Carrington expresara ninguna crítica.

Mi fuente de inteligencia me dijo que Carrington había amenazado a Alemania con "represalias económicas" si se salía de la línea y ofrecía apoyo real a los croatas y bosnios. Lord Carrington tomó su propia decisión secreta sobre una fuerza de "mantenimiento de la paz" de la ONU. Tras la conferencia, el canciller Kohl pidió reunirse con George Bush. Su petición fue aceptada con la condición de que no se hablara de intervención militar ni de sanciones financieras contra Belgrado. Lo único que aceptó Bush fue que se colocara una fuerza de mantenimiento de la paz a lo largo de las líneas entre Croacia y Serbia, reconociendo así de facto la ocupación serbia del territorio croata.

Advertido por los británicos, Milosevic rechazó incluso un movimiento tan insignificante contra Serbia, diciendo que no apreciaba "ninguna presencia militar extranjera". Kohl fue advertido de que si Alemania hacía olas, podría desencadenar una gran guerra en los Balcanes que podría extenderse rápidamente por toda Europa. Lo que Bush no quería reconocer era que esa guerra ya estaba muy avanzada y que nada podía evitarla.

Así, mientras los diplomáticos hablaban, los croatas, los musulmanes y los bosnios seguían sangrando. Para añadir su apoyo a la farsa, Bush envió a Cyrus Vance, un antiguo miembro de los Illuminati y alto funcionario del Comité de los 300, para mediar en una nueva ronda de conversaciones de paz. A su llegada a Belgrado el 9 de octubre, Vance, miembro original del

Coloquio Interreligioso por la Paz de 1972 -que sentó las bases de las actuales acciones en Yugoslavia- obtuvo la máxima cobertura mediática.

Todo lo que salió de la visita de Vance fue que el Departamento de Estado de EE.UU. pidió a los estadounidenses en Yugoslavia que abandonaran el país y redujo el personal consular de su embajada en Zagreb. El embargo de armas de Vance a los serbios fue, de nuevo, un completo fraude, pues sabía que el gobierno de Belgrado había acumulado grandes reservas de pólvora para su artillería y que su propia y próspera industria armamentística no se vería perjudicada por un embargo patrocinado por Estados Unidos. Al igual que con el embargo económico, fueron los croatas, los musulmanes y los bosnios los que se vieron gravemente afectados por el embargo de armas. Sería difícil encontrar una política más cruel de diplomacia mediante el engaño.

El 6 de noviembre de 1991, el canciller alemán Helmut Kohl no pudo contenerse más. Desafiando la orden de silencio impuesta por Lord Carrington y George Bush, Kohl dijo al Bundestag (Parlamento) que las repúblicas independientes de Eslovenia, Croacia y Bosnia-Herzegovina deben ser reconocidas inmediatamente. Kohl se vio impulsado por el tercer rechazo de Milosevic a un plan de paz europeo.

Mi fuente de inteligencia me dijo que Kohl estaba indignado por las tácticas de Lord Carrington, cuyos edictos pro-serbios eran cada vez más descarados. Carrington había dicho a Milosevic que no se exigiría a Serbia que respetara la región de Kosovo, dominada por los albaneses. Carrington dio entonces luz verde a las fuerzas serbias para que atacaran Kosovo y luego marcharan hacia Macedonia. Kohl había discutido en privado con sus jefes de inteligencia la posibilidad de congelar todos los activos yugoslavos en los bancos alemanes y obligar a los inversores alemanes a retirar su dinero a los bancos de Belgrado.

Mi fuente también me informó de que cuando las conversaciones secretas de Kohl se "filtraron" a Carrington, éste se enfadó mucho y, al parecer, advirtió a Milosevic de lo que podría ocurrir.

Milosevic emitió entonces un decreto urgente por el que se ordenaba al Banco Central Yugoslavo que depositara hasta el 95% de sus divisas - casi 5.000 millones de dólares - en cuentas bancarias suizas. Esta medida se tomó horas después del aviso de Carrington a Belgrado.

Insatisfecho con el daño que ya había hecho a las repúblicas independientes de Croacia, Eslovenia y Bosnia-Herzegovina, Bush, muy probablemente por instrucciones del Real Instituto de Asuntos Internacionales, fue a La Haya. El 9 de noviembre, se dirigió a los delegados de la Comunidad Europea. Declarando

> "En la nueva Europa no hay lugar para estos viejos resabios de animosidad, y lo que estamos viendo ahora en Yugoslavia es cómo el orgullo nacional puede dividir a un país en guerra civil.

Bush culpó entonces a Croacia de querer la independencia.

Continuando con su ataque a Croacia, el Sr. Bush dijo:

> "... Mientras avanza la urgente labor de construir la democracia y reformar el mercado, algunos ven el triunfo de la libertad como una amarga cosecha. Desde esta perspectiva, el colapso del comunismo ha abierto la caja de Pandora de los viejos odios étnicos, del resentimiento e incluso de la venganza... Toda Europa ha despertado ante los peligros de un viejo enemigo -el nacionalismo- movido por el odio e indiferente a fines más nobles. Este nacionalismo se alimenta de viejos y rancios prejuicios que enseñan la intolerancia y la sospecha, e incluso el racismo y el antisemitismo".

El final del discurso es la clave del discurso de Bush: la aspiración a la independencia se equipara al antisemitismo. La forma en que se establece el vínculo no estará clara para quienes no estén familiarizados con las palabras clave y la jerga de los servicios de inteligencia. ¿Qué hay detrás de este mensaje? Mis contactos en los servicios de inteligencia, especializados en palabras en clave, me dijeron que el mensaje iba dirigido a Alemania, como advertencia para que no acudiera en ayuda de Croacia, Eslovenia y Bosnia, para que no se confundiera con un aumento del nacionalismo que equiparara los intentos alemanes de ayuda con el "nazismo".

En el Parlamento canadiense, el gobierno también se vio obligado a hacer borrón y cuenta nueva. El 18 de noviembre de 1991, la ministra de Asuntos Exteriores, Barbara McDougall, se vio obligada a anunciar que no se reconocerían las repúblicas independientes de Croacia y Bosnia-Herzegovina. Entre aullidos de rabia de ambos lados de la Cámara, McDougall declaró que había sido convencida por Carrington y Vance de que el reconocimiento de las repúblicas sería una mala decisión. Se produjeron furiosos intercambios cuando se reveló el papel verdaderamente malvado, engañoso y traicionero de los dos falsos "negociadores". Increíblemente, McDougall declaró que

> "... el reconocimiento de Croacia, Bosnia y Eslovenia en este momento marcaría el fin del proceso negociado y dejaría que la cuestión se resolviera por la fuerza y la violencia.

Esta es precisamente la política de los serbios, y lo que siempre han querido.

Mientras tanto, el embargo de armas contra Yugoslavia seguía siendo una broma, ya que los serbios seguían recibiendo pólvora de los comerciantes suecos, así como otras armas no producidas en Yugoslavia. El tren de las armas no tenía fin. Los musulmanes no recibieron armas y los bosnios sólo recibieron una pequeña cantidad de rifles y granadas a través de Irán. Estas armas no eran rivales para la artillería y los tanques serbios. El ejército serbio, fuertemente armado, continuó su campaña de "campos de la muerte". Croacia y Bosnia, que habían recibido 7.000 fusiles y munición suficiente para tres meses, se enfrentaron a la artillería serbia de 155 mm, los morteros, las ametralladoras pesadas, los lanzagranadas, los tanques y los vehículos blindados.

La Convención de Ginebra fue totalmente incumplida por los serbios, pero Estados Unidos no puede quejarse de ello, porque hicimos exactamente lo mismo en Irak, si no peor. No conozco ningún incidente que pueda igualar la bárbara brutalidad de enterrar vivos a 12.000 soldados iraquíes. La artillería pesada serbia lanzó una lluvia asesina sobre iglesias (probablemente el objetivo número uno), hospitales, escuelas e incluso guarderías.

No hay duda de que los serbios pretendían aterrorizar, asesinar y mutilar al mayor número posible de civiles.

El futuro de Bosnia-Herzegovina es, sin duda, muy sombrío; los agresores serbios ocupan ya el 78% de la masa terrestre y empujan a diario todo lo que se les pone por delante en un formidable asalto, mientras la ONU se precipita por los caminos laterales y no hace nada para impedir el terror y la matanza masiva de inocentes. Mi fuente me dijo:

> "[La ONU está] totalmente desacreditada, no hace nada para ayudar a la población civil, y mucho menos para protegerla de las atrocidades serbias. La misión de la ONU en Bosnia, en particular, es una farsa y una vergüenza".

No contento con los estragos que ya había causado en Croacia, Bosnia-Herzegovina y Eslovenia, el Consejo de Ministros de la Comunidad Europea se reunió en Portugal el 2 de mayo de 1992 y emitió inmediatamente una declaración en la que se negaba a reconocer la independencia de la República de Macedonia. En efecto, era la tercera vez que fuerzas desestabilizadoras de fuera de Yugoslavia entraban en escena para asegurar que Macedonia fuera el próximo objetivo de la agresión serbia.

Macedonia tiene derecho a la independencia, como todos los Estados de los Balcanes. Tiene un territorio, un pueblo soberano, un parlamento soberano y un apoyo abrumador a la independencia expresado por el pueblo en un referéndum celebrado el 18 de septiembre de 1991. La Asamblea (parlamento) fue elegida en noviembre de 1990 y un año después se promulgó y aceptó una nueva constitución.

Entonces, ¿por qué el Consejo Europeo no quiere reconocer la independencia de Macedonia? La razón aducida es que a Grecia no le gusta el nombre de "Macedonia", que podría ser causa de futuros conflictos. Mientras tanto, se deja la puerta abierta a la agresión serbia con el argumento de que Macedonia no es una república, sino una parte integral de Yugoslavia. Espero que Macedonia sufra el destino de Croacia y Bosnia-Herzegovina, con la aprobación tácita de Estados Unidos, Gran Bretaña y Francia. El presidente francés Mitterrand está decidido a desempeñar un papel importante en Yugoslavia, aunque sea un presidente cojo.

Así, el escenario está preparado para la limpieza étnica en Macedonia, pero esta vez se intensificará y se extenderá a Albania y Hungría, lo que implica una fuerte posibilidad de intervención rusa, que significaría el comienzo de una gran guerra europea en la que Estados Unidos se vería involucrado. Nuestras fuerzas soportarán la principal carga en hombres, equipos y costes financieros.

No se debe permitir que esto ocurra. El pueblo estadounidense debe despertar de alguna manera a lo que está sucediendo, a pesar del engaño de los medios de comunicación. Hay muchas otras alternativas que pueden utilizarse para detener la guerra. Este tipo de medidas se han utilizado con éxito para derrocar al Sha de Irán, ejercer una fuerte presión sobre Sudáfrica y destruir Irak tras el fin de la violencia.

Una de las principales armas de Estados Unidos y Gran Bretaña es el control financiero. En pocos días, se podría obligar a los serbios a poner fin a su agresión prohibiendo el comercio en moneda yugoslava, congelando todos los fondos yugoslavos dondequiera que estén, e imponiendo severas sanciones a cualquier nación que comercie con la Yugoslavia serbia. Estas medidas, aplicadas con rigor, harán mucho más de lo que puede hacer cualquier fuerza terrestre, y pueden aplicarse rápidamente. Bajo ninguna circunstancia debe Estados Unidos comprometer fuerzas terrestres en los Balcanes, ya que esto anunciaría el comienzo de una gran guerra europea.

Junto con estas medidas financieras y económicas, Estados Unidos debería dar a Serbia tres días para retirar su artillería pesada y sus morteros, tras lo cual Estados Unidos, con la aprobación del Congreso, debería enviar cazabombarderos o misiles de crucero reequipados para destruir los emplazamientos de armas serbios. La excusa poco convincente de que nuestros pilotos no podrán encontrar sus objetivos hace un gran flaco favor a nuestras fuerzas armadas. Dados los avances de la tecnología, incluidos los infrarrojos y las imágenes láser, no cabe duda de que nuestros pilotos podrían encontrar sus objetivos en casi cualquier situación meteorológica, de día o de noche. Lo único que impide esta acción es la reticencia de Washington a actuar contra los intereses de Gran Bretaña. El uso de misiles de crucero reequipados también eliminaría cualquier posibilidad de bajas estadounidenses en el aire.

Los expertos en inteligencia de defensa dicen que se necesitaría una fuerza de 35.000 a 40.000 soldados para detener la agresión serbia. Se trata de una subestimación absoluta diseñada para engañar al pueblo estadounidense, que podría estar dispuesto a consentir la participación de un número tan elevado de tropas, pero se resistiría a una fuerza mayor. El gran plan es involucrar a nuestras tropas de tierra, ya sea en Bosnia o (más probablemente) en Macedonia. A su debido tiempo, se nos dirá que nuestras fuerzas terrestres están en peligro de ser sobrepasadas y que se necesitan 50.000 soldados más. A primera vista, quién de nosotros diría "no más tropas, ya es suficiente". Así es como la guerra se intensificará. Es hora de decir "NO" a las fuerzas terrestres y "SÍ" a los ataques aéreos o a los misiles de crucero para destruir la artillería pesada y los morteros serbios.

Tal acción frustraría el gran diseño de los estrategas británicos que desde hace tiempo planean mantener a Europa en un estado de subyugación -económica y militar- utilizando las alas políticas y militares de la OTAN. No hay necesidad de engañar una vez que se conoce el plan. Se trata de dejar claro lo que hay que hacer. La clara intención de Washington y Londres es imponer el nuevo orden mundial en Europa, utilizando a los serbios como terroristas sustitutos para demostrar a otras naciones que la protección de la OTAN sigue siendo una necesidad vital.

Lo que los defensores del Nuevo Orden Mundial intentan establecer es que existe una tendencia a largo plazo hacia la anarquía cuando dominan los intereses nacionalistas. La continua fragmentación de Europa, según el plan IRPC-Bellagio de 1972, debía demostrar que los pueblos que viven juntos, ya sean mayoritarios o minoritarios, siempre tendrán diferencias y tratarán de acabar con sus diferencias en un conflicto violento.

Por lo tanto, la protección de un gobierno no nacionalista del Nuevo Orden Mundial es absolutamente necesaria, e incluso deseable.

Según los estrategas del NWO,[10] un equilibrio de poder entre las naciones no resolverá el problema, ya que las naciones siempre sospecharán unas de otras, temiendo que una busque una ventaja sobre la otra. Un ejemplo de ello es la relación entre Japón y Estados Unidos, que se ha deteriorado mucho en los últimos cinco años. Un Nuevo Orden Mundial - un gobierno mundial único abordará las tensiones y las hará desaparecer, ya que la causa fundamental del problema es la rivalidad nacionalista, que sería eliminada.

Esta farsa idealista propuesta por el Nuevo Orden Mundial implicará, por supuesto, traslados masivos de grandes grupos de población, que, según se nos dice, no irán acompañados de derramamiento de sangre. "Ya vieron lo que pasó en Yugoslavia", dirán los estrategas del NWO, "seguramente es mejor lograr esas transferencias de manera pacífica". Podrían señalar los traslados pacíficos de hindúes y musulmanes, griegos y turcos; estos últimos al final de la Primera Guerra Mundial. La verdad es muy distinta: millones de hindúes y musulmanes murieron, junto con miles de griegos y turcos, en estos traslados "pacíficos".

"Tal vez", dirán los planificadores del NWO, "pero el verdadero beneficio vendrá de una desviación de la política mundial". En apoyo de su teoría, señalan los horrores de Yugoslavia, que prometen que nunca podrán repetirse en un Nuevo Orden Mundial/Un Gobierno. Señalan la incapacidad de Europa para detener las hostilidades en Yugoslavia, prometiendo que bajo un Gobierno único no se producirían tales conflictos. Si, por casualidad, estallaran, serían rápidamente sofocados. El flagrante fracaso de Europa a la hora de evitar el conflicto yugoslavo será visto como un modelo de cómo no se debe permitir que el mundo dirija sus asuntos en el futuro.

---

[10] Nuevo Orden Mundial, Ndt.

En estas circunstancias, el colapso de Europa en una gran guerra sería una gran ventaja para el Nuevo Orden Mundial - Gobierno Mundial Único. Los franceses se apresuraron a abrazar a Woodrow Wilson como pacificador y salvador cuando llegó a París con su plan de paz, y el engaño está a punto de repetirse. Es probable que las naciones europeas y americanas se apresuren a abrazar el Nuevo Orden Mundial-Gobierno Mundial como única esperanza de paz eterna.

Al igual que el plan de paz de 14 puntos de Wilson, lo que cada una de las naciones obtendrá es una esclavitud eterna y una barbarie nunca vista en la tierra. La tragedia yugoslava es una tragedia creada artificialmente, con objetivos mucho más amplios en la estrategia general. La brutalidad de los serbios es algo bueno, porque hace que las naciones de Europa teman cada día que puedan ser las siguientes, y a su debido tiempo se habrán "ablandado" lo suficiente como para recibir con los brazos abiertos a sus futuros amos esclavistas.

Tras meses de dudas, el presidente Clinton prometió armar a los musulmanes bosnios. Los gritos de indignación se elevaron desde Londres. Con una sola voz, el plan fue denunciado por Lord Owen, Lord Carrington y Cyrus Vance. Según mi fuente de inteligencia, el mensaje que Clinton recibió de estos dignos representantes fue que

> "sería imprudente armar a los musulmanes bosnios, ya que esto sólo aumentaría el nivel de violencia que bloquearía un acuerdo pacífico por el que estamos trabajando".

Debido a esta indecorosa presión sobre la política exterior de Estados Unidos, Clinton ha retrasado el plan para ayudar a los musulmanes a defenderse, un retraso que permitirá a los agresores serbios seguir asesinando y apoderándose de tierras. A esto ha llegado "nuestra" nación independiente y soberana: doblamos la rodilla ante todas las exigencias del Comité de los 300.

Todavía no sabemos quiénes de la nobleza negra controlan a los serbios, pero está claro que algunos de sus miembros más importantes están involucrados. El Líbano es un buen ejemplo de lo que está por venir en Bosnia, Croacia y Eslovenia. La "guerra civil" en el Líbano fue instigada y controlada por miembros de la nobleza negra, el príncipe Johannes von Thurn und Taxis, lord Harlech (David Ormsby Gore) y lord Carrington, actuando conjuntamente con Alexander Haig, Julian Amery, Henry Kissinger, sir Edmund Peck, Nicholas Elliot (jefe de la estación del MI6 en Oriente Medio), Rupert Murdoch y Charles Douglas Home, entre otros.

Este crimen contra el Líbano fue descrito por los medios de comunicación como una guerra civil cuando no lo era. El ataque asesino de Serbia a sus vecinos se describe de la misma manera. Sólo que esta vez los conspiradores son mucho más cuidadosos para cubrir sus huellas, dada la forma en que fueron seguidos en el Líbano, lo que llevó a su descubrimiento por mí y otro escritor. En cuanto tenga los nombres de los controladores en la sombra en Serbia, no dudaré en exponerlos.

Al igual que en el Líbano, el plan consiste en dividir los Balcanes en una serie de pequeños estados débiles y autónomos que no podrán oponer ninguna resistencia a los planes del Nuevo Orden Mundial: un gobierno mundial. Si se envían tropas terrestres estadounidenses y aliadas a Bosnia y Kosovo, podrán hacer frente a la situación.

En Macedonia actuarán a la manera de la Fuerza Expedicionaria Aliada que desembarcó en Murmansk en los últimos días de la Primera Guerra Mundial.

Hay que desenmascarar la falta de ética de los compañeros Lawrence Eagleburger y Brent Scowcroft en los negocios yugoslavos, y no se puede sobrestimar la importancia de las conexiones de Milosevic en Washington. Los pueblos de Eslovenia, Bosnia-Herzegovina y Macedonia no recibirán ninguna ayuda de la única superpotencia mundial, controlada como un pelele por el Comité de los 300 y su departamento de asuntos exteriores, el Real Instituto de Asuntos Internacionales.

X. Anatomía de los asesinatos

El asesinato ha sido durante mucho tiempo el método preferido para deshacerse de un rival político o de un líder cuya política es antagónica a otra potencia, o cuando un líder designado por una agencia secreta no sigue obedeciendo sus órdenes, como en el caso del presidente John F. Kennedy.

Los asesinatos también se llevan a cabo para provocar cambios políticos, económicos o religiosos que los partidos opuestos a un gobierno, a un órgano de gobierno o a un precepto religioso consideran deseables. La historia está llena de ejemplos.

Muy a menudo hay conspiraciones en torno a los asesinatos que nunca se descubren, como en el caso del asesinato de Martin Luther King Jr, John F. Kennedy y Robert Kennedy. En los tres casos, el presunto asesino fue silenciado, Oswald antes de que pudiera tener su día en el tribunal; Ray al ser secuestrado por un abogado sin escrúpulos; Sirhan Sirhan en prisión. Así, millones de estadounidenses están convencidos de que ni Ray, ni Oswald ni Sirhan Sirhan apretaron el gatillo.

Inmediatamente después del asesinato de King, la policía de Memphis tuvo una oportunidad de oro para tomar las huellas dactilares de la casa de huéspedes donde supuestamente se alojó Ray. La casa de huéspedes estaba en South Main Street, en un barrio negro de Memphis; Ray llegó allí a las 3 de la tarde del 4 de abril de 1968. Los testigos dijeron haber visto a tres hombres salir del edificio, uno de los cuales era Ray. Sería interesante saber por qué no se hizo ningún esfuerzo para encontrar a los otros dos hombres vistos con Ray.

No hubo una identificación positiva de las huellas de Ray en la casa de huéspedes. Según el comandante Barney Ragsdale, de la

Oficina de Investigación de Georgia, la Penitenciaría Estatal de Missouri, donde Ray estaba encarcelado, envió al FBI el juego de huellas dactilares equivocado. Por alguna razón aún inexplicable, el FBI tardó dos semanas en encontrar las huellas de Ray antes de anunciar que era el asesino. Esto contradice la antigua afirmación del FBI de que puede identificar a una persona por comparación de huellas dactilares en 10 minutos. La comparación de las huellas dactilares se realizó a partir de los archivos de Los Ángeles, lo que supone una desviación del procedimiento habitual. Atlanta habría sido el lugar lógico para comprobar los registros. Las huellas dactilares de Los Ángeles eran las de Eric Starvo Galt. Una fotografía acompañaba las impresiones. ¿Este retraso tiene algo que ver con Eric Starvo Galt? ¿Era "Galt" Ray?

Cuando la policía de Memphis fue despedida por el FBI, el periodista de AP Don McKee escribió:

"Agentes federales han recorrido la ciudad mostrando bocetos del rostro de un hombre y haciendo preguntas sobre el nombre de Eric Starvo Galt, el misterioso objeto de una cacería vinculada a la búsqueda del asesino del Dr. Martin Luther King. Lo que los agentes han aprendido o lo que quieren de Galt es un secreto muy bien guardado."

Gaylord Shaw, también reportero de la AP, envió un despacho que decía:

"El FBI retiene la distribución a nivel nacional de un boceto del asesino del Dr. Martin Luther King. Cuando el Mustang blanco, que Ray supuestamente utilizó para huir después del tiroteo, fue encontrado en Atlanta, se atribuyó a Eric Starvo Galt. El FBI emitió un boletín en el que arrestaba a Galt por "conspirar con otro hombre que decía ser su hermano para dañar, oprimir, amenazar e intimidar al Dr. King"."

El boletín fue primero retirado y luego restablecido. Entre otras cosas, se reveló que Galt había tomado clases de baile en Nueva Orleans en 1964 y 1965. James Earl Ray estaba en la Penitenciaría Estatal de Missouri en ese momento.

Dos semanas después del asesinato de King, J. Edgar Hoover

anuncia que Galt es en realidad James Earl Ray. Hoover no dijo qué pasó con el hermano de Galt. ¿Por qué no se investigó el destino del "hermano" de Galt?

El misterioso desalojo del detective Redditt de la policía de Memphis de la zona del Motel Lorraine aún no se ha resuelto. Después de que Redditt fuera escoltado a su casa, el teniente de policía de Memphis Arkin recibió un mensaje del Servicio Secreto indicando que "se había cometido un error" en relación con el "contrato" sobre la vida de Redditt." El detective Arkin fue entonces a la casa de Redditt con un propósito desconocido. Arkin sigue sin hablar con nadie sobre este extraño episodio.

De hecho, Redditt fue acompañado en su misión de vigilancia por W.B. Richmond, un compañero detective. Richmond declaró que no estaba en una misión de vigilancia en el momento en que King fue tiroteado, sino que estaba en el cuartel general de la policía de Memphis y no sabía nada del asesinato. Más tarde, Richmond se dio la vuelta y admitió que estaba en una estación de bomberos, justo enfrente del Motel Lorraine, en el momento exacto en que King fue disparado. ¿Por qué la contradicción? ¿Atestiguó Richmond este hecho bajo juramento ante el Departamento de Justicia y, si es así, por qué nunca fue acusado de perjurio?

Cuando Scotland Yard detuvo a Ray en el aeropuerto londinense de Heathrow, éste dijo a los agentes que se llamaba "Ramon George Sneyd". Una vez más, el FBI hizo algo extraño: las huellas dactilares de Galt en Los Ángeles fueron enviadas a Scotland Yard, en lugar de las archivadas por el FBI en Washington.

La ahora famosa fotografía de King muerto en el balcón del Motel Lorraine muestra a Jesse Jackson y Andrew Young apuntando no a la ventana de la pensión, sino al montículo donde los testigos dicen haber visto a un hombre cubierto con una toalla escondido detrás de unos arbustos. La orientación de la herida en el cuerpo de King indica, más allá de cualquier duda razonable, que lo más probable es que ésta sea la zona desde la que se disparó, y no la ventana del baño de la casa de huéspedes.

No hay duda de que el juicio de Ray fue una parodia de justicia. A Ray no se le permitió mencionar la palabra "conspiración" que aparecía varias veces en su declaración inicial. El juez también se negó a que Ray hablara de su declaración de conspiración y su abogado, Percy Foreman, estuvo de acuerdo con el juez. Siguiendo el consejo de Foreman, Ray se declaró culpable, lo que destruyó sus posibilidades de tener un juicio completo y justo.

En octubre de 1974, se concedió a Ray una nueva vista en el tribunal federal de distrito de Memphis, pero tras ocho días de audiencias, su declaración fue rechazada. Ray siguió manteniendo su inocencia y dijo a su familia que estaba decidido a llegar a la verdad. Tal vez por eso, en 1977, mientras estaba en la prisión estatal de Brushy Mountain, se produjo un atentado contra su vida. Aunque sufrió graves heridas de arma blanca, Ray sobrevivió. Hay demasiados cabos sueltos para probar que Kay hizo el disparo que mató a King.

El Comité de los 300 se esfuerza constantemente por controlar todos los recursos naturales de todos los países. Su posición fue expuesta y reafirmada por H.G. Wells y Lord Bertrand Russell. En ningún lugar se ha aplicado esta postura con mayor firmeza que en el Congo y en Sudáfrica.

Conocido como el Congo Belga, este inmenso país, el segundo más grande de África, fue despojado durante décadas de sus recursos naturales: cobre, zinc, estaño, caucho, marfil y productos agrícolas como el cacao, el café y el aceite de palma. El rey belga Leopoldo II solía decir que todo lo que tenía valor en el Congo le pertenecía. Esto era ciertamente cierto, ya que el gobierno belga gestionaba los ferrocarriles, las minas, las fundiciones, las plantaciones de cacao y aceite de palma, las fábricas y los hoteles del país a través de empresas de fachada. Esta fue la política del Comité de los 300 en su mejor momento.

Los trabajadores congoleños recibían poca paga, y lo que obtenían era principalmente en forma de alojamiento gratuito, prestaciones médicas y ropa. Todo esto se vio amenazado por un aspirante a líder político llamado Patrice Lumumba que, en 1959, anunció la formación de un partido político nacional para oponerse al dominio belga del país. Las autoridades belgas tacharon a Lumumba de "comunista" y de peligro para el bienestar del país. Fue detenido y posteriormente puesto en libertad. De hecho, Lumumba no estaba preocupado por el comunismo, sino por mejorar la vida del pueblo congoleño.

En 1960 se produjeron grandes disturbios cuando Lumumba solicitó la independencia de Bélgica. Lumumba pidió ayuda a las Naciones Unidas y a Estados Unidos, pero se la negaron. El Departamento de Estado lo describió como un "hombre que juega con la verborrea marxista", que, por cierto, no aportó ninguna prueba de su afirmación. El sorprendente don de la oratoria de Lumumba está causando tal impresión en el pueblo congoleño que el Comité de los 300 empieza a interesarse por el asunto.

En agosto de 1960, dos oficiales de la CIA, ambos con antecedentes penales, recibieron la orden de Allen Dulles de asesinar a Lumumba en un plazo de tres meses. Los informes de la CIA en el Congo destacaron el don de la oratoria de Lumumba y también describieron las supuestas conexiones comunistas de Lumumba. Al mes siguiente, la CIA ordenó a Joseph Schneider, un científico bacteriológico, que viajara al Congo con una valija diplomática que contenía un frasco de un virus mortal que debía utilizarse para matar a Lumumba. Dulles ordenó la eliminación de Lumumba tras consultar con Eisenhower, pero el virus que portaba Schneider no pudo ser administrado porque Lumumba estaba en constante movimiento.

El Comité de Supervisión de Inteligencia del Senado, presidido por Frank Church, informó de que la CIA estaba en contacto con elementos del Congo que querían matar a Lumumba. El informe de la Iglesia sugería que se trataba de agentes del gobierno belga. Temiendo por su vida, Lumumba solicitó la protección de la ONU, pero se le negó la ayuda. En su lugar, la ONU lo puso bajo arresto domiciliario, pero consiguió escapar en un coche proporcionado por su hermano, y con su mujer y uno de sus hijos, Lumumba huyó a Stanleyville, donde gozaba de un fuerte apoyo.

Los informes de la CIA de 1960 cuentan cómo la agencia ayudó a recapturar a Lumumba mostrando a los militares congoleños cómo y dónde establecer controles de carretera. El líder títere designado por el Comité de los 300, un tal Joseph Mobutu, supervisó el registro. Cuando Lumumba fue capturado por los hombres de Mobutu el 1er de diciembre de 1960, estuvo prisionero hasta el 17 de enero de 1961.

El 12 de febrero de 1961, Mobutu anunció que Lumumba había escapado de una casa en una zona remota donde estaba retenido y que había sido asesinado por tribus hostiles. Pero John Syckwell, de la CIA, dijo que un agente de la CIA había llevado el cuerpo de Lumumba en el maletero de su coche mientras decidía qué hacer con él, lo que nunca se reveló exactamente. Sin embargo, la ONU informó de que dos mercenarios belgas, el coronel Huyghe y el capitán Gat, fueron los asesinos. El Departamento de Justicia concluyó sus investigaciones diciendo que no había pruebas de la participación de la CIA en el asesinato de Lumumba.

El asesinato del Papa Juan Pablo Ier también puede calificarse de asesinato político si se tiene en cuenta que el Vaticano es un Estado y que su titular, el Papa, puede ejercer y ejerce un enorme poder que ha cambiado el curso de la historia. Por los documentos que he estudiado, es seguro que cuatro papas fueron asesinados, todos por la administración de veneno.

La historia del Papa Clemente XIII (Carlo Rezzonico) está bien documentada, si no probada. A instancias de la realeza europea, Clemente decidió acabar con la subversión de los jesuitas en la jerarquía de la Iglesia católica. Tras meses de espera, la proclamación de Clemente suprimiendo la orden de los jesuitas estaba lista. Pero nunca tuvo la oportunidad de leerlo para incluirlo en el derecho canónico. Tras una noche de terribles convulsiones y vómitos, Clemente murió el 12 de febrero de 1769. La proclamación de Clemente desapareció, para no volver a ser encontrada, y los jesuitas se hicieron más fuertes que nunca.

El Papa Clemente XIV (Lorenzo Gananelli) retomó el camino donde el Papa Clemente XIII se había visto obligado (por la muerte) a dejarlo. El 16 de agosto de 1773, Clemente emitió la bula "Dominus ac Redemptor" que declaraba a los jesuitas enemigos de la Iglesia. A esto le siguió una acción inmediata con el arresto y encarcelamiento del general de los jesuitas y su jerarquía, la confiscación de las propiedades de los jesuitas y el cierre de sus instituciones educativas. Este fue el mayor golpe que recibieron los jesuitas. Inmediatamente después, empezaron a circular en el Vaticano susurros siniestros contra Clemente.

El 2 de octubre de 1774, el Papa Clemente XIV cayó violentamente enfermo y, tras horas de horrible sufrimiento, murió. Un potente veneno, administrado por desconocidos, acabó con su vida. El veneno era tan potente que provocó un colapso inmediato de sus órganos internos, seguido de una descomposición sorprendentemente rápida de todo su cuerpo. Su rostro estaba completamente irreconocible y su cuerpo no podía estar en estado. El mensaje era claro: deja en paz a la masonería y a los jesuitas, o encontrarás la muerte.

Cuando Albini Luciani aceptó a regañadientes la corona papal y se convirtió en el Papa Juan Pablo Ier , se dio cuenta inmediatamente del alcance de la influencia de los masones y los jesuitas en los más altos consejos del Vaticano. Excelente erudito con una mente notablemente aguda, fue completamente incomprendido por sus enemigos; su amable humildad fue confundida con servilismo. Tal vez por esta razón, entre los 99 cardenales que votaron por él había destacados partidarios de la masonería y los jesuitas.

Pero la actitud del Papa Juan Pablo II escondía la férrea voluntad y la determinación de un hombre que, una vez decidido, no podía ser disuadido de hacer lo que creía que debía hacer. Los cardenales liberales que votaron por él creyendo erróneamente que el Papa Juan podía ser fácilmente manipulado, se sorprendieron al saber que pretendía desenmascarar a los masones de la jerarquía vaticana y acabar con el poder de las grandes empresas sobre la Iglesia.

Pablo Panerai, director de *Il Mondo,* un importante periódico de Roma, había atacado específicamente lo que denominó "Vatican Inc. Panerai nombró a Menini y a Paul Marcinkus y criticó sus vínculos con Sindona y el Continental Illinois Bank de Chicago.

Panerai sorprendió al Vaticano al atacar duramente a monseñor Marcinkus por formar parte del consejo de administración del Cisalpine Overseas Bank de Nassau (Bahamas).

Esto fue suficiente para que el Papa Juan Pablo Ier tomara medidas. El 27 de agosto de 1978, invitó a su Secretario de Estado, el cardenal Villot, a cenar con él en su piso privado. Hay un detalle inquietante: el Papa Juan sabía que el nombre de Villot estaba en la lista P2 de Gelli, en la que figuraban más de 100 masones católicos en el Vaticano. Esta lista fue incautada cuando la policía italiana allanó la villa de Gelli. ¿Por qué entonces el Papa advirtió a Villot de lo que iba a hacer?

Esa noche, durante la cena, el Papa Juan Pablo Ier ordenó a Villot que preparara una lista de los masones que ocupaban altos cargos en el Vaticano. Le dijo a Villot que era inadmisible que los católicos formaran parte de una organización secreta que, en su opinión, se dedicaba a la destrucción del cristianismo, como habían constatado tres papas anteriores y como había confirmado Weishaupt, fundador de los Illuminati.

A continuación, ordenó que una vez que Villot hubiera completado su tarea, habría una dramática reorganización de los masones; debían ser dispersados en el extranjero donde pudieran hacer menos daño a la Iglesia. Según mis fuentes de inteligencia del Vaticano, Villot se enfadó primero y luego se quedó atónito, argumentando que unos cambios tan radicales sólo traerían el caos. Pero, como tantos otros, Villot subestimó la férrea determinación de su papa. Luciani se mantuvo firme en su decisión de mantener el orden. Villot debe preparar la lista sin demora.

Los que más tenían que perder eran Marcinkus, Calvi, Sindona, Cody, de Stroebel y Menini en "Vatican Inc", mientras que los principales jesuitas se arriesgaban a perder todo su poder e influencia si sus nombres aparecían en la lista de Villot. El propio Villot tenía mucho que perder como miembro del exclusivo club financiero del Vaticano, la Administración del Patrimonio de la Santa Sede. Perdería su posición como jefe, así como su posición como Secretario de Estado del Vaticano. Para Villot, quizá más que para los demás, era absolutamente necesario impedir la ejecución de la orden de Luciani.

Un mes más tarde, el 28 de septiembre de 1978, Villot fue invitado de nuevo a cenar en el piso privado del Papa. Luciani trató de calmar los temores de Villot hablando en francés, uno de los muchos idiomas que hablaba. Según el cardenal Benelli, que estaba presente, esto no influyó en la actitud gélida de Villot. Con voz firme, Luciani exigió que se cumplieran inmediatamente sus órdenes relativas a la lista de masones. El Papa se mostró molesto por las informaciones del cardenal Bennelli de que el Istituto per le Opere di Religione (OPR, el banco del Vaticano) estaba implicado en asuntos irregulares. Quiere que los monseñores de Bomnis, Marckinkus, de Stroebel y Ortolani sean destituidos de sus cargos y que se rompan inmediatamente los vínculos de la OPR con Sindona y Calvi.

Luciani había puesto en marcha una serie de acontecimientos que conducirían a su caída. Otros, que imaginaron que su poder era suficiente para superar el de la masonería, no se dieron cuenta de lo equivocado de sus convicciones. Quizás el Papa Clemente XIV era consciente de su destino cuando murmuró "estoy perdido" al firmar la bula de disolución de los jesuitas.

Los detalles de lo que Luciani se proponía hacer fueron entregados al cardenal Benelli, y el Papa llamó a su íntimo amigo, el cardenal Colombo, en Milán, y le confió los detalles. Así lo confirmó el padre Diego Lorenzi, que hizo la llamada al Papa Juan y escuchó lo que ocurrió entre ellos. Sin esto, no habría quedado constancia de lo que el Papa Juan Pablo Ier exigió a Villot; nunca se ha encontrado el documento papal que contiene las instrucciones a Villot para que entregue los nombres de los masones.

Poco después de su encuentro con Villot, en la noche del 28 de septiembre de 1978, el Papa Juan Pablo II se retiró a su despacho. Curiosamente, esa noche no había ningún médico de guardia en el Vaticano y, aún más curioso, no había ningún guardia en la puerta del piso del Papa Juan. Entre las 21:30 horas de esa noche y las 4:30 horas de la mañana siguiente, el Papa Juan Pablo Ier

fue asesinado. Una lámpara de lectura que había estado encendida toda la noche fue vista por un guardia suizo, pero la seguridad del Vaticano no hizo nada para verificar esta inusual circunstancia. El Papa Juan Pablo Ier fue el primer Papa que murió sin asistencia, pero no el primero en morir a manos de envenenadores.

Villot desempeñó un papel importante en la ocultación de la muerte de Luciani. Llamado por la hermana Vicenza, que atendía las sencillas necesidades de Luciani y fue la primera en descubrir el cuerpo del Papa el 29 de septiembre, Villot deslizó en su bolsillo un frasco de Efortil, un medicamento recetado para el Papa Juan. A continuación, le quitó las gafas y las zapatillas a Luciani. Villot fue entonces al despacho del Papa Juan y retiró su última voluntad. A continuación, salió del piso sin decir una palabra a la hermana Vicenza, que estaba presente. La hermana Vicenza describió el peculiar comportamiento de Villot al cardenal Belleni. Cuando Belleni le interrogó sobre sus acciones, Villot negó el informe de la hermana Vicenza. También mintió sobre las circunstancias del descubrimiento del cuerpo de Luciano.

Otras personas murieron a manos de los envenenadores, como el presidente Zachary Taylor, que pagó con su vida por negarse a cumplir las órdenes de la masonería. Estas órdenes habían sido emitidas por el representante leonés de Mazzini, fundador de la Joven América, un movimiento masónico. La noche del 4 de julio de 1850, Taylor enfermó y comenzó a vomitar una sustancia negra y espesa. Tuvo una muerte lenta y dolorosa, que los médicos atribuyen a haber "bebido demasiada leche fría y comido demasiadas cerezas". Pero esto no explica la espesa sustancia negra. Un vómito de esta gravedad indicaría la presencia de un veneno mortal. Como en el caso del Papa Juan Pablo Ier, no se realizó ninguna autopsia a Taylor, y la forma de su muerte fue descrita casualmente por los médicos, que no pudieron saber la causa exacta. En este sentido, la muerte del Papa Juan Pablo Ier fue tratada de manera igualmente displicente por el médico del Vaticano, el Dr. Buzzonnetti, que debería haber tenido las más fuertes sospechas de juego sucio.

El asesinato del congresista Louis T. McFadden fue el resultado de su ataque frontal a la Junta de la Reserva Federal y a los Bancos de la Reserva Federal, la más sagrada de las muchas vacas sagradas del gobierno secreto de Estados Unidos. McFadden fue presidente del Comité Bancario de la Cámara de Representantes en 1920. Atacó abiertamente a los gobernadores de la Reserva Federal y los acusó de ser los causantes del crack de Wall Street de 1929.

La guerra de McFadden contra la Reserva Federal tuvo repercusiones en todo Washington. George Stimpson, fundador del *National Press Club*, dijo que las acusaciones de McFadden contra los gobernadores eran increíbles y que la comunidad no podía creer lo que decía McFadden. Pero cuando se acusó a McFadden de estar loco, fue Stimpson quien dijo que no lo creía ni por un minuto.

McFadden libró una guerra sin cuartel contra la Reserva Federal durante más de 10 años, sacando a la luz algunos de los crímenes más viles del siglo 20. Una de las acusaciones más mordaces de McFadden fue que el Sistema de la Reserva Federal había conspirado a traición para destruir el gobierno constitucional de Estados Unidos. También atacó al presidente Roosevelt y a los banqueros internacionales.

El viernes 10 de junio de 1932, McFadden hizo la siguiente declaración en la Cámara

"Señor Presidente, tenemos en este país una de las instituciones más corruptas que el mundo ha visto. Me refiero a la Junta de la Reserva Federal y a los bancos miembros de la Reserva Federal. La Junta de la Reserva Federal, una junta gubernamental, ha estafado a los Estados Unidos y a su pueblo lo suficiente como para pagar la deuda nacional... Esta malvada institución ha empobrecido y arruinado al pueblo de los Estados Unidos; se ha arruinado a sí misma y prácticamente ha arruinado a nuestro gobierno. Lo ha hecho por los defectos de la ley bajo la que opera, por la mala gestión de esa ley por parte de la Junta de la Reserva Federal y por las prácticas corruptas de los buitres del dinero que la controlan."

En un encendido y apasionado discurso ante la Cámara el 23 de mayo de 1933, McFadden dijo

> "Señor Presidente, no hay un hombre al alcance del oído que no sepa que este país ha caído en manos de los banqueros internacionales, y hay pocos miembros aquí que no lo lamenten... Señor Presidente, hoy estamos en la cubierta. Nuestro enemigo, el mismo enemigo traicionero, avanza hacia nosotros. Sr. Presidente, moriré en el acto antes de darle una pulgada cuadrada de suelo americano o un dólar de su deuda de guerra con nosotros.

> "Señor Presidente, exijo que las reservas de oro de los Estados Unidos sean retiradas de los Bancos de la Reserva Federal y colocadas en el Tesoro de los Estados Unidos. Exijo una auditoría de los asuntos financieros del gobierno de Estados Unidos, de arriba a abajo. Exijo la reanudación de los pagos en efectivo sobre la base del valor total del oro y la plata..."

Esta denuncia, seguida de la exposición por parte de McFadden de los Bonos de Reparación y los Valores Extranjeros en bonos de reparación comercializados en Alemania por valor de 100 millones de dólares, sacudió tanto al gobierno paralelo secreto de alto nivel que los observadores de la conspiración creen que fue en este momento cuando se dio la orden de silenciar permanentemente a McFadden.

En total, ha habido tres atentados contra la vida de McFadden. La primera ocurrió cuando asistía a una cena y de repente se puso violentamente enfermo. Un médico que estaba sentado a su lado pudo sacarlo de las garras de la muerte. El segundo atentado tuvo lugar cuando McFadden salía de un taxi cerca del Capitolio. Se hicieron dos disparos, pero ambos fallaron. El tercer intento, que tuvo éxito, tuvo lugar en Nueva York, donde McFadden asistía a otra cena. De nuevo, sufrió un violento ataque de vómitos y murió antes de que pudiera llegar la ayuda. El envenenador logró librar a los banqueros internacionales y a la Junta de Gobernadores de la Reserva Federal del único hombre que podría haber desenmascarado completamente sus actividades y poner a la nación en su contra, forzando el fin de su control sobre nuestro sistema monetario.

El Dr. Hendrik Verwoerd es el padre del "apartheid" en Sudáfrica. Originario de Holanda, el Dr. Verwoerd se paseó por el panorama político sudafricano como un coloso. Intrépido y despectivo con la maquinaria de Oppenheimer y los políticos liberales que controlaba, el Dr. Verwoerd no perdió tiempo en atacar a los banqueros internacionales y sus lacayos en Sudáfrica.

Verwoerd despreciaba a las Naciones Unidas y criticaba mucho su injerencia en los asuntos internos de Sudáfrica, en particular su invitación a la India para debatir la discriminación de los indios en Sudáfrica. Los indios eran descendientes de trabajadores contratados por Cecil John Rhodes en Sudáfrica. Como clase, habían alcanzado una enorme prosperidad, principalmente a expensas de los bantúes indígenas, lo que se atribuyó a los disturbios del 13 de enero de 1949 entre zulúes e indios en Durban, que dejaron 100 muertos y más de 1000 heridos. La mayoría de las víctimas eran indios.

El Dr. Verwoerd no quería saber nada de los indios, alegando que sus dirigentes eran todos comunistas. Más tarde, después de su asesinato, su reclamación parece haberse visto respaldada por el hecho de que la representación legal de indios y negros acusados de delitos políticos había caído en manos de abogados indios, todos ellos pertenecientes al Congreso Indio, una organización vinculada al comunismo.

El 27 de abril de 1950 se introdujo el proyecto de ley de zonas agrupadas, cuyo objetivo principal era la segregación de las razas en zonas diferentes. Tras los disturbios de abril de 1953, se introdujo y aplicó una nueva legislación antiterrorista.

Entonces, el Comité de los 300 encontró un títere en Alan Paton, cuyo libro "Cry the Beloved Country" fue transformado artificialmente en una obra literaria internacionalmente aclamada. Paton era el favorito de los liberales, que convirtieron en una especie de héroe a un hombre totalmente desagradable. Paton fundó el Partido Liberal, que defendía el voto de "todas las personas civilizadas". Para ello contó con el apoyo de la poderosa maquinaria de Oppenheimer. Las pruebas de estas acusaciones se encuentran en los archivos del *Sunday Times*, un periódico de Johannesburgo propiedad de Oppenheimer.

El Dr. Verwoerd fue elegido Primer Ministro el 3 de septiembre de 1958. El 5 de octubre de 1960, un referéndum aprobó la propuesta de establecer una forma de gobierno republicana y poner fin a la pertenencia a la Commonwealth británica. El 31 de mayo de 1961, el Dr. Verwoerd fue recibido como un héroe a su regreso de Londres, donde había presentado la declaración de retirada al Parlamento británico. Las Naciones Unidas pidieron inmediatamente a sus Estados miembros que prohibieran la venta de material militar a Sudáfrica.

Las líneas políticas se trazaron mientras se desarrollaba la tercera guerra anglo-boer. El 20 de abril de 1964, un supuesto grupo de expertos de la ONU emitió un informe en el que se pedía una democracia no racial en Sudáfrica, ignorando totalmente el sistema de castas que había estado vigente durante cientos de años en la India. El sistema de castas, una estricta segregación de clases sociales, mucho más severa que cualquier otra vista en Sudáfrica, sigue vigente. Incluso hoy, las Naciones Unidas guardan silencio sobre el "apartheid" en la India.

El Dr. Verwoerd dirige el país de forma ordenada y no tolera a los grupos negros o indios contrarios al gobierno. El 12 de junio de 1964, Nelson Mandela y siete negros fueron sorprendidos fabricando bombas y poseyendo literatura comunista prohibida. Los mentores de Mandela -los instigadores de estos crímenes- Abrams y Wolpe, huyeron del país, pero Mandela y sus partidarios fueron condenados a cadena perpetua por actos de sabotaje, robo, delitos violentos e intentos de subvertir el gobierno.

El juicio se llevó a cabo de manera escrupulosamente justa en el marco del sistema judicial independiente de Sudáfrica. Mandela fue encarcelado por delitos comunes y no por razones políticas. Las actas del caso, que estudié en el Tribunal Supremo de Rand, indican claramente la naturaleza de los actos criminales civiles por los que Mandela fue condenado. Es la prensa occidental la que ha ocultado esta verdad y ha hecho creer que Mandela fue encarcelado por motivos políticos. Estados Unidos y Gran Bretaña nunca han intentado ser objetivos con respecto a Mandela.

El 6 de septiembre de 1966, el Dr. Verwoerd fue apuñalado por un mensajero mientras el Parlamento estaba reunido en Ciudad del Cabo. El mensajero era bien conocido, ya que llevaba años en ese puesto y era una figura familiar que se movía libremente por el hemiciclo repartiendo papeles y documentos a varios miembros. La policía sugirió la conclusión obvia de que había elementos extranjeros implicados en el asesinato. Las fuerzas oscuras ya estaban trabajando para destruir la República de Sudáfrica.

El asesino fue descrito como un "perturbado mental", pero los agentes de inteligencia de todo el mundo creían que estaba programado para cometer el asesinato, sabiendo lo que hoy sabemos sobre el uso del hipnotismo por parte de las agencias de inteligencia. El asesino nunca había mostrado ningún signo de enfermedad mental antes de su ataque al Dr. Verwoerd. La pregunta es: "¿Quién dio la orden de asesinar a Verwoerd y quién hizo la programación? "En aquella época, sólo dos agencias de inteligencia tenían autoridad para llevar a cabo misiones que implicaran el control mental: la CIA y el KGB. No se ha podido demostrar nada, pero la opinión general es que el asesinato fue obra de la CIA.

En 1966, los experimentos secretos de la CIA con rayos de gigahercios que alteran la mente no eran de dominio público y permanecieron en secreto hasta que John Markus, en 1977, y Gordon Thomas, en 1990, sacaron a la luz la conducta de la CIA en este ámbito. Algunos expertos están ahora convencidos de que el Dr. Verwoerd fue una de las primeras víctimas de estos experimentos de la CIA.

Como muchos otros, he escrito un libro en profundidad sobre el asesinato de John F. Kennedy. Muchas de las afirmaciones que hice no pudieron ser corroboradas en su momento, pero ahora otras fuentes independientes confirman lo que dije. Hasta la fecha, no se ha detenido a ninguno de los autores de estos atroces crímenes y es poco probable que se detenga a alguno de ellos. La amenaza de asesinato, por el método que sea, siempre pende sobre todos los líderes nacionales, especialmente en Estados Unidos, donde si alguien se encarga de exponer la verdad, no se puede descartar la posibilidad de daño.

Una de estas fuentes es Robert Morrow, un antiguo trabajador contratado por la CIA. Morrow confirma que Kennedy tenía que morir porque no le gustaba la CIA y porque había anunciado que se desharía tanto de Hoover como de Lyndon Johnson. Morrow confirmó lo que dije sobre Tippit, que fue enviado a matar a Oswald para evitar que hablara, pero que Oswald, al reconocerlo, le disparó primero.

Morrow también confirmó lo que dije sobre que Oswald fue a un cine después del tiroteo para reunirse con Jack Ruby. Morrow también confirmó que Oswald nunca disparó a Kennedy, y que en el momento del tiroteo, Oswald estaba en el segundo piso del Texas School Book Depository, bebiendo una Coca-Cola y comiendo un sándwich.

Morrow también cree que Kennedy fue asesinado por un disparo frontal desde un montículo de hierba frente a la caravana. También confirmó mi versión de que la limusina del Presidente fue retirada del lugar y enviada para ser desmantelada antes de que alguien pudiera hacer un trabajo forense completo en ella.

Morrow hace algunas acusaciones interesantes; una en particular es que a George Bush se le dio el puesto de Director de Inteligencia Central (DCI) con el único propósito de impedir que el Comité de la Iglesia del Senado obtuviera todos los datos sobre el asesinato de Kennedy, lo cual hizo. Morrow también afirma que Bush sabe todo lo que hay que saber sobre el asesinato de Kennedy.

XI. Apartheid y sistema de castas en la India

E l Comité de los 300 ha hablado mucho de los "males" de la política de separación racial en Sudáfrica. Sin embargo, poco o nada se ha dicho sobre la rígida separación de clases en la sociedad india. ¿Será que Sudáfrica está siendo atacada porque tiene los yacimientos de oro más ricos del mundo, mientras que la India sólo tiene algunos recursos naturales de menor valor?

Con la ayuda activa del engañoso amo Cecil John Rhodes, siervo de los Rothschild, los carpetbaggers y las hordas de extranjeros que acudieron en masa al Transvaal cuando se anunció el descubrimiento de oro levantaron una agitación por los "derechos". Lo que estos vagabundos y cazadores de fortuna exigían era el derecho al voto, el primero de los engaños de "un hombre, un voto" utilizados para separar al pueblo bóer y a sus descendientes de su soberanía nacional. La agitación fue orquestada por la maquinaria política de los Rothschild-Rhodes en Johannesburgo y cuidadosamente controlada por Lord Alfred Milner desde Londres.

Era obvio para los líderes bóers que si permitían el voto de los recién llegados, su gobierno sería barrido por las hordas de aventureros extranjeros que habían descendido sobre ellos. Cuando quedó claro que los líderes bóers no iban a permitir dócilmente que su pueblo fuera privado de sus derechos por las demandas políticas de "un hombre, un voto", los planes de guerra, que habían sido elaborados durante un año mientras los ministros y emisarios de la reina Victoria hablaban de paz, irrumpieron en escena.

La reina Victoria envió el ejército más poderoso jamás reunido para luchar contra las pequeñas repúblicas bóer. Hay que tener una imaginación muy viva para creer que la Reina de Inglaterra se preocupaba por el derecho al voto de los cazadores de fortunas y los carpetbaggers que pululaban por las repúblicas bóer. Después de tres años del conflicto más brutal en el que los británicos no tuvieron piedad de las mujeres y los niños bóer, 25.000 de los cuales perecieron en los primeros campos de concentración creados. Los bóers, en gran parte invictos en el campo de batalla, se vieron obligados a sentarse en la mesa de negociaciones. En Vereeniging, donde se celebró la conferencia, los bóers fueron despojados de todo lo que representaban, incluida la inmensa riqueza que yacía bajo el árido suelo de sus repúblicas.

Es importante recordar que los bóers eran una nación cristiana devota. Los secuaces y asesores Illuminati-Gnósticos-Catharist-Bogomile de la Reina Victoria estaban decididos no sólo a derrotar militarmente a los bóers y a apoderarse de las riquezas minerales de sus repúblicas, sino también a aplastarlos y a acabar con su lengua y su cultura. El principal artífice de esta empresa criminal fue el altivo aristócrata Lord Alfred Milner, que en 1915 financió a los bolcheviques e hizo posible la revolución "rusa". Los británicos desterraron a Paul Kruger, el venerable presidente del Transvaal, junto con la mayoría de sus ministros y los que habían dirigido la lucha armada contra el imperialismo británico. Se trata del primer caso registrado de un trato tan bárbaro por parte de una nación supuestamente civilizada.

La razón por la que se permitió, y aún se permite, el florecimiento de un apartheid flagrante y desenfrenado en la India es que este país es el hogar de la religión de la Nueva Era, favorecida por la nobleza negra de Venecia y los oligarcas de Gran Bretaña. La religión de la Nueva Era se basa directamente en la religión hindú. A la gran sacerdotisa teosófica Annie Besant se le atribuye la adaptación de la religión hindú a las ideas de la Nueva Era tras visitar la India en 1898.

La idea de "un hombre, un voto", en la que el apartheid se

presenta como el villano, no tiene cabida en la historia de Estados Unidos. Fue simplemente una treta para convencer al mundo de que las Naciones Unidas se preocupaban por el bienestar de las tribus negras de Sudáfrica (los negros están divididos en 17 tribus y no son una nación homogénea de personas políticamente unidas). El clamor antiapartheid se levantó para encubrir el verdadero objetivo, a saber, obtener el control total de las vastas riquezas minerales de Sudáfrica, que ahora pasarán a manos del Comité de los 300. Una vez logrado este objetivo, Mandela será desechado como una herramienta desgastada que ha cumplido su propósito.

La Constitución de los Estados Unidos no prevé "un hombre, un voto", una observación que puede perderse en los gritos sobre el "mal del apartheid sudafricano", como le gusta llamarlo a Mandela.

El Congreso de los Estados Unidos se determina por el recuento de la población en determinadas zonas que realiza la Oficina del Censo una vez cada diez años, no sobre la base de "un hombre, un voto". Por ello, cada cuatro años se produce un importante rediseño de los límites. Es el número de personas que viven dentro de estos límites el que elige a su representante.

Los políticos liberales pueden querer tener un representante negro o hispano para una región determinada, que esperan que vote con ellos en su programa liberal. Pero puede que no haya suficientes votantes negros o hispanos en la región para efectuar el cambio necesario, por lo que los políticos liberales intentarán que se cambien los límites, incluso utilizando el ridículo subterfugio de conectar dos regiones separadas por 100 millas mediante un estrecho corredor entre ambas regiones. La idea es que si los negros o los hispanos de la zona objetivo son minoría, entonces se crea una mayoría conectando dos zonas, que elegirán a un representante negro o hispano en deuda con los liberales de la Cámara y el Senado.

A lo largo del clamor sobre el apartheid, la prensa británica se ha cuidado de ocultar un apartheid mucho mayor que precede a Sudáfrica en cientos de años: el sistema de castas de la India, que sigue vigente hoy en día y se sigue aplicando rígidamente.

Desde la incursión británica en la India en 1582, se utilizó a los sufíes para dividir a musulmanes y sijs y enfrentarlos entre sí. En 1603, John Mildenhall llegó a Agra en busca de concesiones para la Compañía Inglesa de las Indias Orientales, fundada en Londres el 31 de diciembre de 1600. La compañía cambió su nombre por el de Compañía Británica de las Indias Orientales y utilizó a sus agentes para acabar con el poder de los sikhs, que se oponían al sistema de castas. En 1717, los sobornos y la diplomacia engañosa de la BEIC, así como las donaciones de suministros médicos, bastaron para obtener grandes concesiones de los mogoles, que también eximieron a la BEIC de los impuestos sobre los ingresos procedentes del cultivo de adormidera y la fabricación de opio en bruto.

En 1765, Clive de la India, una figura legendaria en la ocupación británica de la India, se había hecho con el control total de los campos de adormidera más ricos del mundo en Bengala, Benarés y Bihar, ejerciendo el control sobre la recaudación de los ingresos de los mogoles. En 1785, el comercio del opio estaba firmemente en manos del BEIC, bajo el liderazgo de Sir Warren Hastings. Una de las "reformas" indias de Hastings fue asegurar todas las tierras de cultivo de amapola y ponerlas bajo su control. Esto incluía la fabricación de opio en bruto.

La Corona británica prorrogó la carta de la BEIC durante 30 años tras las gestiones realizadas ante el Parlamento en 1813. En 1833, el Parlamento volvió a prorrogar la carta del BEIC por otros 20 años. Al ver que el poder se les escapaba, la casta superior india comenzó a rebelarse contra el dominio británico a través del BEIC. Para evitarlo, el Primer Ministro británico engañó a los dirigentes indios aprobando la Ley del Gobierno de la India el 2 de agosto de 1856. Esta ley transfirió ostensiblemente todos los bienes y tierras del BEIC en la India a la corona británica. Esta maniobra diplomática se basaba en puras mentiras, porque de hecho nada había cambiado. El BEIC era la Corona.

El primer ministro Disraeli llevó el engaño un paso más allá cuando en 1896, a instancias suyas, el Parlamento declaró a la reina Victoria "emperatriz de la India". Ese mismo año, la hambruna mató a más de 2 millones de indios de casta inferior. En total, bajo el dominio británico (impuesto por el BEIC), más de 6 millones de indios de casta inferior murieron de hambre. En Sudáfrica nunca ha ocurrido nada remotamente parecido a este desastre. Durante los disturbios de "Sharpeville", instigados por la CIA, Sudáfrica fue objeto de protestas y condenas en todo el mundo cuando las fuerzas de seguridad mataron a menos de 80 alborotadores negros. Los negros fueron incitados a los disturbios por fuerzas externas, sin darse cuenta de que estaban siendo utilizados.

El sistema de castas "Jati" en la India está basado al 100% en la raza. En la cima de la pirámide están los arios (blancos con ojos azules, supuestamente descendientes de Alejandro Magno, un griego que ocupó el país). Justo debajo de ellos están los brahmanes, cuyo color varía del blanco al marrón claro. De esta casta provienen los sacerdotes brahmanes. Por debajo de los brahmanes están los guerreros y gobernantes, llamados kshatriyas, que también son de piel muy clara. Por debajo de los kshatriyas están los vaisyas, una clase de pequeños funcionarios, comerciantes, mercaderes, artesanos y trabajadores cualificados. Son de piel más oscura.

A continuación están los sudras o trabajadores no cualificados, aquellos que no son fontaneros, electricistas, mecánicos de coches u otros. Por último, en la amplia base de la pirámide de poder están los "harijans", que literalmente significa "parias", conocidos colectivamente como "parias". También se les conoce como "intocables" y tienen la piel muy oscura o negra. Cuanto más oscura es su piel, menos "tocable" es. En 1946, Lord Louis Mountbatten (Battenberg), en representación directa del Comité de los 300, ofreció la plena independencia a la India, un subterfugio para sofocar los graves disturbios provocados por la persistente hambruna que se llevó el hígado de cientos de miles de harijans. Este acontecimiento fue ampliamente ignorado por la prensa occidental. En otro gesto vacío, la "intocabilidad" fue declarada ilegal un año después, pero la práctica continuó como si la ley nunca hubiera sido aprobada.

La "intocabilidad" era el más cruel de los rígidos sistemas de castas de la India. Significa que los harijans no pueden tocar a los miembros de otras castas.

Si esto ocurría, la persona de clase alta ofendida tenía derecho a hacer matar al harijano ofensor. El sistema de separación rígida no sólo era una medida de clase, sino que también pretendía evitar la propagación de las enfermedades que prevalecían entre los harijans.

Los harijans son el grupo racial más numeroso de la India y durante siglos han sido escandalosamente maltratados y abusados. Cuando se desea un cambio político, se utiliza a este grupo como carne de cañón, y se considera que sus vidas tienen poco o ningún valor. Esto se demostró cuando se utilizó a los harijans para destruir una antigua mezquita en la India para provocar un cambio político en el gobierno indio. Este mal se menciona poco o nada en la prensa occidental o en la televisión.

Por desgracia para los negros, sólo son peones en un juego. Su importancia terminará cuando el Comité de los 300 haya logrado su objetivo y Mandela sea descartado como una herramienta desgastada que ha agotado su curso. El programa de reducción de la población de Global 2000 se aplicará entonces a ellos de forma definitiva. Merecen un destino mejor que el de los controladores de Mandela, los Oppenheimers y el Comité de los 300.

XII. Notas sobre la vigilancia masiva

L os Estados Unidos y Gran Bretaña colaboran estrechamente para espiar a sus ciudadanos y a los gobiernos extranjeros. Esto se aplica a todo el tráfico: comunicaciones comerciales, diplomáticas y privadas. Nada es sagrado y nada está fuera del alcance de la Agencia de Seguridad Nacional (NSA) y del Cuartel General de Comunicaciones del Gobierno (GCHQ), que han unido sus fuerzas para vigilar ilegalmente las transmisiones telefónicas, de télex, de fax, informáticas y de voz a gran escala.

Ambas agencias tienen la experiencia necesaria para escuchar a cualquier persona en cualquier momento. Cada día, un millón de comunicaciones son captadas por las estaciones de escucha del GCHQ en Menwith Hill (Yorkshire) y Morwenstow (Cornualles, Inglaterra). Estas estaciones son operadas por la NSA para eludir las leyes británicas que prohíben a la seguridad nacional espiar a sus ciudadanos. Técnicamente, el GCHQ no está infringiendo la legislación del Reino Unido, ya que las interceptaciones las lleva a cabo la NSA.

Los ordenadores del GCHQ/NSA buscan palabras desencadenantes que se etiquetan y almacenan. Se trata de un procedimiento sencillo, ya que todas las comunicaciones se transmiten como pulsos digitales. Esto se aplica tanto a la comunicación escrita como a la oral. Luego se analizan los mensajes marcados y, si hay algo de interés para estos organismos, se inician nuevas investigaciones. El hecho de que toda la operación sea ilegal no impide a ninguno de estos organismos llevar a cabo la tarea que se han propuesto.

Los ordenadores HARVEST de la NSA pueden leer 460 millones de caracteres por segundo, el equivalente a 5.000 páginas de libros. En la actualidad, fuentes de inteligencia estiman que los ordenadores HARVEST utilizados por el GCHQ y la NSA interceptan más de 80 millones de llamadas al año, de las cuales 2,5 millones se marcan y almacenan para su posterior examen. Ambas agencias cuentan con una amplia plantilla de especialistas que viajan por todo el mundo buscando y evaluando nuevos productos que puedan servir para proteger la intimidad de las personas, que luego encuentran la forma de vulnerar.

Con la llegada de los teléfonos móviles ha surgido un gran reto. En la actualidad, el tráfico de telefonía móvil se "pincha" escuchando las señales de las celdas (que están destinadas a la facturación) y se rastrean los distintos códigos de las celdas, que tienen su propia identificación, para averiguar el origen de la llamada. Pero los teléfonos móviles A5 de nueva generación plantean un grave problema para el espionaje gubernamental.

Estos nuevos teléfonos tienen un código de codificación A5, muy similar a los sistemas de codificación militares, que hace prácticamente imposible que las agencias gubernamentales descifren los mensajes y rastreen el origen de la llamada. Actualmente, los equipos de vigilancia del GCHQ y la NSA tardarían 5 meses en descifrar los mensajes transmitidos por los teléfonos móviles A5.

El gobierno alega que esto obstaculizará seriamente sus esfuerzos para luchar contra el narcotráfico y el crimen organizado, una vieja excusa poco convincente que pocos aceptan. No se dice nada sobre el hecho de que, en el curso de estas medidas de lucha contra la delincuencia, se están violando gravemente los derechos de los ciudadanos a la privacidad.

Ahora la NSA, el FBI y el GCHQ exigen que se retiren los teléfonos móviles con el bloqueador A5 existente para su "modificación". Aunque no lo dicen, el gobierno necesita tener el mismo acceso a las transmisiones privadas que tenía hasta la llegada del sistema de interferencia A5. Por ello, las agencias gubernamentales británicas y estadounidenses exigen que se sustituya el sistema de interferencia celular A5 por un sistema A5X, que les permite acceder a teléfonos móviles anteriormente seguros.

Las llamadas telefónicas de línea fija (llamadas locales) son fácilmente interceptadas al ser "cambiadas" a un centro de intercambio operado por la NSA y el GCHQ. Las llamadas de larga distancia no son un problema, ya que suelen ser retransmitidas por torres de microondas y se pueden captar fácilmente desde el aire. Además, la NSA cuenta con sus satélites RHYOLITE, que tienen la capacidad de captar todas las conversaciones transmitidas por télex, microondas, radiotron, señales VHF y UHF.

Bruce Lockhart del MI6, el controlador de Lenin y Trotsky

Sydney Reilly - Especialista en economía del MI6.

Somerset Maugham - Agente especial del MI6 para Kerensky.

Sede del MI6, Londres.

El ex presidente estadounidense Bush y el emir Al-Sabah.

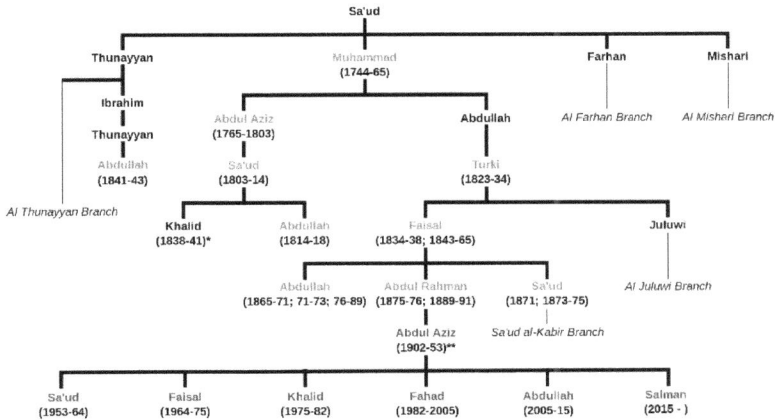

La dinastía wahabí saudí.

Notas sobre las fuentes

La fuente del asesinato de **Martin Luther King Jr.** fue un informe de Associated Press desde Memphis el 9 de abril de 1965. Otros dos reportajes de Associated Press fueron realizados en Memphis, uno por Don McKee y el otro por Gaylord Shaw, el 14 de abril de 1965. El verdadero asesino fue visto por el reportero del *New York Times*, Earl Caldwell, que nunca fue entrevistado por ninguna agencia policial o de investigación.

Documentos privados de Vittorio Orlando.

Documentos privados del general Anton Denikin.

Actas de las reuniones de la Conferencia de San Remo.

Registros del Congreso de los Estados Unidos, Cámara y Senado.

Actas de las reuniones, Conferencia de Lausana.

Wells. H. G. "Después de la democracia".

Russell. Sir Bertrand. "Impacto de la ciencia en la sociedad.

Compañía Británica de las Indias Orientales (BEIC). India House, Londres. Wilson, Presidente Woodrow.

Actas del Congreso, Cámara y Senado.

Documentos del Tratado de Versalles, París, Francia.

Jan Christian Smuts. Archivos del Memorial de la Guerra de los Bóers, Pretoria.

Las demandas de reparación de los aliados. Conferencias de Versalles y San Remo.

La colección de discursos del diputado L.T. McFadden. Documentación de la Sociedad de Naciones, Ginebra.

Real Instituto de Asuntos Internacionales.

Dr. CoIeman, "Comité de los 300".

Socialismo: F. D. Roosevelt "Nuestro camino". Manifiesto Comunista de 1848.

"Fabian Freeway: el camino al socialismo en América". Rose Martin.

Senador Walsh. La dictadura de los Cinco Grandes en las Naciones Unidas.

Registro del Congreso, Senado, páginas 8165-8166.

Dr. J. Coleman. "Los objetivos de la Guerra del Golfo examinados".

Ley Pública 85766, Sección 1602. Ley Pública 471, Sección 109.

John Rarick. "La ONU es una criatura del gobierno invisible"

Congressional Record, House, páginas E 10400-10404, 14 de diciembre de 1970.

Debate entre el senador Allen y el senador Teller Congressional Record (Senate) 6586-6589 1 de julio de 1898.

Dr. J. Coleman. "No es un órgano soberano.

Carta de las Naciones Unidas, conocida como la "Carta". Páginas 2273-2297 Registro del Congreso, Cámara 26 de febrero de 1900.

Diputado Smith. Límites del poder presidencial Congressional Record Page 12284.

Allen Dulles. Presión sobre el Congreso, Congressional Record Páginas 8008 - 80209, 25 de julio de 1945.

Leonard Mosley. "Dulles; una biografía de Eleanor, Allen y John Foster Dulles. "

Derecho constitucional. El juez Cooley. La Constitución no cede ante el tratado o la ley.

Profesor van Halst "Derecho Constitucional de los Estados Unidos".

House, Col. CFR y Controller de Wilson y Roosevelt, documentación del Museo de la Guerra Británico, y del Museo Británico de Londres.

Dr. J. Coleman "Foreign Aid is Involuntary Servitude". Tierra de Arabia. Museo Británico y Museo de El Cairo.

Los principios del Corán. Del Corán.

Lawrence de Arabia traicionado. Documentos árabes de Sir Archibald Murray.

Despachos del Ministerio de Asuntos Exteriores británico, Museo Británico, Londres.

Declaración Balfour.

Documentos de Sir Arthur Balfour, Museo Británico, Londres.

General Edmund Allenby, Palestine Papers, British Museum, Londres.

Louis Fischer. "El imperialismo del petróleo: la lucha internacional por el petróleo".

Independencia de Irak.

Protocolo de 1923. Documentos de la Sociedad de Naciones, Ginebra.

L. M. Fleming, El petróleo en la guerra mundial.

Anales de la Academia Americana de Ciencias Políticas. Suplemento de mayo de 1917, "La Constitución Mexicana".

Washington Soviet Review, enero de 1928. *London Petroleum Times*, 26 de noviembre de 1927.

Dr. J. Coleman "William K. D'Arcy. El misterioso neozelandés que preparó el camino para el Comité de las 300 empresas petroleras. El Comité de los 300".

Compañía petrolera turca. Papers, Sir Percy Cox, London Petroleum Institute, Foreign Office, Londres.

El estatus de Kuwait y Mosul queda impreciso.

Actas de las reuniones de las conferencias de San Remo y Lausana, 1920 y 1923.

Estado de Palestina.

Libro Blanco de la Comisión Passfield del Reino Unido.

Directiva consular del Departamento de Estado de EE.UU. del 16 de agosto de 1919. Subraya la necesidad vital de que EEUU obtenga concesiones petrolíferas extranjeras y anima al personal consular a espiar a los agentes extranjeros que compiten con EEUU por el control del petróleo.

Departamento de Estado "Foreign Relations of the United States". 1913 pp. 820.

Comisión Federal de Comercio, supra, pp. XX-XXI, 69° Congreso,

Doc. de Estado, vol. 10, p. 3120.

Mohr, Anton. "La guerra del petróleo.

Eaton, M. J. "La respuesta de la industria petrolera hoy".

Commerce Dept T.I.B No.385 "Foreign Combinations to Control Prices Raw Materials".

Bertrand Russell. "Una de las materias primas más importantes es el petróleo". Declaración hecha en 1962.

Coolidge. Consejo Federal de Conservación del Petróleo. La política de "puertas abiertas" del gobierno federal para el petróleo. Las declaraciones de Charles Evans Hughes a este consejo.

Concesiones de petróleo y tierras con México : de los archivos de la Biblioteca del Congreso del Tratado de Guadalupe e Hidalgo, 1848.

"Rockefeller Internationalists" Emmanuel Josephson describe la política petrolera internacional de R Rockefeller.

El escándalo de la Cúpula del Té. El papel de Albert B. La caída y el origen del término "fallero".

Los documentos consultados proceden de fuentes del Museo Británico, del Registro del Congreso, de la Cámara de Representantes y del Senado y de informes periodísticos de la época.

Audiencias del Comité de Relaciones Exteriores del Senado sobre la "Revolución en México" 1913. En 1912, el presidente Wilson enardeció al pueblo estadounidense al referirse a la "amenaza de Huerta" como un peligro para el Canal de Panamá.

Henry, J. D. "La lucha por el petróleo ruso, Bakú y la historia de los acontecimientos". Español de la Tramerga, Pierre. "La lucha mundial por el petróleo".

Revista de la Unión Soviética, enero de 1928.

McFadden, L.T. El acuerdo Huerta Thomas Lamont

Oficina de Información de la Unión Soviética. "Condiciones económicas de Rusia en 1928".

La partición de Palestina.

"Los judíos y los árabes no pueden vivir juntos". El informe de la Comisión Peel, documentos del Ministerio de Asuntos Exteriores británico.

Memorándum del Departamento de Estado a James Baker III, octubre de 1989. "Pared del Departamento de Agricultura" en referencia al escándalo del BNL.

Directiva de Seguridad Nacional 26 sobre Irak y BNL, que autoriza la ampliación de los créditos a Irak.

Nota del Banco de la Reserva Federal de Nueva York del 6 de febrero. Revela los mecanismos de ocultación de los préstamos del SNL para Irak.

El Comité Interinstitucional de Diputados del Memorando del Consejo de Seguridad Nacional convoca una reunión en la Casa Blanca para limitar los daños del BNL-Iraq.

"El residente de Bush falsifica el número de tropas iraquíes. Sesión conjunta del Congreso, Congressional Record 11 de septiembre de 1990.

Henry González hace preguntas embarazosas: Congressional Record, House y cartas al Fiscal General Thornburgh, septiembre de 1990. Copias de las cartas de la Cámara, Registro del Congreso.

William Barr, Fiscal General, se niega a cooperar con el congresista González. Cartas de mayo de 1992.

Documentos judiciales, juez Marvin Shoob, Christopher Drougal, caso BNL, Atlanta, el juez Shoob pide al Departamento de Justicia que nombre un fiscal especial.

Carta del senador Boren al fiscal general Barr, solicitando el nombramiento de un fiscal especial. 14 de octubre de 1992.

"Vendiendo libros" a Irak e Irán. Testimonio de Ben Mashe en su juicio en 1989, extraído de documentos judiciales.

Dr. John Coleman. "Cecil John Rhodes, Conspirador Extraordinario".

Dr. J. Coleman. "No hay una ley de "un hombre, un voto" expresada en la Constitución".

El comercio de opio británico con la India.

Documentos de la India House sobre la Compañía Británica de las Indias Orientales, India House, Londres. Se menciona a John Mildenhall, que obtuvo la primera concesión de la India. También hay detalles de la labor de "Clive de la India" y de cómo se negociaron varias "cartas" de opio con los mogoles indios.

Disraeli. Discurso en la Cámara de los Comunes sobre la política india, "Hansard" 1896.

Tratado Thomspon-Urruttia 20 de abril de 1921. Documentos en el Museo Británico y en el Registro del Congreso, Cámara y Senado.

El "Derecho de Gentes" de Vattel sobre los tratados y acuerdos. Dr. Mulford. "Soberanía de las naciones".

John Lawn. Director de la Agencia Antidroga de Estados Unidos (DEA). Carta a Manuel Noriega, 27 de mayo de 1987.

Servicio de Inteligencia Secreto Británico.

Los primeros días, Sir Francis Walsingham, jefe de espionaje de la reina Isabel I, documentos en el Museo Británico, Londres.

George Bernard Shaw. "Notas sobre la Sociedad Fabiana".

Ya publicado

OMNIA VERITAS LTD PRESENTA:

JOHN COLEMAN

LA DIPLOMACIA DEL ENGAÑO
UN RELATO DE LA TRAICIÓN DE LOS
GOBIERNOS DE INGLATERRA Y LOS ESTADOS UNIDOS

POR
JOHN COLEMAN

LA DIPLOMACIA DEL ENGAÑO

La historia de la creación de las Naciones Unidas es un caso clásico de diplomacia del engaño

OMNIA VERITAS LTD PRESENTA:

JOHN COLEMAN

**LA JERARQUÍA DE LOS CONSPIRADORES
HISTORIA DEL COMITÉ DE LOS 300**

por John Coleman

LA JERARQUÍA DE LOS CONSPIRADORES
HISTORIA DEL COMITÉ DE LOS 300

Esta conspiración abierta contra Dios y el hombre incluye la esclavización de la mayoría de los humanos...

OMNIA VERITAS LTD PRESENTA:

JOHN COLEMAN

LA DINASTÍA ROTHSCHILD

LA DINASTÍA ROTHSCHILD

por John Coleman

Los acontecimientos históricos suelen ser causados por una "mano oculta"...

OMNIA VERITAS OMNIA VERITAS LTD PRESENTA:

JOHN COLEMAN

EL INSTITUTO TAVISTOCK
de RELACIONES HUMANAS

La formación de la decadencia moral,
espiritual, cultural, política y económica
de los Estados Unidos de América

*Sin Tavistock no habrían
existido la Primera y la
Segunda Guerra Mundial*

por John Coleman

EL INSTITUTO TAVISTOCK
de RELACIONES HUMANAS

Los secretos del Tavistock Institute for Human Relations

OMNIA VERITAS OMNIA VERITAS LTD PRESENTA:

LÉON DEGRELLE

LÉON DEGRELLE

ALMAS ARDIENDO
Notas de paz, de guerra y de exilio

*El honor ha perdido su sentido, el
honor del juramento, el honor de
servir, el honor de morir...*

ALMAS ARDIENDO
Notas de paz, de guerra y de exilio

Se asfixian las almas. El denso aire está cargado de todas las abdicaciones del espíritu

OMNIA VERITAS OMNIA VERITAS LTD PRESENTA:

JÜRI LINA

JÜRI LINA

ARQUITECTOS DEL ENGAÑO
LA HISTORIA SECRETA DE LA MASONERÍA

ARQUITECTOS DEL ENGAÑO
LA HISTORIA SECRETA DE LA MASONERÍA

*Una visión de la red oculta detrás de los acontecimientos
pasados y presentes que revela las verdaderas razones de
varias guerras y revoluciones importantes.*

Este sistema político ha sido construido por fuerzas que actúan entre bastidores

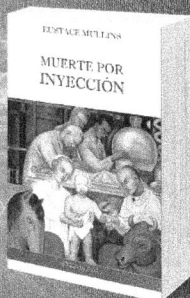

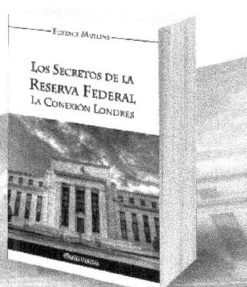

OMNIA**V**ERITAS

Omnia Veritas Ltd presenta:

HISTORIA PROSCRITA
I
LOS BANQUEROS Y LAS
REVOLUCIONES

POR

VICTORIA FORNER

Los procesos revolucionarios necesitan agentes, organización y, sobre todo, financiación, dinero.

LAS COSAS NO SON A VECES LO QUE APARENTAN...

OMNIA**V**ERITAS

Omnia Veritas Ltd presenta:

HISTORIA PROSCRITA
II
LA HISTORIA SILENCIADA
DE ENTREGUERRAS

POR

VICTORIA FORNER

"El verdadero crimen es acabar una guerra con el fin de hacer inevitable la próxima."

EL TRATADO DE VERSALLES FUE "UN DICTADO DE ODIO Y DE LATROCINIO"

OMNIA**V**ERITAS

Omnia Veritas Ltd presenta:

HISTORIA PROSCRITA
III
LA II GUERRA MUNDIAL
Y LA POSGUERRA

POR

VICTORIA FORNER

Distintas fuerzas trabajaban para la guerra en los países europeos

MUCHOS AGENTES SERVÍAN INTERESES DE UN PARTIDO BELICISTA TRANSNACIONAL

«El racismo se empeña en individualizar al tipo humano predominante en una determinada comunidad nacional...»

OMNIA VERITAS LTD PRESENTA:

JULIUS EVOLA

SÍNTESIS DE LA DOCTRINA DE LA RAZA
Y
ORIENTACIONES PARA UNA EDUCACIÓN RACIAL

El muy neto sentido de las diferencias, de su dignidad y de su fuerza

«Lo que se llama corrientemente Derecha en las luchas políticas actuales se define por una oposición general a las formas más avanzadas de la subversión...»

OMNIA VERITAS LTD PRESENTA:

JULIUS EVOLA

EL FASCISMO VISTO DESDE LA DERECHA
Y NOTAS SOBRE EL TERCER REICH

Hoy no existe en Italia una Derecha digna de este nombre

«Las leyendas, los mitos, los cantos de gesta y las epopeyas del mundo tradicional...»

OMNIA VERITAS LTD PRESENTA:

JULIUS EVOLA

EL MISTERIO DEL GRIAL

Comprender lo esencial del conjunto de las leyendas caballerescas

OMNIA VERITAS

OMNIA VERITAS LTD PRESENTA:

JULIUS EVOLA

EL YOGA TANTRICO
UN CAMINO PARA LA REALIZACIÓN
DEL CUERPO Y EL ESPÍRITU

« Metafísicamente, la pareja divina
corresponde a los dos aspectos
esenciales de todo principio cósmico... »

Se trata de un interés orientado hacia los principios del mundo

OMNIA VERITAS

OMNIA VERITAS LTD PRESENTA:

JULIUS EVOLA

**ENSAYOS SOBRE EL
IDEALISMO MAGICO**

« Que la civilización occidental atraviesa
hoy en día un periodo de crisis, es algo
que resulta evidente... »

Transmuta de la conciencia racional a la religiosa...

OMNIA VERITAS

OMNIA VERITAS LTD PRESENTA:

JULIUS EVOLA

ESCRITOS SOBRE EL JUDAÍSMO

«El antisemitismo es una temática que
ha acompañado a casi todas las fases
de la historia occidental...»

El problema judío tiene orígenes antiquísimos

«La primera condición del imperio es una síntesis inescindible de espiritualidad y de politicidad, es la presencia efectiva de una jerarquía de valores...»

OMNIA VERITAS LTD PRESENTA:

JULIUS EVOLA

IMPERIALISMO PAGANO

La cualidad de un alma que es señora se distancia de la materia del cuerpo...

« La concepción general del mundo y del ser humano que constituyen la base de las doctrinas esotéricas... »

OMNIA VERITAS LTD PRESENTA:

JULIUS EVOLA

LA TRADICIÓN HERMÉTICA
EN SUS SÍMBOLOS, EN SU DOCTRINA Y EN SU ARTE REGIA

La tradición hermético-alquímica segun las enseñanzas tradicionales

«La constatación de que vivimos en una época casi totalmente privada de puntos de vista y de principios auténticamente trascendentes...»

OMNIA VERITAS LTD PRESENTA:

JULIUS EVOLA

MEDITACIONES DE LAS CUMBRES

Hablar de la espiritualidad de la montaña...

OMNIA VERITAS
OMNIA VERITAS LTD PRESENTA:
JULIUS EVOLA
METAFÍSICA DE LA GUERRA
Y
LA DOCTRINA ARIA
DE LA LUCHA Y DE VICTORIA
«La guerra, estableciendo y realizando la relatividad de la vida humana...»
Un conocimiento transfigurante de la vida en función de la muerte

OMNIA VERITAS
OMNIA VERITAS LTD PRESENTA:
JULIUS EVOLA
METAFÍSICA DEL SEXO
«Todo lo que en la experiencia del sexo y del amor comporta un cambio de nivel de la conciencia ordinaria...»
La investigación de los principios y de las significaciones últimas...

OMNIA VERITAS
OMNIA VERITAS LTD PRESENTA:
JULIUS EVOLA
POLÉMICA SOBRE
LA METAFÍSICA HINDÚ
RENÉ GUÉNON
«No compartimos los puntos de vista de Guenon a propósito de las relaciones que existen entre la iniciación real y la sacerdotal...»
El conocimiento metafísico es esencialmente "supra-racional"

www.ingramcontent.com/pod-product-compliance
Lightning Source LLC
Chambersburg PA
CBHW061720270326
41928CB00011B/2050